新商科"互联网＋教育"
电子商务专业系列教材

移动电子商务

于强　王月◎主编

电子工业出版社
Publishing House of Electronics Industry
北京·BEIJING

内 容 简 介

本书根据中华人民共和国教育部颁布的教学大纲编写，同时将近年来移动电子商务行业的新发展、新理念融入其中，遵循学生的认知规律。全书内容丰富、讲解透彻、图文并茂、循序渐进、深入浅出。

本书共 8 章。第 1 章介绍移动电子商务的基础知识；第 2、3 章介绍移动电子商务技术基础和主流移动电子商务平台，层层递进，逐渐拔高；第 4~7 章介绍移动电子商务运营、数据分析、营销及支付方面的内容，深入讲解移动电子商务行业的支撑力量；第 8 章从安全角度介绍移动电子商务行业存在的风险及应对措施。

本书配有教学课件、微课视频、期末试卷及答案、教学大纲、教学进度表等资源，可有效辅助教学。本书既可以作为院校"移动电子商务"课程的教材，也可以作为培训机构的教材，还可以作为相关人员的参考书。

未经许可，不得以任何方式复制或抄袭本书部分或全部内容。
版权所有，侵权必究。

图书在版编目（CIP）数据

移动电子商务 / 于强，王月主编. —北京：电子工业出版社，2023.10
ISBN 978-7-121-46328-0

Ⅰ. ①移… Ⅱ. ①于… ②王… Ⅲ. ①移动电子商务－高等学校－教材 Ⅳ. ①F713.36

中国国家版本馆 CIP 数据核字（2023）第 170095 号

责任编辑：刘淑敏　　文字编辑：韩玉宏
印　　刷：涿州市京南印刷厂
装　　订：涿州市京南印刷厂
出版发行：电子工业出版社
　　　　　北京市海淀区万寿路 173 信箱　邮编：100036
开　　本：787×1 092　1/16　印张：14　字数：359 千字
版　　次：2023 年 10 月第 1 版
印　　次：2023 年 10 月第 1 次印刷
定　　价：59.80 元

凡所购买电子工业出版社图书有缺损问题，请向购买书店调换。若书店售缺，请与本社发行部联系，联系及邮购电话：（010）88254888，88258888。
质量投诉请发邮件至 zlts@phei.com.cn，盗版侵权举报请发邮件至 dbqq@phei.com.cn。
本书咨询联系方式：（010）88254199，sjb@phei.com.cn。

前　言　PREFACE

近年来，我国经济快速发展，科学技术也不断进步，移动通信技术更是从第四代移动通信技术（the 4th Generation Mobile Communication Technology，4G）发展到第五代移动通信技术（the 5th Generation Mobile Communication Technology，5G），大大提升了移动通信服务的速度和质量。这直接推动了移动电子商务的快速发展，使人们的生活发生了很大改变。

移动电子商务的快速发展需要大量的专业人才。目前，各院校在移动电子商务的教学方面特别注重培养应用型与技能型人才。为了进一步适应移动电子商务行业对人才的需求，加强对移动电子商务人才的培养，我们组织力量编写了本书。

本书共 8 章，各章主要内容如下。

第 1 章为认识移动电子商务，主要介绍移动电子商务的含义、特点与分类，以及移动电子商务的发展与应用。通过本章的学习，学生能初步认识移动电子商务，了解其基本知识和基本应用，并了解移动电子商务的发展趋势。

第 2 章为移动电子商务技术基础，主要介绍与移动电子商务相关的技术基础。通过本章的学习，学生能掌握必备的移动电子商务技术基础知识，并熟悉相关新技术。

第 3 章为主流移动电子商务平台，主要介绍移动电子商务的主流平台。通过本章的学习，学生能熟悉主流移动电子商务平台，并了解如何通过平台进行移动电子商务活动。

第 4 章为移动电子商务运营，主要介绍移动电子商务运营的基本知识及移动网店的运营知识。通过本章的学习，学生能掌握必备的移动网店运营知识。

第 5 章为移动电子商务数据分析，主要介绍与移动电子商务有关的数据分析知识。通过本章的学习，学生能掌握必备的数据分析技能。

第 6 章为移动电子商务营销，主要介绍当前流行的不同营销方式。通过本章的学习，学生能掌握重要的移动电子商务营销方式，如微信营销、微博营销、社群营销、直播营销等。

第 7 章为移动电子商务支付，主要介绍不同的支付方式。通过本章的学习，学生能掌握不同的移动电子商务支付方式。

第 8 章为移动电子商务安全，主要介绍移动电子商务安全的相关知识与技术。通过本章的学习，学生能熟悉移动电子商务面临的安全威胁，并掌握必备的移动电子商务安全维护技能。

本书的推荐学时安排见下表（本书列出的是推荐学时安排，在实际教学过程中，各学校可自行调整学时）。

章	内　容	推 荐 学 时
1	认识移动电子商务	4

续表

章	内 容	推 荐 学 时
2	移动电子商务技术基础	6
3	主流移动电子商务平台	6
4	移动电子商务运营	8
5	移动电子商务数据分析	8
6	移动电子商务营销	10
7	移动电子商务支付	6
8	移动电子商务安全	6
	总计	54

在编写本书的过程中，编者力求体现如下特色。

第一，遵循学生的认知规律。本书注重遵循学生的认知规律，由浅入深、层层递进，并且尽量选择学生容易接受且有兴趣的内容。

第二，内容系统、详尽。本书从认识移动电子商务、移动电子商务技术基础、主流移动电子商务平台、移动电子商务运营、移动电子商务数据分析、移动电子商务营销、移动电子商务支付、移动电子商务安全不同角度对移动电子商务做了全方位、系统化的介绍，内容系统、详尽。

第三，课程形式丰富多样。本书除介绍理论知识外，还设置了学习目标、思政讨论、知识目标、技能目标、要点梳理、知识扩展、课后实训、思考与练习等多个模块，有助于学生更主动地学习，并更好地吸收课堂知识。

第四，思政讨论进课堂。本书通过思政讨论的形式，将思政元素引进课堂，目的在于引导学生树立正确的三观，培养民族精神和爱国情怀，为将来走上职业岗位为国家贡献自己的力量奠定基础。

本书由哈尔滨学院于强和王月担任主编，并进行全书统稿工作。具体分工如下：第1～7章由于强老师编写，第8章由王月老师编写。隋东旭老师对书稿进行了细致的审读。由于编者水平有限，若书中存在错误和疏漏，敬请专家和读者不吝赐教。

编　者

目 录 CONTENTS

第 1 章　认识移动电子商务 ... 1

1.1　移动电子商务的含义、特点与分类 ... 2
1.1.1　移动电子商务的含义 ... 2
1.1.2　移动电子商务的特点 ... 3
1.1.3　移动电子商务的分类 ... 4

1.2　移动电子商务的发展 ... 5
1.2.1　移动电子商务的发展现状 ... 5
1.2.2　移动电子商务的发展历程 ... 8
1.2.3　移动电子商务的发展趋势 ... 10

1.3　移动电子商务的应用 ... 11
1.3.1　移动医疗 ... 11
1.3.2　移动旅游 ... 12
1.3.3　移动社交 ... 13
1.3.4　移动购物 ... 14

课后实训 ... 16
思考与练习 ... 17

第 2 章　移动电子商务技术基础 ... 18

2.1　移动通信技术与移动通信终端 ... 19
2.1.1　移动通信技术 ... 19
2.1.2　移动通信终端 ... 21

2.2　无线网络技术 ... 27
2.2.1　无线网络的概念与特点 ... 27
2.2.2　无线网络的分类 ... 27
2.2.3　无线网络的传输方式 ... 29

2.3　移动定位技术 ... 31
2.3.1　GPS 定位技术 ... 31
2.3.2　基于位置的服务技术 ... 32

2.4　移动电子商务新技术 ... 33
2.4.1　大数据技术 ... 33
2.4.2　云计算技术 ... 35
2.4.3　二维码技术 ... 38

课后实训 ... 42
思考与练习 ... 43

第 3 章　主流移动电子商务平台 ... 45

3.1　传统电商平台的移动端 ... 46
3.1.1　淘宝网 ... 46
3.1.2　京东商城 ... 49

3.2　O2O 移动电子商务平台 ... 53
3.2.1　美团 ... 53
3.2.2　携程旅行 ... 56
3.2.3　京东到家 ... 59

3.3　跨境移动电子商务平台 ... 62
3.3.1　敦煌网 ... 62
3.3.2　亚马逊 ... 64
3.3.3　全球速卖通 ... 65
3.3.4　Wish ... 67

课后实训 ... 69
思考与练习 ... 70

第4章 移动电子商务运营 … 71

4.1 移动电子商务运营概述 … 72
4.1.1 移动电子商务运营的概念与特点 … 72
4.1.2 移动电子商务运营的内容 … 73
4.1.3 移动网店的运营流程与运营指标体系 … 74

4.2 移动网店的定位与商品分析 … 77
4.2.1 移动网店的定位分析 … 77
4.2.2 移动网店的消费者分析 … 80
4.2.3 商品选品分析 … 81
4.2.4 商品定价分析 … 83

4.3 移动网店的推广 … 85
4.3.1 站内免费推广 … 85
4.3.2 站内付费推广 … 89
4.3.3 站外推广 … 101

4.4 移动网店的服务管理 … 106
4.4.1 售前服务管理 … 106
4.4.2 售中服务管理 … 109
4.4.3 售后服务管理 … 110

课后实训 … 113
思考与练习 … 114

第5章 移动电子商务数据分析 … 115

5.1 移动电子商务数据分析基础知识 … 116
5.1.1 移动电子商务数据分析的定义 … 116
5.1.2 移动电子商务数据分析的作用 … 116
5.1.3 移动电子商务数据分析的流程 … 117

5.2 移动电子商务数据分析指标与工具 … 118
5.2.1 移动电子商务数据分析指标 … 119
5.2.2 移动电子商务数据分析工具 … 122

5.3 移动电子商务数据分析方法 … 126
5.3.1 对比分析法 … 126
5.3.2 分组分析法 … 126
5.3.3 结构分析法 … 128
5.3.4 平均分析法 … 128
5.3.5 矩阵关联分析法 … 128
5.3.6 聚类分析法 … 129
5.3.7 时间序列分析法 … 129
5.3.8 回归分析法 … 130
5.3.9 相关分析法 … 130

5.4 移动网店常用数据分析 … 131
5.4.1 商品销量分析 … 131
5.4.2 商品关联分析 … 132
5.4.3 单品流量分析 … 133
5.4.4 客户分析 … 133

课后实训 … 138
思考与练习 … 138

第6章 移动电子商务营销 … 139

6.1 移动电子商务营销基础知识 … 140
6.1.1 移动电子商务营销的概念 … 140
6.1.2 移动电子商务营销的特点 … 140
6.1.3 移动电子商务营销的模式 … 141

6.2 微信营销 … 142
6.2.1 微信营销的概念与特点 … 143
6.2.2 微信营销的步骤与策略 … 144
6.2.3 微信营销的渠道与模式 … 145

6.3 微博营销 … 147
6.3.1 微博营销的概念与特点 … 148
6.3.2 微博营销的功能 … 149
6.3.3 微博营销的优势 … 152
6.3.4 微博营销对消费者购买行为的影响 … 153

	6.3.5 企业微博营销策略 …………154
6.4	社群营销 ………………………155
	6.4.1 社群营销的概念 ……………155
	6.4.2 社群营销的模式 ……………156
	6.4.3 企业社群营销的价值与实施策略 ……………………158
6.5	直播营销 ………………………160
	6.5.1 直播营销的概念与特点 ……161
	6.5.2 直播营销的模式与价值 ……162
6.6	其他营销 ………………………165
	6.6.1 二维码营销 …………………165
	6.6.2 H5营销 ……………………167
	6.6.3 LBS营销 …………………168
	6.6.4 短视频营销 …………………169
课后实训 ………………………………172
思考与练习 ……………………………172

第7章 移动电子商务支付 ……………173

7.1	移动电子商务支付基础知识 ………174
	7.1.1 移动电子商务支付的概念与特点 …………………174
	7.1.2 移动电子商务支付的类型 …175
	7.1.3 移动电子商务支付的流程 …178
7.2	移动支付系统 …………………178
	7.2.1 移动支付系统的组成 ………179
	7.2.2 移动支付系统架构 …………179
7.3	移动支付模式 …………………180
	7.3.1 远程支付模式 ………………181
	7.3.2 近场支付模式 ………………182
	7.3.3 扫码支付模式 ………………182
7.4	第三方支付 ……………………184
	7.4.1 第三方支付的概念与特点 …184
	7.4.2 第三方支付的基本流程 ……186
	7.4.3 我国第三方支付的发展现状 ……………………186
7.5	移动电子商务支付安全与风险防范 ……………………………187
	7.5.1 移动电子商务支付存在的问题 ……………………188
	7.5.2 移动电子商务支付安全与技术 ……………………188
	7.5.3 移动电子商务支付安全认证与监管 …………………190
	7.5.4 移动电子商务支付的风险防范 ……………………191
课后实训 ………………………………193
思考与练习 ……………………………194

第8章 移动电子商务安全 ……………195

8.1	移动电子商务安全基础知识 ………196
	8.1.1 移动电子商务安全的概念 …196
	8.1.2 移动电子商务的安全问题 …196
	8.1.3 移动电子商务主要的安全威胁形态 …………………199
8.2	移动电子商务安全技术 …………201
	8.2.1 生物特征识别技术 ……………201
	8.2.2 加密技术 ……………………203
	8.2.3 WPKI技术 …………………204
	8.2.4 防火墙技术 …………………205
	8.2.5 数字签名技术 ………………207
	8.2.6 身份认证技术 ………………207
8.3	移动电子商务安全管理措施 ………209
	8.3.1 技术措施 ……………………209
	8.3.2 管理措施 ……………………209
	8.3.3 法律措施 ……………………209
8.4	手机病毒及其防治 ………………210
	8.4.1 手机病毒的概念与特点 ……210
	8.4.2 手机病毒的分类 ………………211
	8.4.3 手机病毒的危害与防范 ……212
课后实训 ………………………………214
思考与练习 ……………………………215

参考文献 ……………………………………216

第1章 认识移动电子商务

　　随着互联网技术、移动通信技术、短距离通信技术及其他信息处理技术的飞速发展及综合运用,移动电子商务也得到了充分发展,使商务活动、金融活动和相关综合服务活动等可以在线上、线下随时、随地进行。移动电子商务的发展伴随移动通信技术的革新,同时得到了政策的大力支持。经过多年的发展,移动电子商务市场趋于成熟,直播电商及"电商+短视频"等新模式不断涌现,为移动电子商务的发展注入了新鲜的血液,也成为发展的新引擎。

学习目标 →

（1）了解移动电子商务的含义和特点。
（2）能够依据不同的分类标准对移动电子商务进行分类。
（3）了解我国移动电子商务发展的现状和趋势。
（4）能够说出移动电子商务的典型应用。

【思政讨论】

时间安排：5分钟。

背景描述：2022年2月25日，中国互联网络信息中心（China Internet Network Information Center，CNNIC）在北京发布第49次《中国互联网络发展状况统计报告》（以下简称《报告》）。《报告》显示，截至2021年12月，我国网民规模达10.32亿人，较2020年12月增长4 296万人，互联网普及率达73.0%。在信息通信业方面，截至2021年12月，我国移动电话基站总数达996万个，累计建成并开通5G基站142.5万个，全年新增5G基站65.4万个。移动电话用户规模稳中有增，5G用户规模快速扩大。截至2021年12月，移动电话用户总数达16.43亿户，其中5G移动电话用户达3.55亿户。

讨论题目：从建国初期到现在，我国发生了哪些翻天覆地的变化？科技的发展，尤其是移动互联网基础设施和技术的发展，为移动电子商务的发展带来了怎样的助益？

课后总结：经过讨论，引导学生感受互联网、移动电子商务的飞速发展给生活带来的积极影响，激发学生强烈的爱国情感。积极传递国家关于促进电子商务发展的前沿文件和政策。

1.1 移动电子商务的含义、特点与分类

【知识目标】

（1）熟悉移动电子商务的广义和狭义含义。

（2）了解移动电子商务的特点。

（3）了解移动电子商务的服务类型分类。

（4）熟悉移动电子商务的商务模式分类。

【技能目标】

（1）能够区分狭义移动电子商务和广义移动电子商务。

（2）能够说出移动电子商务的特点。

（3）能够区分推式服务、拉式服务和交互式服务。

（4）能够说出B2B（Business to Business，企业对企业）、B2C（Business to Customer，企业对消费者）、C2C（Customer to Customer，消费者对消费者）、O2O（Online to Offline，在线离线/线上线下）、G2C（Goverment to Citizen，政府对公民）等形式之间的区别。

1.1.1 移动电子商务的含义

移动电子商务（M-Commerce或Mobile Commerce），也称移动电商，即"移动"+"电子商务"，是指利用手机、掌上电脑等移动通信设备与互联网有机结合，进行电子商务活动的新型电子商务形式。移动是手段，商务是目的。狭义的移动电子商务只包含涉及货币交易的商务模式，广义的移动电子商务则涉及通信、娱乐、商业广告、旅游、紧急救助、农业、金融等。通常，移动电子商务指广义的移动电子商务。

移动电子商务是由电子商务的概念衍生出来的，传统的电子商务以个人计算机（Personal Computer，PC）为主要界面，是有线的电子商务。而移动电子商务则是通过手机、

个人数字助理(Personal Digital Assistant,PDA)等可以装在口袋里的移动终端,在任何时间、任何地点,只要有移动网络,就可以进行 B2B、B2C、C2C 的电子商务。

1.1.2 移动电子商务的特点

通常,移动电子商务具有如图 1-1 所示的特点。

1. 移动接入

移动接入是移动电子商务最重要的特点,也是基础。移动接入是移动用户用移动终端设备通过移动网络访问互联网信息和服务的基本手段。移动网络覆盖地域广阔,便于用户随时随地使用及进行电子商务活动。

2. 服务个性化

移动电子商务具有灵活、方便的特点,可以满足大部分消费者的需求。他们可以根据自己的喜好定制服

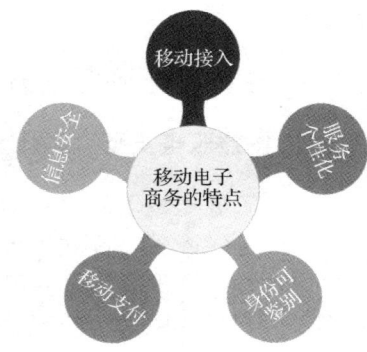

图 1-1 移动电子商务的特点

务,并且接受服务与信息的方式完全由他们自己控制。通过移动电子商务,用户可以方便地获取自己想要的服务、应用和信息,并能通过移动设备查找、选择、购买商品和服务。

3. 身份可鉴别

用户标志模块(Subscriber Identity Module,SIM)卡的卡号都是唯一的,SIM 卡对应的用户也是唯一的,利用 SIM 卡可以识别身份、存储信息、证书签发机构(Certification Authority,CA)证书有效性等。SIM 卡还可以用来实现电子商务领域的安全保护,为更广泛的电子商务应用打下了良好的基础。

【知识扩展】

SIM 卡的概念和作用

SIM 卡是全球移动通信系统(Global System for Mobile Communications,GSM)的移动用户所持有的集成电路(Integrated Circuit,IC)卡,被称为用户识别卡。GSM 通过 SIM 卡来识别 GSM 用户。同一张 SIM 卡可在不同的手机上使用。GSM 手机只有插入 SIM 卡后,才能入网使用。

SIM 卡是 GSM 手机连接到 GSM 网络的钥匙,一旦 SIM 卡从手机中拔出,除了紧急呼叫,手机将无法享受网络运营者提供的各种服务。SIM 卡除了能作为钥匙,还为用户提供很多方便。用户只需将 SIM 卡插入或嵌入任何一台 GSM 终端,即能实现通信。SIM 卡还可以用来存储短信,特别是那些用户关机时接收的信息。

4. 移动支付

移动支付是移动电子商务的重要特点和重要目标,用户可以随时随地完成必要的电子支付相关业务。目前,移动支付的方式多种多样,如微信支付、支付宝支付等。

5. 信息安全

由于无线传输的特殊性，现有有线网络安全技术不能满足移动电子商务的基本需求。移动电子商务信息安全涉及诸多新技术，如无线公钥基础设施安全、短信加密安全等。

1.1.3 移动电子商务的分类

1. 按照服务类型分类

根据服务类型不同，移动电子商务可以分为推式服务、拉式服务和交互式服务。

（1）推式服务。推式服务是指根据用户的消费习惯、爱好，将各种服务主动推送到用户客户端。推式服务主要用于公共信息发布。它的应用领域包括时事新闻、天气预报、股票行情、彩票中奖、交通路况、招聘信息和广告等。

（2）拉式服务。拉式服务是指一种被动的服务方式，在这种服务方式下，用户自主查询信息和选择服务。拉式服务主要用于信息的个人定制接收。它的应用领域包括服务账单、电话号码、旅游信息、航班信息、影院节目安排、列车时刻表、行业商品信息等。

（3）交互式服务。交互式服务是指介于推式服务和拉式服务之间的一种服务，也是移动电子商务中最常见的一种服务方式。它的应用领域包括电子购物、游戏、证券交易、在线竞拍等。

2. 按照商务模式分类

根据商务模式不同，移动电子商务可以分为 B2B、B2C、C2C、O2O、G2C 等多种形式。

（1）B2B。B2B（也称 BTB）是指企业与企业之间通过专用网络或互联网进行数据信息的交换、传递，以及开展交易活动的商业模式。它将企业内部网和企业的商品及服务，通过 B2B 网站或移动客户端与客户紧密结合起来，通过网络快速反应，为客户提供更好的服务，从而促进业务发展。

（2）B2C。B2C 是指企业对消费者的商务模式，也就是直接面向消费者销售商品和服务的零售模式。

（3）C2C。C2C 消费者对消费者的商务模式。

（4）O2O。O2O 是指在线离线/线上线下，也就是将线下的商务机会与互联网相结合，让互联网成为线下交易的平台。

（5）G2C。G2C 即电子政务，是指政府（Government）与公民（Citizen）之间的电子政务模式。G2C 是政府通过电子网络系统为公民提供各种服务，包括公众信息服务、电子身份认证、电子税务、电子社会保障服务、电子民主管理、电子医疗服务、电子就业服务、电子教育培训服务、电子交通管理等。G2C 电子政务的目的，除了政府可以给公众提供方便、快捷、高质量的服务，更重要的是可以开辟公众参政、议政的渠道，完善公众的利益表达机制，建立政府与公众良性互动的平台。

【要点梳理】

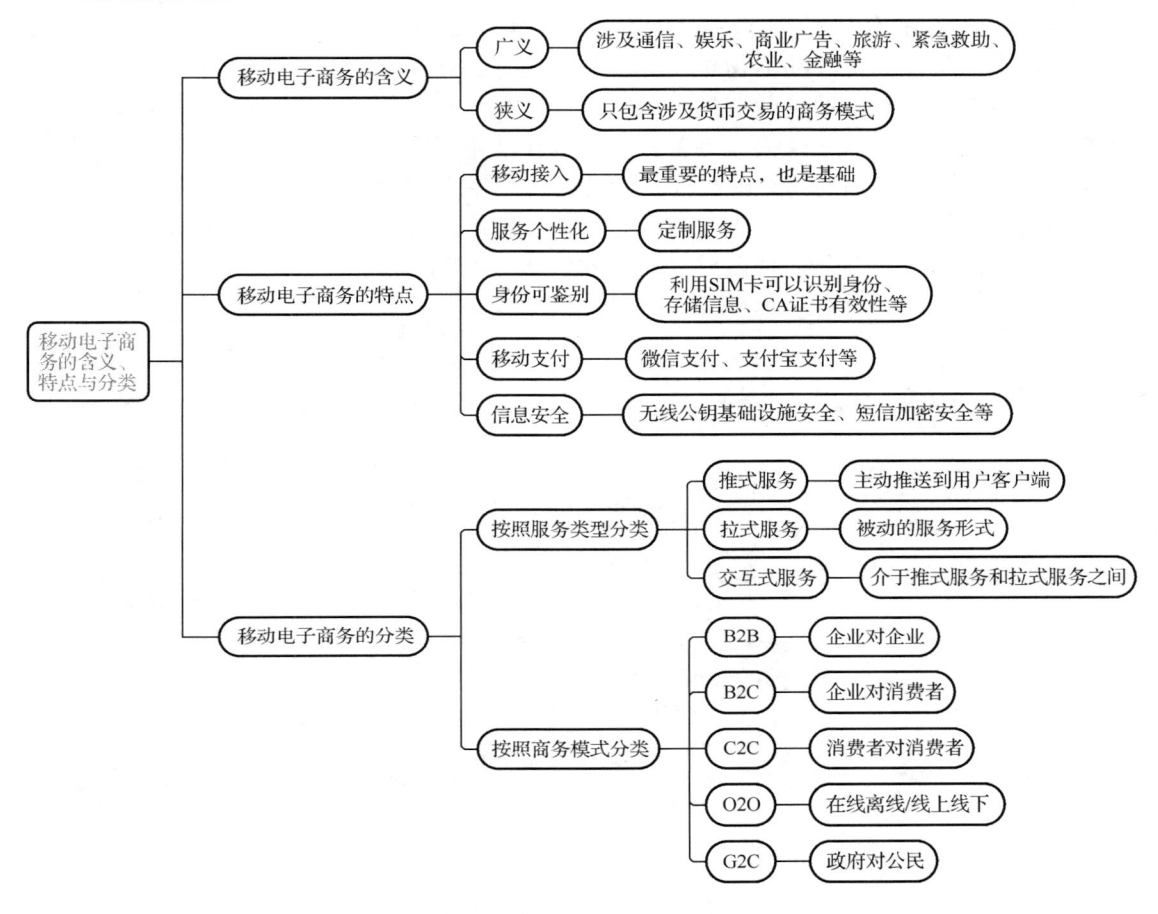

```
                            ┌─广义──── 涉及通信、娱乐、商业广告、旅游、紧急救助、
                移动电子商务的含义 ┤                农业、金融等
                            └─狭义──── 只包含涉及货币交易的商务模式

                            ┌─移动接入──── 最重要的特点，也是基础
                            ├─服务个性化── 定制服务
移动电子商   ─ 移动电子商务的特点 ┤─身份可鉴别── 利用SIM卡可以识别身份、
务的含义、                        │              存储信息、CA证书有效性等
特点与分类                        ├─移动支付──── 微信支付、支付宝支付等
                            └─信息安全──── 无线公钥基础设施安全、短信加密安全等

                                        ┌─推式服务──── 主动推送到用户客户端
                            ┌─按照服务类型分类 ┤─拉式服务──── 被动的服务形式
                            │            └─交互式服务── 介于推式服务和拉式服务之间
                移动电子商务的分类 ┤
                            │            ┌─B2B──── 企业对企业
                            │            ├─B2C──── 企业对消费者
                            └─按照商务模式分类 ┤─C2C──── 消费者对消费者
                                        ├─O2O──── 在线离线/线上线下
                                        └─G2C──── 政府对公民
```

1.2 移动电子商务的发展

【知识目标】

（1）了解移动电子商务的发展现状。
（2）熟悉移动电子商务的发展历程。
（3）熟悉移动电子商务的发展趋势。

【技能目标】

（1）能够说出我国移动电子商务的发展现状。
（2）能够说出移动电子商务的发展历程。

1.2.1 移动电子商务的发展现状

1. 移动电子商务市场成熟、繁荣

移动电子商务市场是移动电信市场和电子商务市场的有机融合。我国的电子商务市场从 20 世纪 90 年代中期发展至今，无论是从市场规模、商业模式，还是从参与方来说都已经很成熟。电信市场更形成了中国移动、中国联通、中国电信共存的有效竞争局面。移动电子商务市场可以说是需求驱动的产物。在其发展期间，我国始终处于快速、稳定发展阶段，国内生产总值（Gross Domestic Product，GDP）平稳增长，电信产业，尤其电子商务产业对国民经济的贡献率越来越高。在国家信息化的大环境下，对信息技术和移动通信技术的投入也越来越大。更多企业看到移动电子商务的巨大潜力，传统电子商务企业和无线网络运营商纷纷"试水"，还带动了一大批服务和内容提供商、应用技术开发商、接入服务提供商、移动广告代理商等新兴企业产生和发展。垂直类移动电商、综合电商及跨境电商平台都呈现蒸蒸日上的行业状态。中国移动电商行业图谱如图 1-2 所示。

注：未穷尽所有企业，排名不分先后。

图 1-2　中国移动电商行业图谱

2. 移动电子商务交易规模不断扩大

随着移动智能终端的普及，中国移动电商用户消费习惯逐渐形成，传统电商巨头纷纷布局移动电商，新型移动电商购物平台不断涌现。数据显示，从 2013 年的 2 679 亿元到 2019 年的 67 580 亿元，中国移动电商市场交易额持续增长。

2020 年，直播电商带货模式发展势头更加迅猛。直播电商领域的快速发展，使各大电商平台均加大力度布局电商直播，品牌商家也纷纷把目光投向电商带货。

2020 年，中国移动电商市场交易额为 80 892 亿元，较 2019 年增长 19.7%。移动端一直是电商平台发展的重要渠道，随着近年直播电商市场"爆发"，移动电商交易规模继续扩大。

图 1-3 显示了 2013—2020 年中国移动电子商务市场交易额。

3. 手机网络购物用户数量呈爆发式增长

中国互联网信息中心数据显示，2011—2020 年，经历两轮快速发展期，手机网络购物用户数量呈爆发式增长。第一轮是 2011—2018 年，主要由淘宝"双十一"、京东"6·18"等年度优惠活动驱动；第二轮是从 2018 年至今，由直播、小程序等新型购物模式驱动。

截至 2020 年 6 月底，我国手机网络购物用户规模达 7.47 亿人，手机网络应用使用率高达 79.7%。

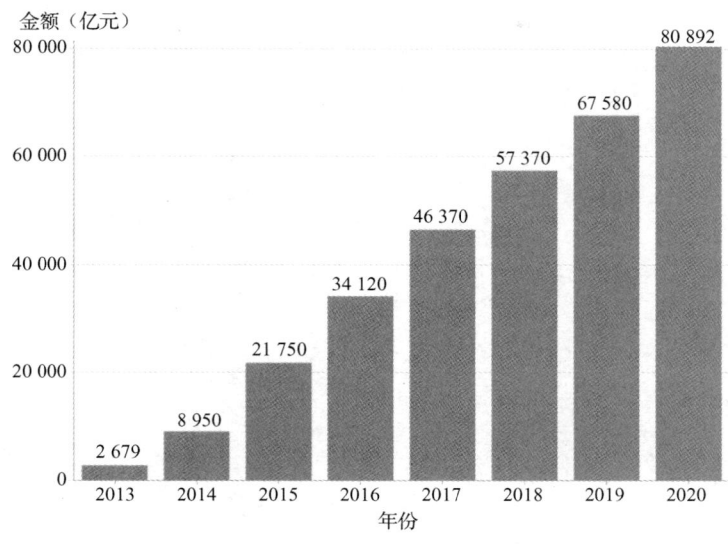

图 1-3　2013—2020 年中国移动电子商务市场交易额

图 1-4 显示了 2011—2020 年手机网络购物应用用户规模及使用率。

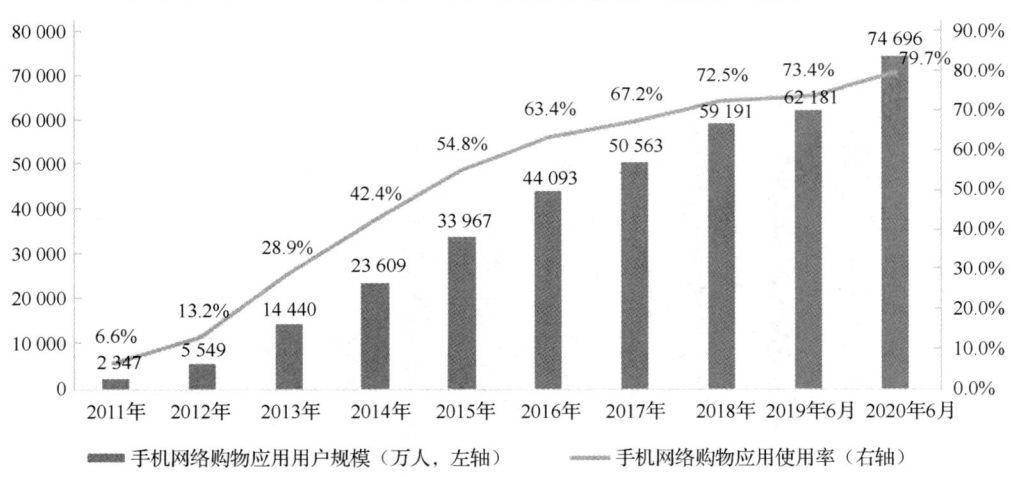

图 1-4　2011—2020 年手机网络购物应用用户规模及使用率

4．用户对移动购物 App 偏好最强

从应用程序（Application，App）用户月人均使用时长来看，随着线下生活场景的线上化转移，用户对购物 App 的偏好也在不断加强。截至 2020 年 12 月，从 App 月人均使用时长和使用次数来看，移动购物排行前列，月人均使用时长和次数分别为 545.1 分钟和 162.3 次。

图 1-5 显示了 2020 年用户对各类 App 的偏好情况。

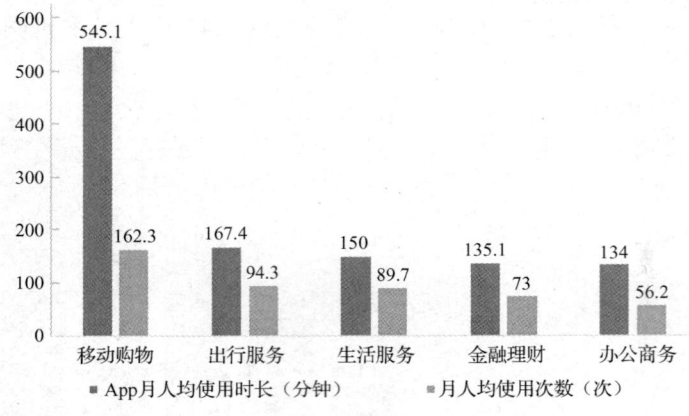

图 1-5 2020 年用户对各类 App 的偏好情况

5. 综合电商 App 用户体量庞大

移动互联网已渗入了人们生活的方方面面。在社交、电商、视频娱乐及支付等领域，排名第一（TOP1）的 App 行业渗透率均超五成。从具体数据来看，即时通信、综合电商的行业活跃用户规模分别为 10.77 亿人和 9.92 亿人，排名前列；支付结算和即时通信的 TOP1 App 渗透率最高，分别为 94.7%和 91.1%，如图 1-6 所示。

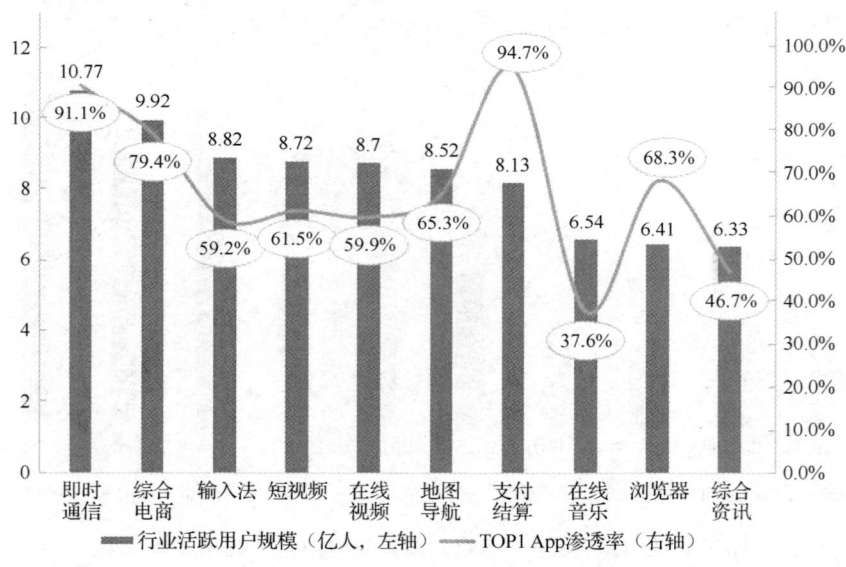

图 1-6 2020 年 App 分行业活跃规模及渗透率

1.2.2 移动电子商务的发展历程

1. 第一代移动电子商务

第一代移动电子商务系统采用以短信为基础的访问技术，这种技术存在许多严重的缺陷，其中最严重的问题是实时性较差，查询请求不会立即得到回答。此外，短信长度的限制也使一些查询无法得到完整的答案。因此，一些早期使用基于短信的移动电子商务系统的部门纷纷要求对系统升级和改造。

2. 第二代移动电子商务

第二代移动电子商务系统采用基于无线应用协议（Wireless Application Protocol，WAP）的技术。手机主要通过浏览器访问 WAP 网页，以实现信息的查询，部分解决了第一代移动电子商务系统的问题。第二代移动电子商务系统的缺陷主要表现在 WAP 网页访问的交互能力极差，因此极大地限制了移动电子商务系统的灵活性和方便性。此外，WAP 网页访问的安全性差，这对于对安全性要求极为严格的政务系统也是一个严重的问题。这些问题也使第二代移动电子商务系统难以满足用户的要求。

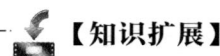【知识扩展】

什么是 WAP

WAP 是一项全球性的网络通信协议。WAP 使移动互联网有了一个通行的标准，其目标是将互联网的丰富信息及先进的业务引入移动电话等无线终端。WAP 把目前互联网上超文本标记语言（Hyper Text Markup Language，HTML）的信息转换成用无线标记语言（Wireless Markup Language，WML）描述的信息，显示在移动电话的显示屏上。WAP 只要求移动电话和 WAP 代理服务器的支持，而不要求现有的移动通信网络协议做任何改动，因而可以广泛地应用于 GSM、码分多址（Code Division Multiple Access，CDMA）、时分多址（Time Division Multiple Access，TDMA）、第三代移动通信技术（the 3rd Generation Mobile Communication Technology，3G）等多种网络。

3. 第三代移动电子商务

新三代移动电子商务系统采用基于面向服务架构（Service-Oriented Architecture，SOA）的独立平台应用程序（Web Service）、智能移动终端和移动虚拟专用网络（Virtual Private Network，VPN）技术相结合的第三代移动访问和处理技术，同时融合了 3G 移动技术、智能移动终端、VPN、数据库同步、身份认证及 Web Service 等多种移动通信、信息处理和计算机网络的最新前沿技术。它以专网和无线通信技术为依托，使系统的安全性和交互能力有了极大提高，为电子商务人员提供了一种安全、快速的现代化移动商务办公机制。

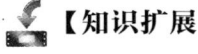【知识扩展】

什么是 SOA

SOA 是一个组件模型，它将应用程序的不同功能单元（也称"服务"）进行拆分，并通过这些服务之间定义良好的接口和协议联系起来。接口是采用中立的方式进行定义的，它应该独立于实现服务的硬件平台、操作系统和编程语言。这使构建在各种各样的系统中的服务可以以一种统一和通用的方式进行交互。

4. 第四代移动电子商务

第四代移动电子商务系统在 4G 移动通信技术、智能移动终端和智能安全加密技术极大发展的基础上，丰富移动电子商务的使用场景和覆盖内容，利用完善的技术对旧的商业行为进行精准化、个性化推送。

1.2.3 移动电子商务的发展趋势

1. 电商直播成为移动电子商务新赛道

2020年,电商直播成为各移动电商平台的重点布局方向。电商直播领域的快速发展,使"双十一"各大电商平台均加大力度布局电商直播,品牌商家也纷纷将目光投向电商带货。数据显示,在"双十一"期间,各大电商平台直播超万场。以淘宝为例,"双十一"淘宝直播累计时长1 660年,商家直播商品交易总额(Gross Merchandise Volume,GMV)同比增长509.34%。图1-7是天猫"双十一"期间直播相关数据。

图1-7 天猫"双十一"期间直播相关数据

2. 电商与短视频深度结合

以快手为例,2020年,快手对电商业务的投入力度加强。在"双十一"期间,快手的活动也体现出电商与短视频平台的深度结合。在优惠玩法方面,快手更贴合其他电商平台,通过互动玩法刺激用户参与优惠活动。此外,快手在活动期间每天安排优惠直播带货,较好地将自身短视频属性融入电商的"双十一"促销中。快手2020年"双十一"活动盘点如图1-8所示。

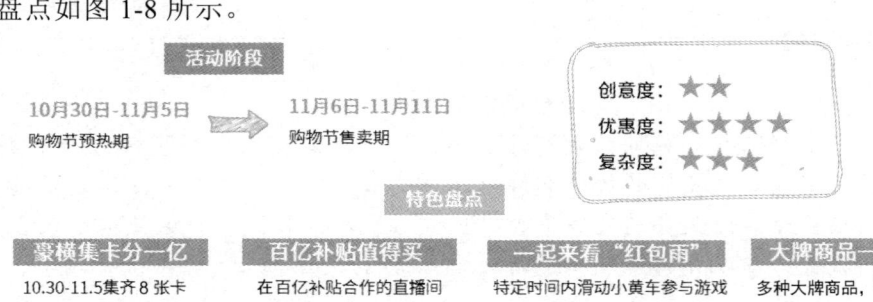

图1-8 快手2020年"双十一"活动盘点

【要点梳理】

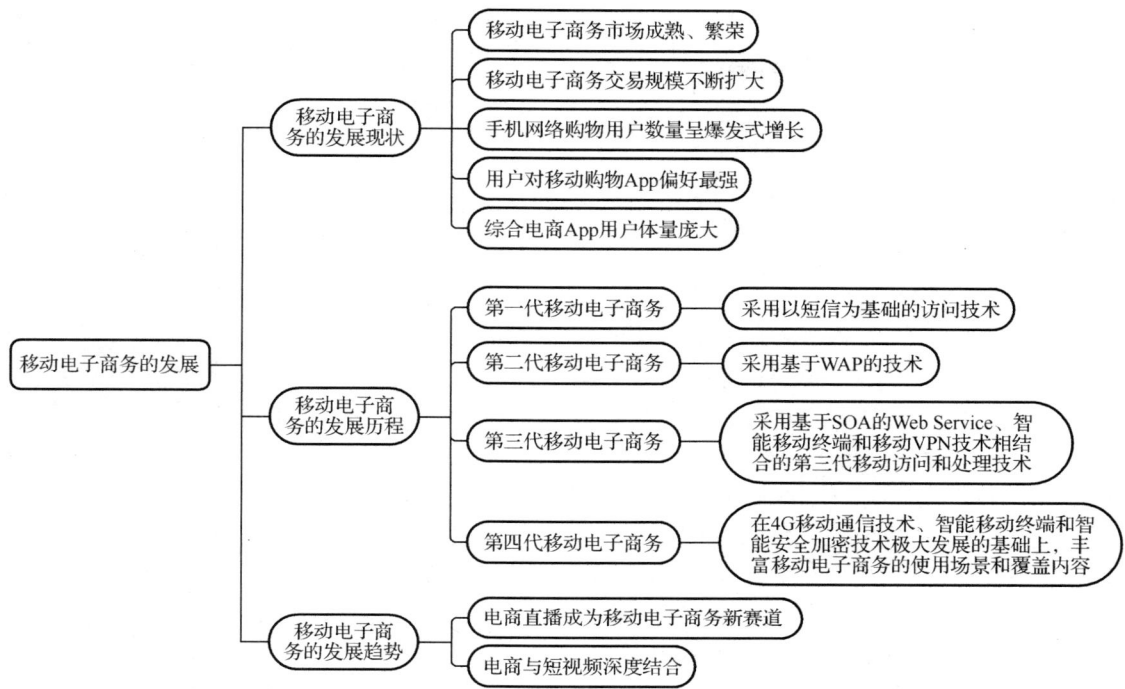

1.3 移动电子商务的应用

【知识目标】
了解移动电子商务的几个典型应用。

【技能目标】
能够依据应用形式判断其是否属于移动电子商务领域。

1.3.1 移动医疗

随着 4G 通信技术的普及和 5G 通信技术的成熟，移动医疗（Mobile Health 或 M-Health）成为大势所趋。从预防到看病、就医、康复，移动医疗有巨大的产业空间。然而，这些过程必须要有医生的专业指导。

1. 移动医疗的概念

移动医疗指的是由移动设备（如智能手机、患者监控设备、个人数字助理和其他无线设备）支持的医学和公共卫生实践，以智能手机的语音、信息服务和 App 为主要形式，旨在利用智能手机的便利性和功能性来改变人们的行为方式。

2. 移动医疗的特点

移动医疗作为一种新型医疗模式，其自身具有许多优于传统医疗的特点，包括易获取性、个性化、及时性、定位功能、交互性和移动性。

（1）易获取性。传统的医疗服务需要患者去医院与医生进行面对面的医疗咨询。而通过移动医疗服务，患者不仅可以省去到医院就诊的时间，还可以随时随地通过移动设备享受医疗服务。通过移动设备，用户可以在任意时间获取全球化的、有效率的且可靠的医疗服务和生物医疗信息，也可以及时与医护人员取得联系。用户的不同医疗需求，如疾病预防、短期和长期监测、事故侦测，以及紧急干预等都可以通过移动医疗服务得到满足。

（2）个性化。移动医疗服务的个性化指的是通过移动设备，针对用户的具体身体状况和患病情况提供适当的医疗服务。移动医疗服务可以根据用户的年龄、性别、医疗需求、身体健康状况、患病情况、个人偏好等，为他们提供所需的商品和服务。

（3）及时性。移动医疗服务可以及时提供相关的、准确的及有目的的信息。移动设备可以感知一个或多个重要的信号，并给医院、救护中心及医疗专业人员传送预警信息，让他们提前做好紧急救治的准备。因此，使用移动设备可以及时、准确地侦测紧急事故，从而更加有效率地提供专业的医疗服务和信息，提高救治效率。

（4）定位功能。移动医疗服务利用全球定位系统、蜂窝数据及无线局域网、无线射频识别技术等提供相关具体情境的信息服务。移动医疗服务的医疗应用程序可以帮助用户定位追踪患者、医疗从业人员、移动设备和服务供应商等。移动医疗服务的定位功能不仅对一些发生紧急情况的用户有益，而且对寻找血型匹配的人群、定位器官捐献者、老年人或智力有缺陷人群是非常有帮助的。

（5）交互性。交互性指的是移动平台上服务提供者与用户之间的相互作用。移动医疗服务涉及用户和医疗专业人员与移动医疗服务之间的交互。其中，移动医疗服务的交互质量涉及3个核心内容：回应、保证和感同身受。回应指的是服务提供者愿意帮助用户并及时提供服务。保证衡量了服务提供者的知识和可信程度。感同身受反映了服务提供者对用户的关心和个性化关注。

（6）移动性。移动性指的是人们的独立性不受地理位置的约束，它是影响用户移动技术使用满意度的关键因素。移动性不仅与空间的移动相关，还与表现出的交互性和产生的通信模式相关。

1.3.2 移动旅游

1. 移动旅游的概念

移动旅游是以移动终端设备为硬件支撑，利用互联网和移动通信的有机结合，通过移动支付方式进行旅游商品交易的活动。

2. 移动旅游的特点

移动旅游的特点如表1-1所示。

表1-1 移动旅游的特点

特　点	描　述
数据信息透彻感知	旅游服务供应平台通过云计算、大数据和物联网技术的支持，对景区景点、交通住宿、用户购买行为等数据实现智能感知和管理，从而对未来相关数据进行预测

续表

特　点	描　述
高效性	移动旅游是依托移动互联网发展起来的，移动互联网的高效性和便利性可以让旅游信息及时、高效地触达用户
针对性	垂直搜索、推荐算法技术让移动旅游时代的旅游信息有针对性地满足用户的个性化需求，可以极大提升查准率
泛在化	旅游服务上下游的信息流通渠道需要打通，从而使用户得到集旅游信息查询、行程计划制订、商品预订、移动支付、基于位置的服务（Location Based Service，LBS）、导游、社交为一体的一站式旅游体验
互动性	移动旅游体验的互动性体现在游客与涉旅企业、游客与旅游管理部门、游客与游客之间的有效互动上。在线旅游商品信息应具备时效性，这是因为游客的旅游需求是动态变化的，所以在为游客提供个性化甚至定制化的旅游商品服务时，游客与涉旅企业、游客与旅游管理部门、游客与游客之间的有效互动能让旅游信息互联互通，从而增强信息的真实性和及时性，让游客旅行体验更智能化

3. 移动终端设备在旅游电商营销中的作用

（1）信息获取更便捷、更全面。游客在做旅游攻略的时候，完全可以利用手机、平板电脑等移动终端设备获取自己需要的信息，也就是说，移动终端设备就相当于一个导游。游客在旅游成行的前后都可以利用移动终端设备查询自己需要的商品信息，并根据自己的需要对旅游路线和享受标准进行规划。

（2）移动预订、支付更方便。微信、支付宝等网络支付模式日渐成为人们主要的交易支付方式，这也为旅游电商带来发展契机。游客可以利用移动互联网对线上旅游商品进行选择和确定。例如，游客可以利用手机上的移动网络，对景区、酒店和交通的详细信息进行查询，从而筛选出自己喜欢和需要的商品和出行服务，利用移动终端设备预订酒店、车票和景区门票。

（3）信息传递更及时。杂志、报纸等传统媒体受制于很多客观条件，如出版条件和发行时间。而在网络技术普遍应用的今天，移动终端设备上新闻、信息发布和更新的速度，都是传统媒体无法比拟的。移动网络让世界变小，让信息传递更及时、更便捷，网友可以利用移动终端设备即时浏览全世界的信息，完全不受时间和空间的束缚。移动网络彻底颠覆了人们对传统媒体的认知，覆盖了生活的每个角落。

1.3.3 移动社交

1. 移动社交的概念

移动社交指用户以手机、平板电脑等移动终端为载体，以在线识别用户及交换信息技术为基础，按照流量计费，通过移动网络来实现的社交应用功能。移动社交不包括打电话、发短信等通信业务。与传统的 PC 端社交相比，移动社交具有人机交互、实时场景等特点，能够让用户随时随地创造并分享内容，让网络最大程度地服务于个人的现实生活。

2. 移动社交网络的概念

移动社交网络（Mobile Social Networking Service，MSNS）指依托移动社交服务在移动社交软件上开展移动社交活动，从而构建移动社交网络。

3. 移动社交电子商务的概念

移动社交电子商务指利用个人数字助理、智能手机、平板电脑等移动终端，通过社交网络平台，将关注、分享、沟通、讨论、互动等社交化元素应用到电子商务的购买商品和服务、获取信息资源、享受定制化商品等过程中。

4. 移动社交电子商务的模式

（1）社交电商移动化。社交电商移动化指传统社交电商借助移动网络和移动信息技术突破自身的业务范畴，如蘑菇街（见图1-9）和美丽说转型移动端，提供App等多种移动入口。

（2）移动社交电商化。微信购物是其典型模式。微信初始就是一个社交工具，先通过各自工具属性/社交属性/价值内容的核心功能过滤获取海量的目标用户，并加入朋友圈点赞与评论等社区功能，继而添加微信支付、精选商品、电影票、手机话费充值等商业功能，同时带动早期的微商和微店（见图1-10）。

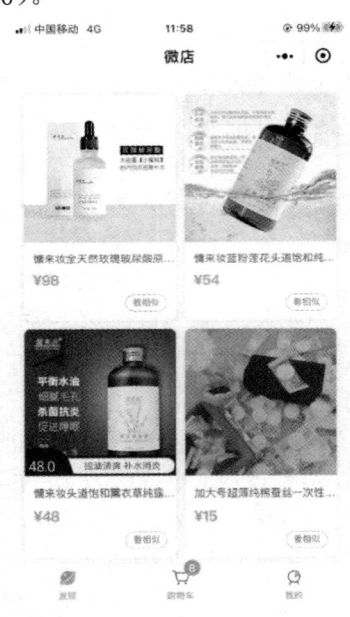

图1-9 蘑菇街页面　　　　　　　图1-10 微店页面

（3）移动电商社交化。移动电商社交化指移动电商从单边模式向交互模式转变，不断增强自身的社交属性，既有传统电商主导下的社交化元素的引入（如淘宝，见图1-11），又有新型移动电商企业的社交属性基础设计（如拼多多，见图1-12）。

1.3.4 移动购物

移动购物指消费者在移动设备上完成购买过程的活动，该过程是通过无线网络实现的。移动购物是移动电子商务的一种类型，但二者并非同一个概念。移动购物仅仅指消费者使用手机、平板电脑等移动设备进行消费和购物。

相对在PC端进行网购，移动购物有自身的优势，如随时随地、基于位置的个性化推荐服务等。特别是当前人们对大数据的应用，不仅能做到精准营销，还能做到精准服务。移动购物平台的出现在一定程度上解决了消费者在购物的过程中受时间和地点限制的问题，也在一定程度上引导了消费者使用习惯的改变。

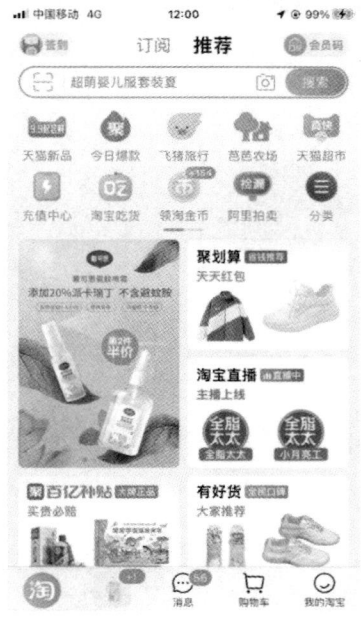

图 1-11　淘宝页面

图 1-12　拼多多页面

【要点梳理】

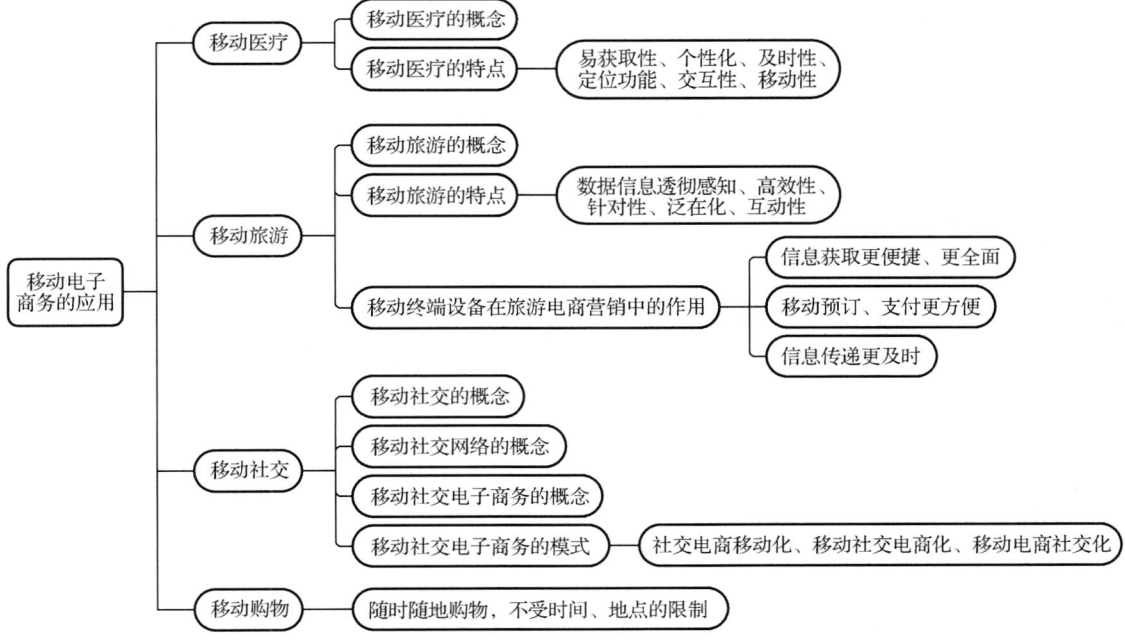

 课后实训

认识不同的移动电子商务的应用

实训目的

（1）知道移动电子商务的概念。

（2）能够对不同的移动电子商务应用平台进行商务模式归类。

（3）能够根据应用形式对其所属领域进行归类。

实训内容

（1）写出移动电子商务的概念。

（2）收集并整理常见的移动电子商务的应用，并分析这些应用与传统电子商务相比有哪些优势和劣势，填在表 1-2 中。

表 1-2　常见的移动电子商务的应用与传统电子商务的对比

移动电子商务的应用名称	优　势	劣　势

（3）根据商务模式的不同，移动电子商务可以分为 B2B、B2C、C2C、O2O、G2C 等多种形式。请对表 1-3 所示的几个典型的移动电子商务应用平台进行归类。

表 1-3　移动电子商务应用平台归类

移动电子商务应用平台	所属领域	所属形式
淘宝	移动购物	
携程旅行	移动旅游	
微医	移动医疗	
支付宝	移动支付	
QQ 音乐	移动音乐	
12306	移动订票	

实训步骤

（1）查阅权威资料，或查阅本书，写出移动电子商务的概念。

（2）收集相关资料，或进行实地调研，分析移动电子商务的应用与传统电子商务相比的优势和劣势。

（3）明确 B2B、B2C、C2C、O2O、G2C 等形式的特点，然后查阅表 1-3 所示的几种应用平台的商务模式。

思考与练习

1. 填空题

（1）狭义的移动电子商务只包含涉及_____的商务模式，广义的移动电子商务则涉及通信、娱乐、商业广告、旅游、紧急救助、农业、金融等。

（2）在电子商务环境下，用户可以通过互联网访问各类信息资源，但很难确认用户的_____。

（3）根据商务模式不同，移动电子商务可以分为 B2B、_____、_____、O2O、G2C 等多种形式。

（4）第四代移动电子商务系统在_____、智能移动终端和智能安全加密技术极大发展的基础上，丰富移动电子商务的使用场景和覆盖内容，利用完善的技术对旧的商业行为进行精准化、个性化推送。

（5）移动医疗作为一种新型医疗模式，其自身具有许多优于传统医疗的特点，包括易获取性、个性化、_____、定位功能、_____和移动性。

2. 简答题

（1）什么是移动电子商务？

（2）移动电子商务的特点有哪些？

（3）什么是推式服务？

（4）移动电子商务的发展共经历了哪几代？

（5）什么是移动医疗？

第 2 章
移动电子商务技术基础

移动电子商务是依托移动互联网的商业活动，互联网技术的演进对电子商务的发展有实质性影响。技术创新的步伐一直没有停止，在短短几年的时间里，新的互联网技术不断涌现，并直接运用于移动电子商务之中。

学习目标 →

（1）熟悉移动通信技术与移动终端的相关知识。
（2）了解无线网络的概念、分类和传输方式。
（3）熟悉几种移动定位技术。
（4）掌握移动电子商务的几种新技术。

【思政讨论】

时间安排：5分钟。

背景描述：2012年，我国北斗系统完成14颗工作卫星发射组网。这使北斗系统的功能更加完善，运行更加稳定。2017年，北斗三号系统开始组网，从此刻开始，北斗系统逐渐向全球进军。2018年，北斗三号系统组网全部完成，从此刻开始，北斗系统不再是中国北斗，而是世界北斗。

讨论题目：北斗卫星的成功发射对我国提升国际地位有怎样的战略意义？北斗卫星的成功发射对我国移动通信技术的发展有怎样的促进作用？

课后总结：经过讨论，引导学生感受科技发展的重要性，进一步理解国家大力发展"国产技术"的必要性，激发学生强烈的国家自豪感和民族自豪感。

2.1 移动通信技术与移动通信终端

【知识目标】

（1）理解4G移动通信技术和5G移动通信技术。

（2）熟悉移动通信终端的概念和设备。

【技能目标】

（1）能够说出4G移动通信技术和5G移动通信技术的区别。

（2）能够识别不同的移动通信终端。

2.1.1 移动通信技术

移动通信技术是相对于传统的固定通信技术而言的，移动通信技术的发展从20世纪的密码信息传输逐渐向多元化的信息传输转变。移动通信技术是在网络传输和数字信号传输的基础上，逐步建立起来的相对完善的信息传输渠道。移动通信技术的发展大大提升了社会信号传输的强度，从而使现代信息结构更完善。

1．4G移动通信技术

（1）4G移动通信技术的概念。4G移动通信技术（以下简称4G）指第四代移动通信技术，是集3G移动通信技术（以下简称3G）与无线局域网（Wireless Local Area Network，WLAN）于一体，并能够传输高质量视频图像且图像传输质量与高清电视不相上下的技术。4G可以在多个不同的网络系统、平台与无线通信界面之间找到快速与高效的通信路径，以进行即时传输、接收与定位等动作。

（2）4G移动通信技术的性能指标。

① 数据传输速率从3G的2Mb/s提高到100Mb/s，甚至更高。

② 在覆盖范围、通信质量、系统造价上满足3G不能达到的支持高数据传输速率和高分辨率多媒体服务的需要。广带局域网应能与宽带综合业务数据网（Broadband Integrated Services Digital Network，B-ISDN）和异步传输模式（Asynchronous Transfer Mode，ATM）兼容，实现广带多媒体通信，形成综合广带通信网。

③ 能够对全速移动用户提供 150Mb/s 的高质量影像多媒体服务。

(3) 4G 移动通信技术的特点。与 3G 相比，4G 具有如下一些特点。

① 传输速度快。4G 最显著的特点就是传播速度非常快。目前，4G 的传播速度比 3G 快了近 20 倍，用户在使用的过程中，可以明显感觉到 4G 网络的高速度。

② 信号强。4G 可以支持高质量、高画质的视频会议，还能够为用户提供数据信息服务、语音服务，让用户可以通过多种多样的方式进行通信，提高了用户的通信质量，让用户得到了更好的通信体验。

③ 用户选择度高。和 3G 相比，4G 有更强的灵活性和便捷性。4G 能够根据网络使用环境的变化进行相应的更改，满足每个用户的不同需求。无论是低速用户还是高速用户，都可以选择 4G 网络进行通信。

④ 智能化程度高。4G 智能化程度高体现在人性化的自主选择功能与处理能力上。例如，用户可以在手机上提前设置关于地理位置的提醒服务，当用户到达其设置的相关地区时，手机能够自动检测并提醒。在 3G 网络中，这种服务已经出现，在 4G 网络中，这种服务更加准确。

2. 5G 移动通信技术

(1) 5G 移动通信技术的概念。5G 移动通信技术（以下简称 5G）指第五代移动通信技术，在该技术背景下，理论最高数据传输速率可以达到 20Gb/s，整体速度约为 4G 的 10 倍以上。简单来说，在 5G 的加持下，一部 1GB 的电影大约只需要 4s 便能够下载完成。随着 5G 的发展与成熟，将其用于智能终端的时代已经到来。

(2) 5G 移动通信技术的性能指标。

① 5G 的数据传输速率在 4G 的基础上提高 10～100 倍，体验速率能够达到 0.1～1Gb/s，峰值速率能够达到 10Gb/s。

② 时延降低到 4G 的 1/10 或 1/5，达到毫秒级水平。

③ 设备密集度达到 600 万个/千米^2。

④ 流量密度超过 20Tb/（s·km^2）。

⑤ 移动性达到 500km/h，实现高铁环境下的良好用户体验。

为了使用户获得良好的业务体验，除了以上这些指标，能耗效率、频谱效率及峰值速率等也是重要的 5G 性能指标，需要在设计 5G 系统时综合考虑。

(3) 5G 移动通信技术的特点。

① 多天线。5G 作为 4G 的升级技术，与 4G 相比，主要的技术特点即多天线技术。从普遍的无线通信技术数据传输逻辑进行分析，首先，天线数量的增加，对于信号的传输速率及传输质量的提升意义重大，但也会导致兼容性方面出现问题。因此，5G 在解决兼容性问题的基础上，通过阵列布设天线的方式实施多天线传输技术，有效提升了无线数据的传输效率。此外，这也为提升数据传输的稳定性奠定了良好的基础。

② 同频全双工。从运行逻辑的架构方面分析，5G 主要的运行逻辑特点为同频全双工特点。在实际运行过程中，同频全双工特点主要表现为同一信道在运行中能够实现信号同时接收及发送，建立了双向的通信运行及数据传输模式，从根本上提升了信号的传输效率及接收效率。此外，从基础设施架构、基础能耗两个方面分析，同频全双工的运行模式还能降低硬件架构的运行能耗，对于整体传输信号装置的运行能耗控制也发挥了重要作用。

③ 高频传输。从信号传输的频段方面分析，高频传输为 5G 应用的主要特点。在实际应用中，高频传输主要通过高频段信号传输模式进行各类无线数据的传输，有效提升了频谱资源的利用率。同时，高频段信号传输模式的应用，也降低了低频段信号在传输中存在的信号干扰，对于用户应用体验及技术应用质量的提升都发挥了重要作用。此外，从理论传输速度方面分析，5G 的数据传输速率在理论环境下达到了 10Gb/s。从当前普遍的个人用户及商业用户需求角度分析，10Gb/s 的数据传输速度满足了绝大部分用户的需求。

④ 密集网络。从 5G 基础硬件架构及通信传输逻辑方面分析，密集网络特点为 5G 技术发展的主要特点。密集网络特点主要表现为基站设置的密集性、站点分布的密集性及服务用户单位面积内数量的密集性，理论环境下实现了用户与基站 1∶1 的分配比例。因此，从资源分配、数据传输、覆盖面积、服务范围及数据传输中转的逻辑方面分析，密集网络功能的实现，最大化地提升了硬件设施的运行效率，同时提升了频谱的应用效率，使用户的应用体验得到进一步的提升。此外，从基础硬件设施的架构方面分析，5G 环境下的密集网络架构在运行中，由于站点间的密度过大、信息传输量过大及设施功率运行较高，普遍存在干扰问题。从实际应用效果提升方面分析，未来，在 5G 的发展应用中，解决干扰问题也是主要技术难点。

⑤ 多载波。从无线信号的传输逻辑、接收逻辑及运行功率衰减的方面分析，信号传输距离越远，传输完整性就会越低，从而造成一定的数据缺失、传输丢包现象，即造成一定的传输失效及指令执行异常现象。在应用中，多载波特点的发挥有效地改善了该类不良现象。多载波技术在实际运行中，通过将载波信号转换为并行的低速子数据流，并入子信道进行数据的传输，从而提升数据传输质量，减少单一信道传输产生的信号衰减及信号传输延迟等问题。从工业应用方面分析，多载波技术的实现，对于工业生产效率的提升、生产安全性的提升及生产质量的控制都发挥了重要作用。

2.1.2 移动通信终端

1. 移动通信终端的概念

移动通信终端也称移动终端，指能接受移动通信服务的机器，是移动通信系统的重要组成部分。移动用户可以通过移动通信终端进入移动通信系统，使用所有移动通信服务业务。由此可见，移动通信终端十分重要。

2. 移动通信终端设备

移动通信终端设备现在非常多。个人移动通信终端设备主要包括智能手机、掌上电脑、笔记本电脑、全球定位系统（Global Positioning System，GPS）定位设备等。各种移动通信终端设备按照网络不同，有 GSM、CDMA、宽带码分多址（Wideband Code Division Multiple Access，WCDMA）、时分同步码分多址（Time Division-Synchronous Code Division Multiple Access，TD-SCDMA）技术等；按照结构不同，有直板机、折叠机和滑盖机等。各种移动通信终端设备对使用者来说没有太大的区别，主要是运营商不同，包括中国移动、中国联通、中国电信。移动通信终端设备功能上大同小异，但是外观上千差万别。移动通信终端设备主要有如下几种。

（1）智能手机。手机（见图 2-1）是指"像个人计算机一样，具有独立的操作系统、独立的运行空间，除了具备通话功能，还可以由用户自行安装软件、游戏等第三方服务商提供的程序，通过此类程序不断扩充手机的功能，并可以通过移动通信网络实现无线网络接入的一类手机的总称"。手机已经从功能性手机发展到以 Android（安卓）、iOS（iPhone OS）等操作系统为代表的智能手机，是可以在较广范围内使用的便携式移动智能终端。以下若无特殊说明，"手机"均指代"智能手机"。

图 2-1　智能手机

（2）笔记本电脑。笔记本电脑（见图 2-2）也称便携式电脑，最大的特点就是机身轻薄、小巧，比 PC 携带方便。虽然笔记本电脑的机身小，但完全可以胜任日常操作和基本商务、娱乐操作。

图 2-2　笔记本电脑

（3）PDA。PDA 也称掌上电脑，可以帮助人们在移动中工作、学习、娱乐等。PDA 可分为工业级 PDA（见图 2-3）和消费品 PDA（见图 2-4）。工业级 PDA 主要应用于工业领域，常见的有条码扫描器、射频识别技术（Padio Frequency Identification，RFID）读写器、销售终端（Point of Sale，POS）机等。工业级 PDA 内置高性能激光扫描引擎、高速中央处理器（Central Processing Unit，CPU），以及 Windows Embedded Compact（Windows CE）、Android 等操作系统，具备超级防水、防摔及抗压能力，广泛用于鞋服、快速消费品、速递、零售连锁、仓储、移动医疗等多个行业的数据采集，支持多种无线网络。消费品 PDA 包括的种类比较多，如手机、平板电脑、游戏机等。

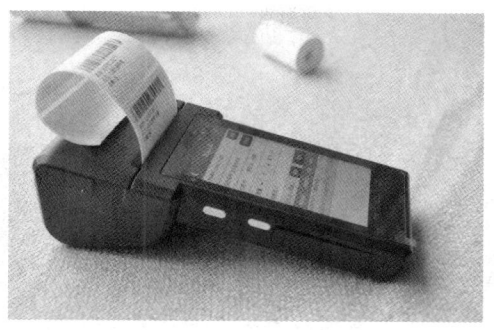

图 2-3　工业级 PDA

图 2-4　消费品 PDA

【知识扩展】

工业级 PDA

工业级 PDA 具有数据存储及计算能力，有显示和输入功能，能与其他设备进行数据通信，由独立的电池供电，可进行二次开发。其特点是坚固、耐用，可以在很多环境比较恶劣的地方使用，同时针对工业使用特点做了很多优化。工业级 PDA 是专门为工业领域或特殊工作应用场景设计开发的。从功能上说，工业级 PDA 内置扫描头，可扫描一维、二维条码，甚至直接部件标示（Direct Part Marking，DPM）码。

工业级 PDA 具有蓝牙、摄像头、通话、GPS、多模式无线网络、数据通信等功能，同时配有大容量电池，续航时间长，并具有 IP65 以上高工业等级。

（4）平板电脑。平板电脑（见图 2-5）是一种小型、便携的个人计算机，以触摸屏作为基本的输入设备。它拥有的触摸屏允许用户通过触控方式进行作业，而不是传统的键盘或鼠标。用户可以通过内建的手写识别、屏幕上的软键盘、语音识别或一个真正的键盘（如果该机型配备）输入信息。平板电脑由比尔·盖茨提出，支持来自 Intel、AMD 和 ARM 公司的芯片架构。从平板电脑概念商品上看，平板电脑就是一款无须翻盖、没有键盘、小到可以放入女士手袋、功能完整的 PC。

（5）车载智能终端。车载智能终端（见图 2-6）具备 GPS 定位、车辆导航、采集和诊断故障信息等功能，在新一代汽车行业中得到了广泛应用，能对车辆进行现代化管理。车载智能终端将在智能交通中发挥更大的作用。

图 2-5　平板电脑

图 2-6　车载智能终端

（6）可穿戴设备。越来越多的科技公司大力开发智能眼镜（见图2-7）、智能手表（见图2-8）、智能手环（见图2-9）、智能戒指（见图2-10）等可穿戴设备商品。如今，智能终端开始与时尚挂钩，人们的需求不再局限于可携带，更追求可穿戴。

图 2-7　智能眼镜 　　　　　　　　　图 2-8　智能手表

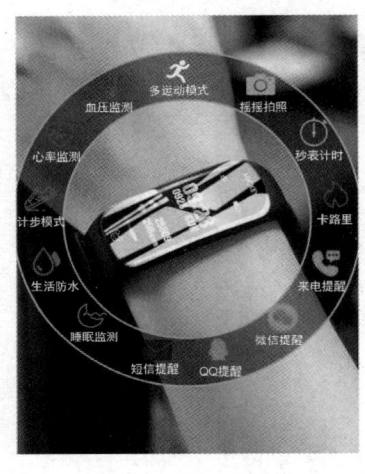

图 2-9　智能手环　　　　　　　　　图 2-10　智能戒指

3. 移动通信终端设备的技术特征

典型的移动通信终端设备一般配备输入工具、一个以上的显示屏幕、一定的计算和存储能力，以及独立的电源。相对传统的固定办公设备（固定设备），移动通信终端设备有许多特殊的技术特征，主要如下。

（1）移动通信终端设备的显示屏幕小，而大多数设备使用多义键盘，通过按键确定具体语义，操作起来比较麻烦，可操作性差。

（2）移动通信终端设备都是依靠电池供电的，而电池的使用期限很短，并且容量始终是一个限制因素。

（3）移动通信终端设备内存、磁盘的容量较小。

（4）移动通信终端设备的安全性较差。

（5）移动通信终端设备正逐渐向全能化方向发展，不仅是通信的工具，更体现了技术发展、市场策略和用户需求。因此，受到移动互联网和物联网等战略发展方向的影响，移动通信终端设备正在向通信终端融合和各类物品通信化发展。

4. 移动通信操作平台及系统

（1）移动通信操作平台。目前主要有 3 种移动通信操作平台（移动应用平台），分别是移动消息平台、移动网络接入平台（WAP 平台）及交互式语音应答平台。

① 移动消息平台。移动消息平台主要包括短信息服务和多媒体信息服务，这些服务都可用于建立点对点的短信业务平台，在此基础上也可以开发各种增值服务。

a．短信息服务（Short Messaging Service，SMS）也称短信，指在无线电话或传呼机等无线设备之间传递小段文字或数字数据的一种服务，也是现在普及率最高的一种短消息业务。SMS 以其简单、方便受到大众的欢迎，却是第一代的无线数据服务，在内容和应用方面存在技术标准的限制。随着短信的逐步流行，增强型信息服务使用了 SMS 技术，并新增了对声音、图像和动画的支持。

b．多媒体信息服务（Multimedia Messaging Service，MMS）也称彩信。和 SMS 相比，它最大的特色就是支持多媒体功能。MMS 能够传递多媒体形式的内容和信息，包括图像、音频、视频、数据及文本等。MMS 还可以和手机摄像头相结合，可以将手机拍的照片传给亲朋好友。但无论是发送还是接收信息，MMS 都需要通用无线分组业务（Greneral Packed Radio Service，GPRS）技术的支持。

② WAP 平台。WAP 平台是开展移动电子商务的核心平台之一。通过 WAP 平台，手机可以随时随地、方便快捷地接入互联网，真正实现不受时间和地域约束的移动电子商务。WAP 是一种通信协议，它的提出和发展基于在移动中接入互联网的需要。WAP 提供了一个开放、统一的技术平台，用户使用移动设备可以很容易地访问和获取互联网或企业内部网信息和各种服务。

WAP 应用模型由 WAP 客户端、WAP 网关和 WAP 内容服务器 3 个部分组成，这三者缺一不可。WAP 客户端主要指支持 WAP 的移动设备，如 WAP 手机。WAP 网关是 WAP 应用实现的核心，由协议网关和内容编解码器两个部分组成。WAP 内容服务器存储着大量的信息，WAP 客户端可以访问、查询、浏览等。

要想在移动设备上获得丰富的信息内容，除了需要无线通信协议，还需要一种标记语言，以描述信息的展现格式。无线标记语言（Wireless Markup Language，WML）用浏览器进行阅读，而 WML 编写的内容在移动设备的 WAP 浏览器上的功能类似于 HTML。HTML 编写的内容可以在计算机上实现文本浏览、数据输入、图像和表格呈现及设置按钮和超级链接等功能。

③ 交互式语音应答平台。交互式语音应答（Interactive Voice Response，IVR）平台是呼叫中心的重要组成部分，在呼叫过程中起着不可替代的作用。IVR 平台自动与用户进行交互式操作。当用户联系呼叫中心时，首先接入 IVR 平台，在确认用户信息后，用户根据 IVR 平台给出的提示信息进行互动操作，从而得到所需服务。若用户提出的问题在 IVR 平台内得不到解决，则转向人工热线服务。移动 IVR 平台还可以利用手机终端独有的收发短信功能，实现语音和短信的互动。

随着呼叫中心信息服务的发展，IVR 平台的功能迅速增加，这就需要用户对 IVR 平台有很深的了解。但很多用户觉得 IVR 平台操作烦琐而选择人工服务，这就会降低 IVR 平台的利用率。不过，相信随着技术的发展，IVR 平台将成为继移动消息平台和 WAP 平台之后又一个能提供综合业务服务的移动应用平台。

（2）移动通信操作系统。目前，市面上的两大主要移动通信操作系统为 Android（安卓）和 iOS。

① Android。Android 是 Google（谷歌）公司发布的基于 Liunx（一种免费使用和自由传播的类 UNIX 操作系统）内核，专门为移动设备开发的平台，包含操作系统、中间件和核心应用等。Android 是一个完全免费的手机平台，使用它不需要授权费，可以完全定制。另外，Android 底层架构使用开源的 Linux 操作系统，同时开放了应用程序开发工具，使所有程序开发人员都可以在统一、开放的平台上进行开发，从而保证了 Android 应用程序的可移植性。

因为 Android 使用 Java 作为其主要的程序开发语言，所以不少 Java 开发人员加入开发阵营，这无疑加快了 Android 的发展速度。Android 系统架构由 4 个部分组成，分别是 Linux、安卓运行指令（Android Runtime）、程序库（Libraries）、应用程序（Applications）。

② iOS。iOS 是由苹果公司开发的移动端操作系统，最初是为 iPhone 设计的，当初叫 iPhone OS，随后由于应用于 iPod、iPad 等设备上，所以在 2010 年改名为 iOS。

iOS 的系统架构分为 4 个层次：核心操作系统层（Core OS Layer）、核心服务层（Core Services Layer）、媒体层（Media Layer）、可触摸层（Cocoa Touch Layer）。

【要点梳理】

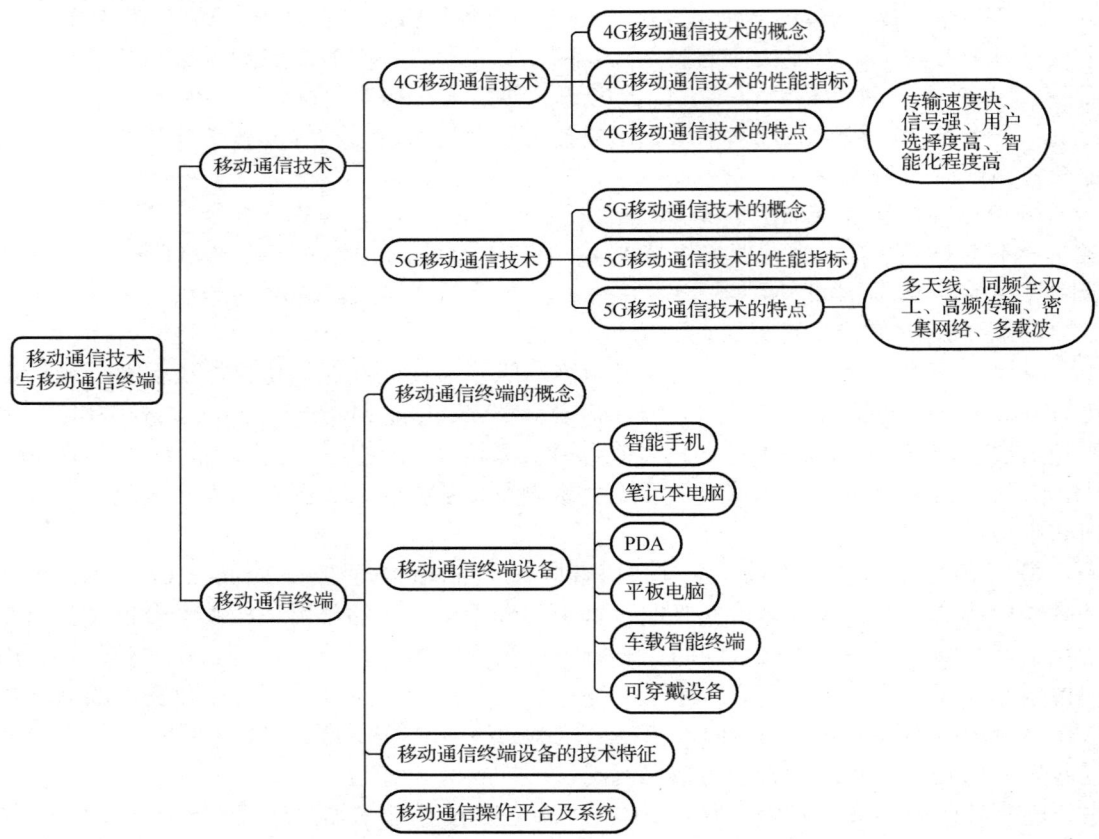

2.2 无线网络技术

【知识目标】
（1）了解无线网络的概念、特点和分类。
（2）熟悉无线网络的传输方式。

【技能目标】
（1）能够说出无线网络的特点。
（2）能够区分无线网络的不同类别。
（3）能够针对不同的无线网络辨别其传输方式。

2.2.1 无线网络的概念与特点

1. 无线网络的概念

无线网络既包括允许用户建立远距离无线连接的全球语音和数据网络，也包括对近距离无线连接进行优化的红外线技术及射频技术，其最大的优点在于可以让人们摆脱有线的束缚，更便捷、更自由地沟通。

2. 无线网络的特点

（1）移动性强。无线网络摆脱了有线网络的束缚，可以在网络覆盖范围内的任何位置上网。无线网络完全支持自由移动，可持续连接，实现移动办公。

（2）带宽很宽，适合进行大量双向和多向多媒体信息传输。在速度方面，IEEE 802.11b 的传输速度可达 11Mb/s，而标准 IEEE 802.11g 的无线网速提升 5 倍，其传输速度达到 54Mb/s，可充分满足用户对网速的要求。

（3）有较高的平安性和较强的灵活性。由于采用直接序列扩频、跳频、跳时等一系列无线扩展频谱技术，使其平安性高；无线网络组网灵活，增加和减少移动主机相当容易。

（4）维护成本低。无线网络尽管在搭建时投入成本高，但后期维护方便，维护成本比有线网络低 50%左右。

2.2.2 无线网络的分类

整个无线网络可以划分为 4 个范畴：无线局域网（Wireless Local Area Network，WLAN）、无线个域网（Wireless Personal Area Network，WPAN）、无线城域网（Wireless Metropolitan Area Network，WMAN）、无线广域网（Wireless Wide Area Network，WWAN）。从范畴上来看，无线网络目前只在 WLAN 领域和 WPAN 领域发展比较成熟，后者是在小范围内相互连接数个装置所形成的无线网络。

1. 无线局域网

无线局域网是指以无线电波作为传输媒介的局域网。无线局域网包括 3 个组件：无线工作站、无线接入点（Access Point，AP）和端口。WLAN 技术可以使用户在公司、校园大楼或机场等公共场所创建无线连接，可用于那些不便铺设线缆的场所。目前，无线局域网主要使用无线保真（Wireless Fidelity，Wi-Fi）技术。随着以太网的广泛应用，WLAN 能在一定程度上满足人们对移动设备接入网络的需求。

Wi-Fi 是美国电气与电子工程师协会（Institute of Electrical and Electronics Engineers，IEEE）定义的一个无线网络通信的工业标准（IEEE 802.11），在无线局域网的范畴是指"无线相容性认证"，同时是一种无线联网的技术，通过无线电波连接网络。Wi-Fi 是一种可以将个人计算机和手持设备（如手机、平板电脑等）等终端以无线方式互相连接的技术。

目前，除了家庭网络，还没有完全建立在无线技术上的网络。使用 Wi-Fi 技术配置的网络常常与现有的有线网络相互协调，共同运行。Wi-Fi 一边可以通过无线电波与无线网络相连，另一边可以通过无线网关连接到无遮蔽双绞线（Unshield Twisted Pair，UTP）电缆。

图 2-11 是无线局域网示意图。

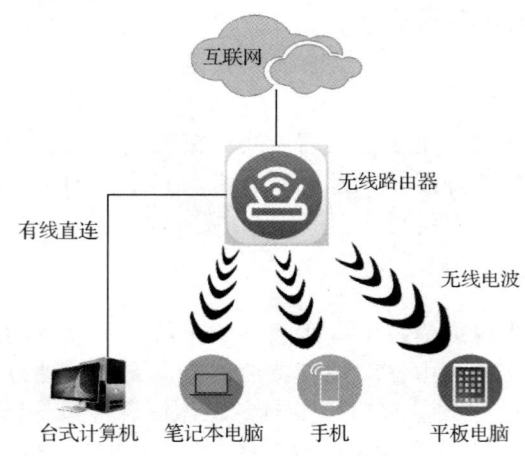

图 2-11　无线局域网示意图

2. 无线个域网

无线个域网是通过无线电波连接个人邻近区域内的计算机和其他设备的通信网络。目前，主要的 WPAN 技术就是蓝牙技术和红外通信技术。

（1）蓝牙（Bluetooth）技术。蓝牙技术是由爱立信、国际商用机器（IBM）、英特尔、诺基亚和东芝 5 家公司于 1998 年 5 月共同提出并开发的一种全球通用的无线技术。蓝牙技术是一种替代线缆的短距离无线传输技术，使特定的移动电话、笔记本电脑，以及各种便携式通信设备能够相互在 10m 左右的距离内共享资源。

蓝牙技术有很多优点：蓝牙技术的成本比较低，从而保证了其广泛应用；任何一个蓝牙设备在传输信息时都需要密码，因此保证了通信的安全性；蓝牙技术的通信距离为 10m，可以在办公室内任意传输；蓝牙技术具有自动发现能力，使用户能够通过简单的操作界面访问设备；跳频技术使蓝牙系统具有足够强的抗干扰能力。

（2）红外通信技术。红外线是指波长超过红色可见光的电磁波，红外通信技术，顾名思义就是通过红外线进行数据传输的无线技术。利用红外通信技术，可以在计算机或其他相关设备之间进行无线数据交换。目前，红外通信技术的传输速度已达到了 16Mb/s。

虽然无线电波和微波已被广泛地应用于长距离的无线通信，但由于红外线的波长较短，对障碍物的衍射能力差，所以更适合应用于短距离无线通信的场合，进行点对点的直线数据传输。随着移动计算和移动通信设备的日益普及，红外通信已经进入了发展的黄金时期。目前，红外通信在小型移动设备中获得了广泛应用，包括笔记本电脑、平板电脑、游戏机、移动电话、仪器仪表、数码相机及打印机之类的计算机外围设备等。

3. 无线城域网

无线城域网采用无线电波使用户在主要城市区域的多个场所之间创建无线连接，而不必花费巨额费用来铺设光缆、电缆和租赁线路。IEEE 为无线城域网推出了 IEEE 802.16 标准，同时业界也成立了类似于 Wi-Fi 联盟的全球微波接入互操作性（World Interoperability for Microwave Access，WiMax）论坛。

WiMax 应用主要分成两个部分：固定式无线接入和移动式无线接入。现阶段，主要应用系统为以 IEEE 802.16d 标准为主的固定宽带无线接入系统和以 IEEE 802.16E 标准为主的移动宽带无线接入系统。WiMax 也有许多优势，如传输距离更远，提供更高速的宽带接入，提供优良的"最后一公里"网络接入服务，提供多媒体通信服务，应用范围广。

4. 无线广域网

无线广域网是指覆盖全国或全球范围的无线网络，提供更大范围内的无线接入。

2.2.3 无线网络的传输方式

1. 访问点

在无线网络的传输方式中，最常见的就是通过无线访问来连接网络、负责建立无线路由器和电脑之间数据链路的一种无线网卡。这种使用无线网卡的传输方式使用方便，网络覆盖率高，是家庭中比较常用的。

2. 客户端

这种传输方式仅连接其他的网络，通过计算机或笔记本电脑接收信号，可以是有线的或无线的，但是不发射自己的无线网络信号。在这种方式下，无线路由器可以为客户端提供 DHCP 及 NAT 功能，通过自己的网关，直接连接外面的网络。

【知识扩展】

什么是 DHCP 和 NAT

DHCP（Dynamic Host Configuration Protocol）是指动态主机配置协议。它是一个局域网的网络协议，指由服务器控制一段 IP 地址范围，客户端登录服务器时就可以自动获得服务器分配的 IP 地址和子网掩码。在默认情况下，DHCP 作为 Windows Server 的一个服务组件不会被系统自动安装，需要管理员手动安装并进行必要的配置。

NAT（Network Address Translation）是指网络地址转换。当在专用网内部的一些主机已经分配到了本地 IP 地址（仅在本专用网内使用的专用地址），但又想和互联网上的主机通信（并不需要加密）时，可使用 NAT 方法。这种方法需要在专用网（私网 IP）连接到互联网（公网 IP）的路由器上安装 NAT 软件。装有 NAT 软件的路由器叫作 NAT 路由器，它至少有一个有效的外部全球 IP 地址（公网 IP 地址）。这样，所有使用本地地址（私网 IP 地址）的主机在和外界通信时，都要在 NAT 路由器上将其本地地址转换成全球 IP 地址，才能和互联网连接。

3. 客户端网桥

这种无线网络传输方式就是无线网络的桥接，通过无线传输的方法，在两个或多个网络之间搭起通信。由于个人网络的要求，可以就近寻找供电端口。客户端网桥可以在相距几百米到几十公里的地方形成无线网络，广泛应用于家庭和公司。

4. 点对点自组织网络

这是一种电脑与电脑之间连接起来的无线网络，省去了无线中介设备，在玩大型游戏的时候比较常见。家庭或者单位、小企业一般都不会使用这种连接方式。

5. 中继

这种无线网络传输方式具有承上启下的效果，一边接收信号，一边发射信号，能够很好地解决障碍物阻挡网络信号，导致信号不好等问题。在这个方式下的无线路由器仍可以提供很多不同的功能，如果合理使用，甚至可以组成局域网络。

6. 中继桥接

当无线信号受到距离或障碍物的影响不能传输到更远时，可以通过这种传输方式解决问题。通过正常的网络连接，接入该无线路由器上的计算机连接部分，可以使无线网络信号更强，并同时使用几个电子设备。

【要点梳理】

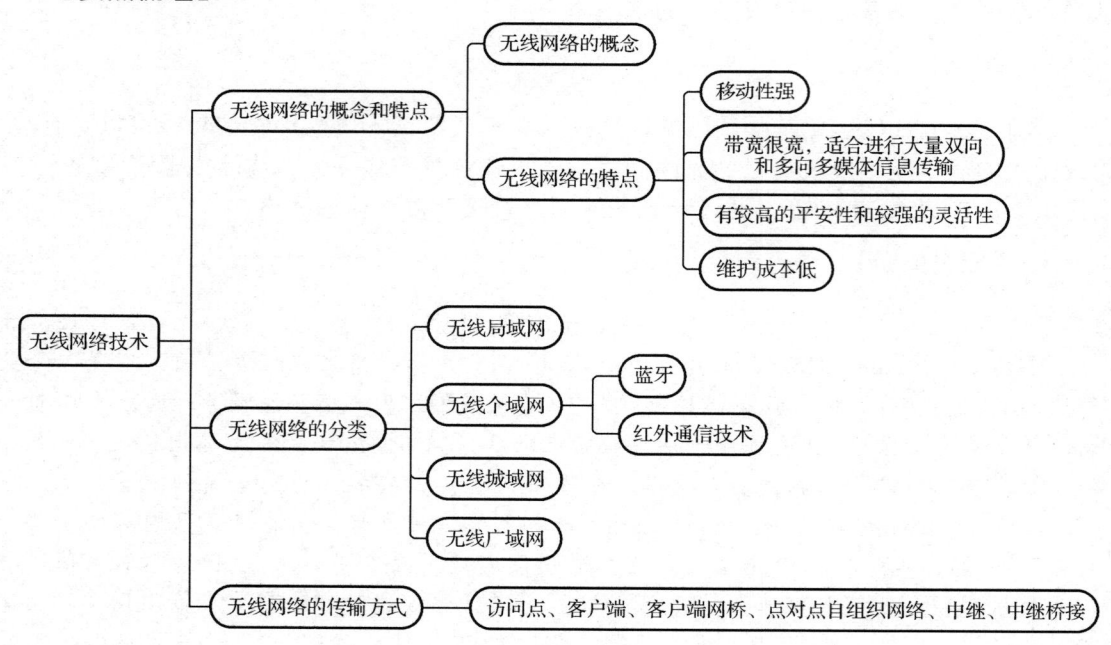

无线网络技术
- 无线网络的概念和特点
  - 无线网络的概念
  - 无线网络的特点
    - 移动性强
    - 带宽很宽，适合进行大量双向和多向多媒体信息传输
    - 有较高的平安性和较强的灵活性
    - 维护成本低
- 无线网络的分类
  - 无线局域网
  - 无线个域网
    - 蓝牙
    - 红外通信技术
  - 无线城域网
  - 无线广域网
- 无线网络的传输方式：访问点、客户端、客户端网桥、点对点自组织网络、中继、中继桥接

2.3 移动定位技术

【知识目标】
（1）掌握 GPS 定位技术的相关知识。
（2）熟悉基于位置的服务技术。
【技能目标】
（1）能够说出 GPS 的组成部分。
（2）能够说出基于位置的服务技术的特点。

2.3.1 GPS 定位技术

1. GPS 的概念

GPS 指的是一种以人造地球卫星为基础的高精度无线电导航的定位系统，它在全球任何地方及近地空间都能够提供准确的地理位置、车行速度信息及精确的时间信息。

2. GPS 的组成部分

GPS 主要有三大组成部分：空间部分、地面监控部分和用户设备部分。

（1）空间部分。GPS 的空间部分由 24 颗导航卫星组成（21 颗工作卫星、3 颗备用卫星），它们位于距地表 20 200km 的高空。卫星均匀分布在 6 个轨道面上，每个轨道面上包含 4 颗，每个轨道面的倾角为 55°。卫星的运行周期是半个恒星日（一个恒星日大概是 23h56min4.09s）。卫星的时间与空间的配置保证了在地球上的任一地点、任一时间都能至少观测到 4 颗俯仰角为 15°以上的卫星，但是最多只能观测到 12 颗卫星，这样可以满足导航定位的要求。

（2）地面监控部分。GPS 的地面监控部分由监测站（Monitor Station）、主控制站（Master Monitor Station）、地面天线（Ground Antenna）组成，主控制站位于美国科罗拉多州。地面监控部分主要负责推算、编制卫星的卫星钟差、星历和大气层修正参数等数据，并传送到注入站，提供 GPS 的基准时间；调整偏离轨道的卫星，使其沿预定的轨道运行。

（3）用户设备部分。GPS 的用户设备部分由 GPS 接收机及相应的数据处理软件组成。接收机的主要功能是捕获按一定卫星截止角所选择的待测卫星，并实时、跟踪这些卫星的运行。当接收机捕获跟踪的信号时，就可测量出卫星到接收机天线的伪距离，解算出卫星轨道参数等数据。接收机中的微处理计算机根据这些数据按定位解算方法进行定位计算，计算出接收机所在位置的经度、纬度、高度、时间、速度等信息。GPS 数据处理软件负责各种后处理，其主要作用是对测量数据进行加工处理，以获得精度较高的结果。

【知识扩展】

北斗卫星导航系统

中国北斗卫星导航系统（BeiDou Navigation Satellite System，BDS）是中国自行研制的全球卫星导航系统，也是继 GPS、GLONASS 之后的第 3 个成熟的卫星导航系统。BDS 和美国 GPS、俄罗斯 GLONASS（格洛纳斯卫星导航系统）、欧盟 GALILEO（伽俐略卫星导航系统），是联合国卫星导航委员会认定的供应商。

BDS 由空间段、地面段和用户段 3 个部分组成，可在全球范围内全天候、全天时为各类用户提供高精度、高可靠的定位、导航、授时服务，并且具备短报文通信能力，已经初步具备区域导航、定位和授时能力，定位精度为分米、厘米级别，测速精度优于 0.2m/s，授时精度优于 20ns。

在全球范围内，已经有 137 个国家与 BDS 签下了合作协议。随着全球组网的成功，BDS 未来的国际应用空间将不断扩展。

2.3.2 基于位置的服务技术

1. 基于位置的服务的概念

基于位置的服务（Location Based Services，LBS）是指一种基于地理位置的服务，它是通过电信无线网络运营商的外部定位或无线电通信网络，获得用户的地理位置信息，在地理位置系统平台的支持下，为用户提供相应服务的一种增值业务。

2. 基于位置的服务技术的特点

LBS 技术的特点如表 2-1 所示。

表 2-1 LBS 技术的特点

特点	简述
覆盖范围广	对于 LBS，企业一方面要求覆盖足够大的范围，另一方面要求全覆盖室内，这是因为 LBS 的设备或用户大部分时间都是处于室内，所以需要保证覆盖每个角落。根据 LBS 覆盖的范围，大致可分为 3 种定位服务：整个本地网、覆盖部分本地网、提供漫游网络服务
定位精度个性化	根据不同用户的需求提供不同程度的定位精度服务，并且为用户提供选择精度的便利，这是手机定位的一种优势
操作简便	LBS 的功能主要基于 Web（网络）服务器和轻量目录访问协议（Lightweight Directory Access Protocol，LDAP）服务器，操作简便
应用广泛	LBS 包含很多内容，多个行业、多个领域都可以应用 LBS 服务，可以根据服务对象的特点分为家庭应用、行业应用、公共安全应用、运营商内部应用等

【要点梳理】

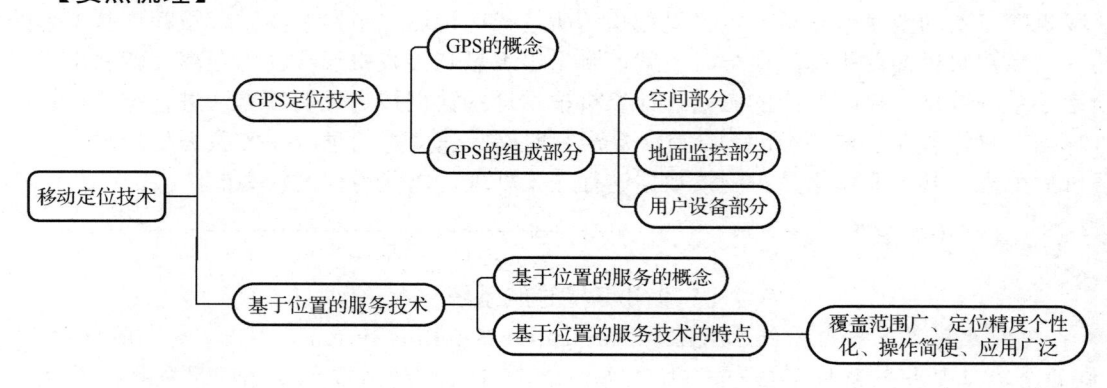

```
移动定位技术 ┬─ GPS定位技术 ┬─ GPS的概念
            │              └─ GPS的组成部分 ┬─ 空间部分
            │                               ├─ 地面监控部分
            │                               └─ 用户设备部分
            └─ 基于位置的服务技术 ┬─ 基于位置的服务的概念
                                  └─ 基于位置的服务技术的特点 ─ 覆盖范围广、定位精度个性化、操作简便、应用广泛
```

2.4 移动电子商务新技术

【知识目标】
（1）掌握大数据的相关知识。
（2）了解云计算的相关知识。
（3）掌握二维码技术。

【技能目标】
（1）能够说出大数据处理技术有哪些。
（2）能够说出云计算的特点。
（3）能够说出二维码技术在移动电子商务中的具体应用。

2.4.1 大数据技术

1. 大数据的概念

大数据（Big Data）也称巨量资料，是指涉及的资料规模巨大到无法通过目前主流软件工具，在合理时间内撷取、管理、处理并整理，以帮助企业调整或制定经营决策的信息。

2. 大数据的特点

大数据具有四大特点：Volume（体量），代表数据体量巨大；Variety（种类），代表数据类型多样；Value（价值），代表深度的数据价值；Velocity（速度），代表数据流转迅速与数据体系的动态性，如图 2-12 所示。

图 2-12　大数据的特点

（1）体量。截至目前，人类社会生产的印刷材料的总和数据量是 200PB（1PB=210TB），而人类说过的语言的总和数据量大约是 5EB（1EB=210PB）。随着各种移动设备的流行及云存储技术的发展，现代社会的人类活动都可以被记录下来，因此产生了海量的数据。发送的微博、自拍的照片、运动手环记录等通过互联网上传到云端，各种数据聚集到特定地点的存储系统，最终形成了体量巨大的大数据。

（2）种类。数据类型多样，使数据被分为结构化数据和非结构化数据两种。人们不仅可以通过互联网获取数据，而且是数据的传播者。相对于以往便于存储的以文本为主的结构化数据，非结构化数据越来越多，包括网络小说、拍摄的视频、录制的音频、共享的地理位置等，这些多类型的数据对数据处理能力提出了更高要求。这需要在海量的数据中发现关联性，把看似毫无关系的数据联系起来，最终形成有价值的信息。

（3）价值。在物联网、云计算、大数据挖掘等技术的带动下，大数据的应用呈现出这样的过程：把数据源的信号转换为大数据，再把大数据加工成信息，最后通过获取的信息来做决策。因此，大数据价值的挖掘过程就像大浪淘沙，数据的体量越大，相对有价值的数据就越少。

大数据的价值密度实际是比较低的，因为数据采集并非都是及时的，样本的数量有限，数据不完全连续。然而，当数据的体量足够大时，也能从海量数据中提取有价值的信息，为决策做支撑。

（4）速度。这是大数据区分于传统数据挖掘的最显著特征，即具有实时性。例如，人们出去吃饭，用移动端的地图查询餐厅位置，选择避免堵车的路线，还会从网络上查看餐厅的口味和评价如何，吃饭后拍下食物和餐厅的照片上传到微博。因此，这过程产生了大量的数据交换，对速度的要求更高，且要以实时的方式传达给用户。

3. 大数据处理技术

由于大数据的新特点，传统的数据处理技术不再适合处理大数据。这对大数据的分布式并行处理技术又提出了新的挑战，以 MapReduce（映射化简）为代表的一系列技术开始出现。

（1）数据并行处理。MapReduce 是一个用来并行处理大数据集的并行编程模型。而 Hadoop 是 MapReduce 的开源实现，是企业界乃至学术界共同关注的大数据处理技术。MapReduce 并行编程模型具有强大的处理大规模数据的能力，是大数据处理的理想编程平台。MapReduce 运用动态负载均衡及资源调配机制，可以根据需求的变化，对计算资源自动进行分配和管理，从而实现弹性的缩放和优化使用；可以对复杂问题采用分而治之的策略，把问题拆分后进行并行运算，再将结果进行整合，从而得到最终的结果。由此，MapReduce 表现出良好的可扩展性、容错性和大规模并行处理等优势，在大数据管理和分析等方面得到广泛应用。

（2）增量处理。如何采用增量处理技术设计高效的增量算法，以解决分布式大数据的动态更新问题，也是目前的研究热点。Google 已经采用增量索引过滤器（Percolator for Incremental Indexing），而不是 MapReduce 对频繁变化的数据集进行分析，使搜索结果的返回速度越来越接近实时。Percolator（过滤器）通过只处理新增的、改动过的或删除的文档及使用二级指数来高效率地创建目录，返回查询结果，将文档处理延迟时间缩短至原来的百分之一，其索引 Web 新内容的速度比用 MapReduce 快很多。

（3）流式计算。目前，流式计算是一个研究热点。流式计算既能提供灵活的、可伸缩的效率解决方案，又能在数据完整性、高可用性、可扩展性及收缩性方面支撑上层业务。

（4）大数据挖掘。只有进行数据挖掘，才能从低价值密度的数据中发现其潜在价值，而大数据挖掘技术的实现离不开云计算技术。

数据挖掘通常需要遍历训练数据以获得相关的统计信息,用来求解或优化模型参数。

在大数据中进行频繁的数据访问需要耗费大量的运算时间。数据挖掘领域长期受益于并行算法和架构的使用，这使其性能逐渐提升。图形处理器（Graphics Processing Unit，GPU）平台基于并行算法得到的性能提升十分显著。GPU 平台由于采用并行架构，使用并行编程方法，计算能力呈几何级数增长。即便图形处理、游戏编程这些公认复杂的计算，也能从并行技术中受益颇多。研究显示，数据挖掘、图遍历、有限状态机是并行化未来的热门方向。

2.4.2 云计算技术

1. 云计算的概念

云计算是一种利用互联网实现随时随地、按需、便捷地访问共享资源池（如计算设施、存储设备、应用程序等）的计算模式。云指的是一组数量众多并互联到一起的计算机，由大量的基础单元（Cloud Unit）组成，基础单元之间由网络相连。

云计算泛指云计算服务、支撑云计算服务的云计算平台和相关云计算架构技术，是计算机科学和互联网技术发展的产物。

2. 云计算的分类

从用户需求的角度看，云计算分为私有云、公共云和混合云 3 种类型。

（1）私有云（Rivate Cloud）。私有云也称专属云，部署在企业内部或组织内部，其应用只对企业内部或组织内部开放，不支持限制范围以外的公众应用。与传统的系统相比，私有云面向企业资源的共享应用，基础设施动态灵活，系统架构的复杂性降低，企业内部信息资源得到整合优化。在这种基础架构上，可以通过自动化部署应用，并设置业务驱动策略提供服务，使系统资源能够更加容易地满足业务需求的变化，减少资源重新配置和软件部署的时间。与公共云相比，私有云的用户完全拥有整个云中设施（如中间件、服务器、网络和磁盘），可以控制应用程序的部署，控制云服务发布使用范围。因为私有云的服务提供对象是企业内部或组织内部，所以私有云上的服务受到的影响、需要考虑的限制和安全措施等比公共云上的服务更少，如在私有云中，应用需要的带宽、费用等可以根据业务需要制定；而且，通过用户范围控制和网络限制等手段，与公用云相比，私有云具有更高的安全性和数据私密性。

（2）公共云（Public Cloud）。公共云提供给多个企业或多个组织及公众共同使用。云服务提供商提供从物理基础设施、系统运行环境到应用软件等各方面资源的配置、管理、维护及部署。终端用户通过与云服务连接获取自己需要的资源，并且要为自己使用的资源支付一定的费用。使用公共云可以提高应用速度。在公共云中，终端用户无法控制底层的物理基础设施，不了解使用资源的配置情况，不知道使用资源的安全状况。所有的安全性和可靠性等都依赖构建公共云的第三方。

（3）混合云。混合云是把公共云和私有云结合到一起的云应用方式。利用混合云，可以发挥公共云和私有云各自的优势。可控性、安全性要求高的关键应用可部署在私有云上；系统内没有足够资源支撑的应用，如超大规模计算，或者主要面向公众的应用，为了缩短建设周期和节约建设成本，可以部署在公共云上。然而，当应用同时使用了公共云和私有云时，由于私有云和公共云中服务组件间的交互和部署尚无很好的解决方案，可能带来额外的网络和安全问题,增加整体设计和实施的难度。

3. 云计算的特点

云计算集成整合分布的资源,对外以统一服务的方式面向分布的用户,因此具有如图 2-13 所示的特点。

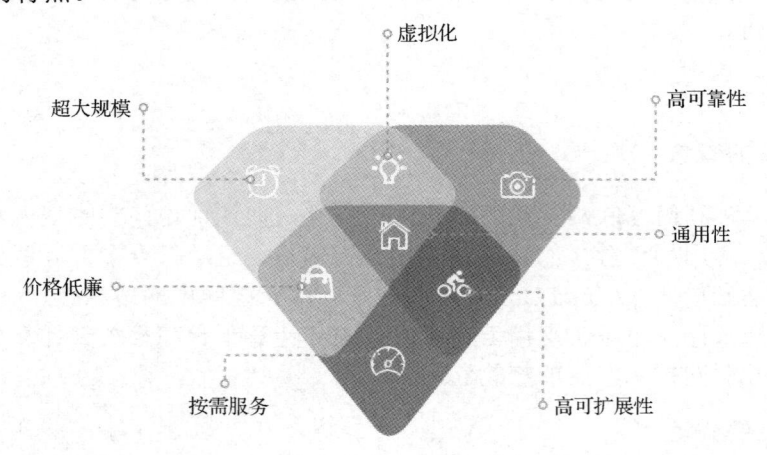

图 2-13 云计算的特点

(1)超大规模。云具有相当的规模,较大的云计算服务商已经拥有 100 多万台服务器,中等的也拥有几十万台服务器。企业私有云一般拥有数百至上千台服务器。云能赋予用户前所未有的计算能力。

(2)虚拟化。云计算支持用户在任意位置使用各种终端来获取应用服务。所请求的资源均来自云,而不是固定的、有形的实体。应用在云中某处运行,但实际上用户无须了解,也不必担心应用运行的具体位置,他们只需要一个终端设备,就可以通过网络服务实现所需的一切,甚至包括超级计算这样的任务。

(3)高可靠性。云使用了数据多副本容错、计算节点同构可互换等措施保障服务的高可靠性,使用云计算比使用本地计算机更可靠。

(4)通用性。云计算不针对特定的应用。在云的支撑下,可以构造出千变万化的应用,同一个云可以同时支撑不同的应用运行。

(5)高可扩展性。云的规模可以动态伸缩,满足应用和用户规模增长的需要。

(6)按需服务。云是一个庞大的资源池,用户可按需购买,像自来水、电、燃气那样计费。

(7)价格低廉。由于云有特殊的容错措施,可以采用极其廉价的节点来构成云;云的自动化、集中式管理,使大量企业无须负担日益高昂的数据中心管理成本;云的通用性使资源的利用率相比传统系统大幅提升,因此用户可以充分享受云的低成本优势,经常只要花费几百美元、几天时间,就能完成以前需要数万美元、数月时间才能完成的任务。

4. 云计算的关键技术

云计算涉及的关键技术包括虚拟化技术、群组管理技术、海量分布式存储技术、数据管理技术、Web 服务构建技术、并行编程技术、云计算信息安全技术。

（1）虚拟化技术。从基础设施、平台资源到应用资源，不同层次都可以应用虚拟化技术。硬件虚拟化技术可将一个硬件设备虚拟化为同类型的多个硬件设备，也可将多个同类型硬件设备虚拟化为一个虚拟设备。存储虚拟化技术主要针对存储设备，将多个存储资源整合，形成一个虚拟的存储资源池，从而实现大数据的集中存储、统一管理和调度分配。网络虚拟化技术可以将网络节点按逻辑划分，形成多个逻辑组，逻辑组内的网络即虚拟网络。虚拟化技术的采用使应用层和物理层呈松耦合状态，有利于资源的扩展和动态调度，为云计算资源动态管理提供了强有力的技术支撑。

（2）群组管理技术。云计算通过网络连接各节点形成资源池，节点数以万计甚至十万计，它们分布在相异的多个地点，同时运行多个不同的应用。按照统计规律，某个硬件出错或失效的情况经常发生，因此系统必须具有自动管理、监控的能力，能快速发现故障并自动恢复，以提供不间断的服务；还能按照业务需求方便地调整部署，使系统具有很好的可维护性。随着群组技术和监管技术的发展，云计算的运维也将越来越简单。

（3）海量分布式存储技术。为了满足快速增长的数字信息的存储需要，存储器的性能也得到了大幅提升，出现了海量分布式存储技术。

这种技术广泛采用分布式的存储单元，利用先进的信息化技术，包括网络互联技术、虚拟化技术等，形成高性能和可伸缩的存储资源池，以满足海量数据的存储需求；同时利用对动态资源的分配实现数据的冗余存储，以确保存储的可靠性。在大量的非结构化数据出现之前，主要采用传统的关系数据库来管理结构化数据，而当有大量的结构化数据和非结构化数据时，则需要发展新的数据管理技术来有效地解决海量数据的存储需求。在此基础上，形成资源可调度模式，为云计算中海量数据的存储提供技术条件。

（4）数据管理技术。数据管理技术是指所有对数据进行处理的技术。对数据的处理主要包括数据采集、数据处理、数据传输、数据组织、数据存储等。在信息化技术发展的不同阶段，数据管理采用的技术也不同，数据管理最终达到的程度也存在较大差异。

（5）Web 服务构建技术。Web Services（基于网络的模块化组件）提供了服务包装的通用技术，其优点是不受通信协议和操作系统的限制，可以跨平台运行。采用 Web 服务构建技术，可将功能、流程等包装成服务，实现应用即服务的理念。服务既可以是简单的查询，也可以是复杂的流程计算，还可以是按照一定的流程模型进行服务的组合。在云计算的应用层采用服务技术，可使云端用户方便地获取应用。

（6）并行编程技术。在云计算系统中，对海量数据的分析处理，不仅需要强大的计算能力，而且对计算速度、准确度和精度都提出了挑战。单纯依赖单处理器和串行计算技术已经无法满足海量数据的处理和计算需求，由此出现了多台计算机和多个处理器协同工作的并行处理技术。采用并行处理技术，可以将一个任务分成多个子任务，再将子任务交由不同的处理器进行处理，从而提高处理速度，减少单处理器单独运算的时间。在云计算中，为了高效、合理地利用并行计算环境，开发了并行编程模型，包括数据和任务分配策略、进程或线程间消息的传递。典型的是 Google 公司的 MapReduce 模型，它将并行处理工作分为 Map 和 Reduce 两个部分，以提高计算效率。

（7）云计算信息安全技术。云计算系统与传统信息系统相比，具有底层网络资源复杂、计算资源庞大、用户访问多样、应用服务种类繁多等特点。为了确保云计算系统的安全，除了采用一般信息系统的信息安全技术，还需要采用相关技术解决规模巨大造成的一系列新的安全问题，包括动态数据传输安全、应用服务安全、海量数据存储安全、全局用户认证访问控制安全等。在信息共享平台中，需要重点防护的是共享数据。对共享数据的防护包括两个方面的技术，一是数据存储安全技术，二是数据传输安全技术。由于在云存储中，大量信息存储在共享资源池内，因此需要研究共享数据加密技术，并对共享信息进行保护。目前，针对静态数据的加密技术主要有高级加密标准（Advanced Encryption Standard，AES）和数据加密算法（Data Encryption Algorithm，DEA），全同态加密技术则是针对动态数据加密防护产生的新技术。为了保证数据传输过程的安全，相关的安全技术有安全套接层（Secure Sockets Layer，SSL）协议加密机制和服务共享的网络服务安全（Web Services Security，WS-S）标准等。

> **【知识扩展】**
>
> **什么是 AES、DES 和 SSL**
>
> AES 是密码学中的高级加密标准，也称 Rijndael 加密法，是美国联邦政府采用的一种区块加密标准。
>
> DES（Data Encryption Standard）是数据加密标准，是一种使用密钥加密的块算法，1977 年被美国联邦政府国家标准局确定为联邦信息处理标准（Federal Information Processing Standards，FIPS），并授权在非密级政府通信中使用，随后该算法便在国际上广泛流传。需要注意的是，在某些文献中，作为算法的 DES 称为数据加密算法（DEA），已与作为标准的 DES 区分开。
>
> SSL 协议是安全套接层协议，与其继任者传输层安全（Transport Layer Security，TLS）协议是为网络通信提供安全及数据完整性的一种安全协议。TLS 协议与 SSL 协议在传输层与应用层之间对网络连接进行加密。

2.4.3 二维码技术

1. 二维码的概念

二维码（2-Dimensional Bar Code）也称二维条码，是相对于一维条形码（简称一维条码或一维码）而言的，它是用某种特定的几何图形，按一定规律形成的平面（二维方向上）分布的、黑白相间的、记录数据符号信息的图形。在代码编制上，它巧妙地利用构成计算机内部逻辑基础的"0""1"比特流的概念，使用若干个与二进制相对应的几何形体表示文字数值信息，通过图像输入设备或光电扫描设备自动识读，以实现信息自动处理。它具有条码技术的一些共性：每种码制都有其特定的字符集，每个字符都占有一定的宽度，具有一定的校验功能等。同时，它还具有对不同行的信息自动识别、处理图形旋转变化等特点。

在默认情况下，二维码是规则的正方形，由黑色块组成，但是经过技术的发展，一些有创意的二维码出现了。图 2-14 和图 2-15 分别展示了二维码的原始样式和创意美化样式。

图 2-14　二维码的原始样式　　图 2-15　二维码的创意美化样式

2. 二维码的特点

（1）安全性强。二维码依靠其庞大的信息携带量，能够把过去使用一维码时存储于后台数据库中的信息包含在二维码中，可以直接通过阅读二维码获得相应的信息。二维码还有错误修正技术及防伪功能，增强了数据的安全性。

（2）密度高。目前，应用比较成熟的一维码有 EAN（European Article Number，国际物品编码协会制定的条形码）、UCC（识别 UCC 成员公司的全球独有的编码）等，因密度较低，故仅作为一种标识数据，不能对商品进行描述。我们要知道商品的有关信息，必须通过识读条形码而进入数据库。这就要求我们必须事先建立以条形码表示的代码为索引字段的数据库。二维码则通过利用垂直方向的尺寸来提高条形码的信息密度，通常情况下，其密度是一维码的几十到几百倍。这样，我们就可以把商品信息全部存储在一个二维码中，要查看商品信息，只要用二维码识别设备扫描二维码即可。因此，不需要事先建立数据库，真正实现了用条形码描述物品。

（3）具有纠错功能。一维码的应用建立在这样一个基础上，即识读时拒读（读不出）要比误读（读错）好。因此，一维码通常同其表示的信息一同印刷出来。当一维码一旦受到损坏（污损、脱墨等）时，可以通过键盘录入代替扫描一维码。鉴于以上原则，一维码没有考虑到条形码本身的纠错功能，尽管引入了校验字符的概念，但仅限于防止读错。二维码可以表示数以千计字节的数据，在通常情况下，所表示的信息不可能与二维码符号一同印刷出来。如果没有纠错功能，当二维码的某部分损坏时，该二维码将变得毫无意义，因此二维码引入了错误纠正机制。这种纠错机制使二维码因穿孔、污损等引起局部损坏时，照样可以正确识读。

二维码的纠错算法与人造卫星和数字视频光盘（Video Campact Disc，VCD，也称小型影碟）等所用的纠错算法相同。这种纠错机制使二维码成为一种安全、可靠的信息存储和识别方法，这是一维码无法比拟的。

（4）可以表示多种语言文字及图像数据。多数一维码能表示的字符集不过是 10 个数字、26 个英文字母和一些特殊字符。条形码字符集最大的 Code（编码）128 条形码（见图 2-16），所能表示的字符个数也不过是 128 个美国信息交换标准代码（American Standard Code for Information Interchange，ASCII）字符。因此，要用一维码表示其他语言文字（中文、日文等）是不可能的。

图 2-16　Code 128 条形码

多数二维码都具有字节表示模式，即提供了一种表示字节流的机制。我们知道，无论何种语言文字，它们在计算机中存储时，都以机内码的形式表示，而机内码都是字节码。这样就可以设法将各种语言文字信息转换成字节流，然后再将字节流用二维码表示，从而为多种语言文字的条形码表示提供了一条前所未有的路径。既然二维码可以表示字节数据，而图像多以字节形式存储，因此图像（照片、指纹等）的条形码表示也成为可能。

（5）可引入加密机制。加密机制的引入是二维码的又一个优点。例如，我们用二维码表示照片时，可以先用一定的加密算法将图像信息进行加密，然后再用二维码表示。在识别二维码时，加以一定的解密算法，就可以恢复所表示的照片。这样，便可以防止各种证件、卡片等的伪造。

3. 手机二维码

（1）手机二维码的概念。手机二维码是二维码技术在手机上的应用。将手机需要访问、使用的信息编码到二维码中，利用手机的摄像头进行识读，这就是手机二维码。

（2）手机二维码的应用。手机二维码既可以通过手机识读载体，进行识读应用，还可以使手机作为载体被设备识读，进行被读应用。其应用领域广泛，按照载体划分，可以应用于杂志、报纸、宣传册、直投广告、邮购目录、网站、海报、户外广告、名片等载体；按照客户类型划分，可以应用于企业用户和个人用户；按照行业划分，可以应用于旅游行业、餐饮行业、媒体服务行业、通信行业、增值服务行业、医药行业等；按照存储信息的解码结果划分，可以应用于统一资源定位系统（Uniform Resource Locator，URL）、待发送的 SMS、待发送的邮件、数据信息（一些直接显示在手机屏幕上的文字信息，无须提交）或电话号码的解码。

手机二维码的业务应用主要可分为四大类：读取数据、解码上网、解码验证及解码通信。

① 读取数据。读取数据是指通过手机或二维码识别设备扫描二维码，解码软件解码后显示数据信息，以减少用户的输入，直接可以存入。最常见的应用有电子名片、电子会员卡、商品信息的直接读取等。在制作名片时，可以直接将姓名、电话等信息用二维码编码，打印在名片的一角。在人们交换名片时，用手机拍摄二维码，解码后就可将对方的信息存储在自己手机的电话簿里，省略了传统的手工录入过程，也克服了目前名片识别软件对名片识别不准确的难题，非常方便。而在超市等大型零售业，通过手机二维码直接读取商品信息已经是一种比较普遍的现象。另外，还可以对显示的数据信息进行写入，反馈到服务器，然后再发送回手机，打印或存储在手机上，作为凭证或单据。在交通警察处理违章驾驶事件时，扫描驾驶员的驾驶证上的二维码，则自动显示驾驶员的相关信息，然后交警输入违章代码，发送到指定服务器，服务器获取数据更改数据库，并发送违章记录单到交警手机上，以便打印。

② 解码上网。解码上网是指通过手机或二维码识别设备扫描二维码，显示相关的 URL 链接，用户可以访问这一链接，进行数据浏览或数据下载。最基本的模式是网络信息浏览，如电子广告、商场特价、网站信息查询、电子图书、电子地图等。在这种应用中，一般的商品、名片甚至报纸、杂志上的广告都附有相应的二维码，把网站链接录入二维码中，人们用内置二维码阅读引擎的手机扫描二维码后，解析 IP 地址，就可以自动

链接到相应的 WAP 网站上。其衍生模式是指在联网后可以直接浏览商品、下载折扣券，甚至可以直接下订单或购买商品，实现电子商务、电子票务等活动；还可以随时随地轻松体验铃声、游戏、视频等流媒体信息和增值业务下载。这为消费者带来了一种全新的手机上网模式，也为企业带来了全新的跨媒体营销模式。

③ 解码验证。解码验证是指通过手机或二维码识别设备扫描二维码，将数据提交给验证服务器，验证服务器再将反馈结果发送回手机或二维码识别设备，核实商品或服务的有效性。其最基本的应用在于商品防伪信息识别及电子回执和身份识别，也应用于物流或渠道管理，以及在支付领域用于支付凭证的核实等。二维码具有多重防伪特性，它可以采用密码防伪、软件加密及利用所包含的信息（如指纹、照片等）进行防伪处理，因此具有极强的保密防伪性能。

④ 解码通信。解码通信是指解码后结果显示为短信、邮件或电话号码的形式，多用于短信投票、邮件联系、电话咨询或互动式语音应答（Interactive Voice Response，IVR）等业务形式。

4．二维码技术在移动电子商务中的应用

二维码技术的出现及发展，不仅对人们的生活方式产生了极为深刻的影响，而且实现了企业营销方式的创新。二维码技术在移动电子商务中的应用主要表现在以下几个方面。

（1）手机二维码技术在企业市场营销中的应用。移动通信技术和无线网络的高速发展极大推动了手机二维码技术的发展与应用，目前，以手机为媒介进行的商业营销（移动营销）已十分常见。与传统的营销方式相比，移动营销的显著特点在于便捷性，正是由于这一特点，手机二维码营销越发受到企业和商家的青睐。应用手机二维码进行营销可以打破时空的限制，企业、商家只需要将二维码设置在既有广告中，消费者通过手机等移动终端对二维码进行扫描，即可随时随地了解企业商品相关信息。

（2）手机二维码技术在电子凭证及电子优惠券中的应用。消费者在购物时，只需要使用手机扫描商家提供的付款二维码即可完成交易，并可凭借电子支付凭证获得相应的商品或服务。此外，商家可以将电子优惠券发送到消费者的手机中，而消费者只需要凭借自己手机中的商家优惠券，即可获得商家提供的商品或服务的优惠。目前，手机二维码技术已经在餐饮、购物等多个消费领域获得了认可与应用。

（3）手机二维码技术在移动购物中的应用。商家将二维码设置在自己的网站中，不仅能够将更多与商品有关的信息传递给消费者，还大大提高了消费者移动购物的便捷性，无须在手机中输入网址，即可进入购物网站浏览、挑选商品。

（4）手机二维码技术在传统物流业中的应用。消费者完成网上购物后，可以用手机扫描商品的二维码，全程跟踪商品的运输流通过程，从而提高网络购物的安全性。

（5）手机二维码技术在商务名片中的应用。当前，二维码名片这一形式在商务人士中已经获得了比较广泛的应用，人们只需要用自己的手机扫描对方的名片二维码，即可完成名片的交换，获得对方的姓名、所在公司及联系方式等基本信息，而且二维码名片会将这些信息自动存储到手机通信录中。

【要点梳理】

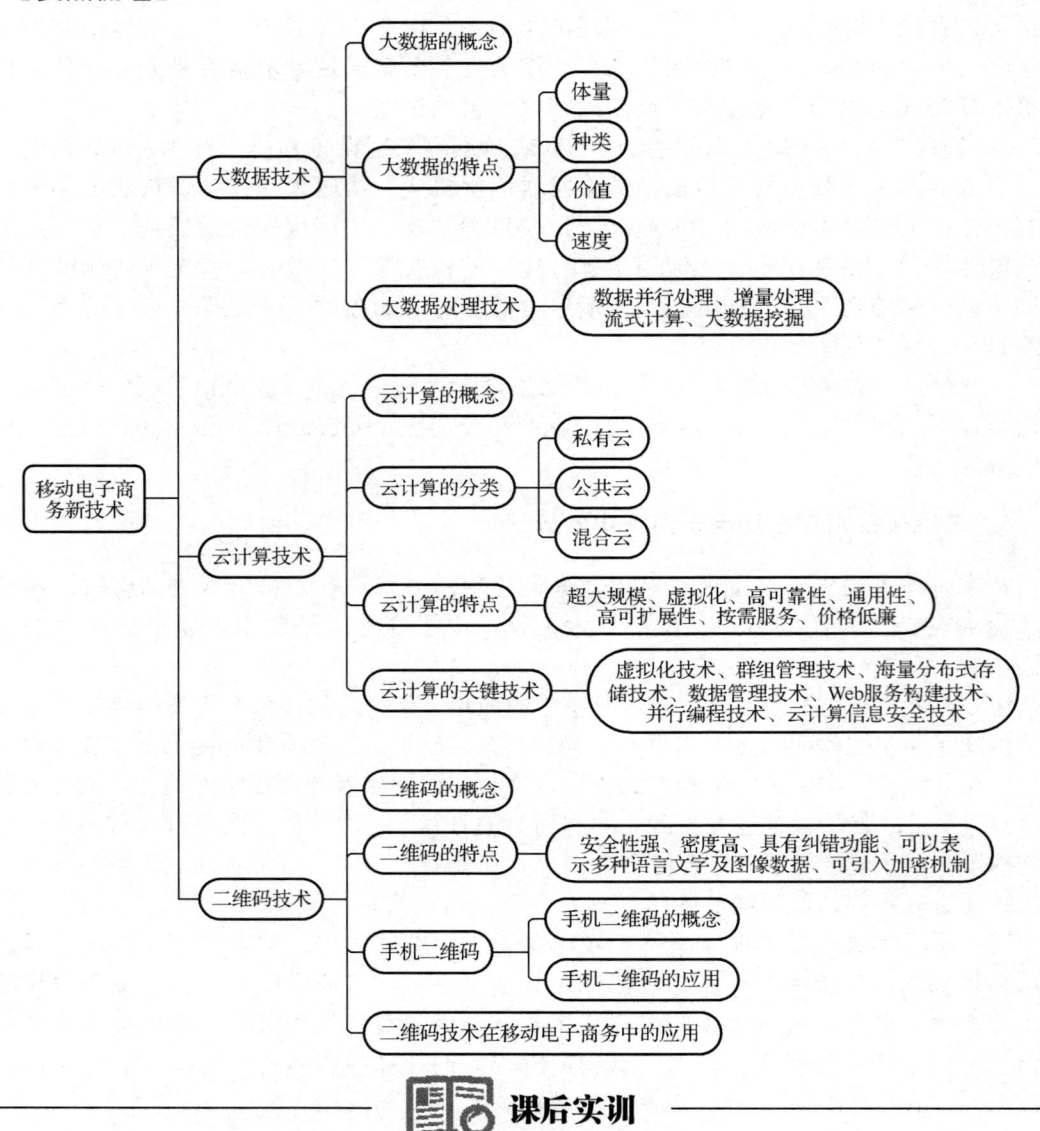

```
                            ┌─ 大数据的概念
                            │                  ┌─ 体量
                            │                  ├─ 种类
               ┌─ 大数据技术 ─┼─ 大数据的特点 ──┤
               │            │                  ├─ 价值
               │            │                  └─ 速度
               │            │
               │            └─ 大数据处理技术 ── 数据并行处理、增量处理、
               │                                流式计算、大数据挖掘
               │
               │            ┌─ 云计算的概念
               │            │                  ┌─ 私有云
               │            ├─ 云计算的分类 ──┼─ 公共云
               │            │                  └─ 混合云
移动电子商 ────┼─ 云计算技术 ─┤
务新技术       │            ├─ 云计算的特点 ── 超大规模、虚拟化、高可靠性、通用性、
               │            │                  高可扩展性、按需服务、价格低廉
               │            │
               │            └─ 云计算的关键技术 ── 虚拟化技术、群组管理技术、海量分布式存
               │                                  储技术、数据管理技术、Web服务构建技术、
               │                                  并行编程技术、云计算信息安全技术
               │
               │            ┌─ 二维码的概念
               │            │
               │            ├─ 二维码的特点 ── 安全性强、密度高、具有纠错功能、可以表
               │            │                  示多种语言文字及图像数据、可引入加密机制
               └─ 二维码技术 ─┤
                            │                  ┌─ 手机二维码的概念
                            ├─ 手机二维码 ────┤
                            │                  └─ 手机二维码的应用
                            │
                            └─ 二维码技术在移动电子商务中的应用
```

课后实训

对比 4G 和 5G

实训目的

（1）了解 4G 的概念和关键技术。

（2）了解 5G 的概念和关键技术。

（3）对比 4G 和 5G 的优缺点。

实训内容

（1）写出 4G 的概念。

（2）写出 5G 的概念。

（3）收集并整理 4G 和 5G 的关键技术，填写表 2-2。

表 2-2 4G 和 5G 的关键技术对比

4G 的关键技术	5G 的关键技术	对 比 结 果

（4）收集并整理 4G 和 5G 的优势和劣势，填写表 2-3。

表 2-3 4G 和 5G 的优劣势对比

优 势 对 比		劣 势 对 比	
4G 的优势	5G 的优势	4G 的劣势	5G 的劣势

实训步骤

（1）查阅权威资料，或查阅本教材，写出 4G 和 5G 的概念。
（2）收集相关资料，对比 4G 和 5G 的关键技术，并写出对比结果。
（3）收集相关资料，对比 4G 和 5G 的优势和劣势，并写出对比结果。

思考与练习

1. 填空题

（1）移动通信技术是在_____和数字信号传输的基础上，逐步建立起来的相对完善的信息传输渠道。

（2）目前主要有 3 种移动通信操作平台（移动应用平台），分别是_____平台、移动网络接入平台及_____平台。

（3）整个无线网络可以划分为 4 个范畴：无线局域网、无线个域网、_____、无线广域网。

（4）GPS 主要有三大组成部分：_____、地面监控部分和用户设备部分。

（5）_____是一种利用互联网实现随时随地、按需、便捷地访问共享资源池（如计算设施、存储设备、应用程序等）的计算模式。

2. 简答题

（1）常见的移动通信终端设备有哪些？

（2）无线网络具有哪些特点？

（3）什么是 GPS？

（4）大数据具有哪些特点？

（5）二维码具有哪些特点？

第 3 章
主流移动电子商务平台

　　移动电子商务需要一个平台作为支撑。随着中国经济的迅速发展,尤其是电子商务产业的高速发展,很多移动电子商务平台应运而生,其中既有传统电商平台的移动端,也有新加入的移动电子商务平台。但无论哪种平台,都有自己专注的领域。本章介绍了一些主流移动电子商务平台。

学习目标 →

（1）了解淘宝网和京东商城移动端。
（2）了解几种常见的 O2O 移动电子商务平台。
（3）熟悉常见的跨境移动电子商务平台。

【思政讨论】

时间安排：5 分钟。

背景描述：随着旅游预订细分行业的发展，国内旅游商品的供给形式也不断丰富，同时数字化赋能旅游行业变革创新，又进一步推动了行业高质量发展。国内旅游市场有序复苏，旅游预订企业发展总体平稳。数据显示，2021 年全国国内旅游出游人次和国内旅游收入分别比上年同期增长 12.8%和 31.0%，恢复至 2019 年同期的 54.0%和 51.0%。

讨论题目：针对"背景描述"中所说的内容，我国旅游行业已经呈现增长态势，主要原因是什么？移动电子商务对我国经济的发展有着怎样的作用？

课后总结：经过讨论，激发学生的民族自豪感和对国家的认同感。

3.1 传统电商平台的移动端

【知识目标】
（1）熟悉淘宝网的相关知识。
（2）熟悉京东商城的相关知识。

【技能目标】
（1）能够说出淘宝网的盈利模式和管理模式。
（2）能够说出京东商城的物流模式。

3.1.1 淘宝网

1. 淘宝网简介

淘宝网于 2003 年 5 月创立，经过十几年的高速发展，已经从单一的 C2C 网络集市发展成涵盖 C2C、团购、分销、拍卖等多种电商模式的综合性零售电商平台。这里所说的淘宝网是指淘宝电商平台，包括淘宝网、天猫商城、聚划算、天猫国际等。

淘宝网的发展历程如下。

（1）第 1 阶段，即 2003 年初创期。当时，1999 年成立的 eBay（易贝购物网）主导中国电子商务市场，淘宝网通过不断学习、探索、创新，逐渐摸索出适合中国电子商务市场的平台运营模式，2003 年成交额为 2 271 万元。

（2）第 2 阶段，即 2004—2005 年双边市场用户培育期。2004 年 7 月，淘宝网推出买家与卖家即时通信软件阿里旺旺，同年 12 月又推出第三方网络支付平台支付宝。从 2004 年起，淘宝网双边市场用户持续迅猛增长，2005 年用户规模、交易额超过 eBay，2005 年交易额为 80 亿元，成为中国最大的电商平台，为下一步的发展打下了坚实基础。

（3）第 3 阶段，即 2006—2010 年平台化发展期。2006 年，淘宝网交易额达 169 亿元，成为亚洲最大的电商平台。2008 年 4 月，淘宝网推出淘宝商城，以服务第三方品牌及零售商，淘宝开放平台上线运行，充分运用创业商家资源，协同推动淘宝平台向纵深发展。

（4）第 4 阶段，即 2011 年至今的用户细分战略阶段。2011 年，淘宝网拆分出聚划算；2012 年，淘宝商城更名为天猫；2014 年，成立天猫国际；2014 年 7 月，淘宝网与银泰成立合资企业，发展 O2O 业务；2015 年，美国百货零售商梅西百货、德国零售贸易集团麦德龙先后入驻天猫国际；2017 年，与百联集团合作，促进新零售商在上海落地。2016 年，淘宝网交易额为 3.7 万亿元，成为全球最大的零售交易平台，超越沃尔玛百货有限公司。2021 年，天猫"双十一"总交易额达到 5 403 亿元，创下历史新高。淘宝网平台的基础服务免费，其主要收入来自广告费、天猫佣金及相关衍生服务费等。

2．淘宝网的盈利模式

淘宝网的盈利来源主要包括交易服务费（包括商品登录费、成交手续费、底价设置费、预售设置费、额外交易费、安全支付费、在线店铺费等）、特色服务费（包括字体功能费、图片功能费、推荐功能费等）、增值服务费（包括信息发布费、辅助信息费等），以及网络广告等。主要盈利模式如下。

（1）通过支付宝盈利。淘宝网成功的原因之一是拥有支付宝这个第三方支付平台，支付宝的担保交易模式为 C2C 买卖双方都提供了安全保障。淘宝网绝大多数的交易都是通过支付宝这个第三方支付平台进行的，因此支付宝中沉淀了大量的资金。如果把这些存量巨额资金通过合理的财务政策进行管理，就可以获得收益。例如，淘宝网通过支付宝开展个人信贷业务，与银行合作推出个人小额信贷服务。个人信贷业务的开展，一方面使卖家的资金流转速度加快，从资金方面支持了卖家及淘宝网的发展，另一方面给银行与淘宝网带来了一定的收益。

（2）通过开发 B2C 业务盈利。通过免费的 C2C 交易积累了大量的注册会员后，淘宝网推出了 B2C 购物平台——淘宝商城。淘宝商城主要为商家提供 B2C 的平台服务，不仅为 C2C 市场中的高级别卖家提供了一个提升品牌知名度的机会，而且为传统的渠道销售商带来了拓展网络销售渠道的机会。然而，加入淘宝商城和使用淘宝商城的服务都是需要付出一定成本的。首先，商家加入淘宝商城需要支付一笔信息确认费，以便核对商家的身份信息。其次，根据店铺享受的服务与级别，支付不同的服务费和保证金。淘宝商城的商家被分为 3 类，每类享受的服务不同，支付的服务费也相应不同。另外，淘宝商城还按照 A、B、C 3 类店铺，分别收取不同金额的保证金。

（3）通过网络广告盈利。淘宝网巨大的流量让其成为一个很好的广告展示平台。淘宝网自 2007 年 7 月正式启动网络广告业务，将网站中重要的 Banner（横幅）广告位（见图 3-1）和搜索结果的右侧广告位对外销售。网络广告服务是淘宝网官方正式宣布的首个盈利模式，主要指开拓网络营销渠道，包括建设品牌旗舰店、招募代理商等方式，帮助广告客户提升品牌知名度，促进销售等。另外，淘宝网还向广告客户推出了增值服务计划，包括品牌推广、市场研究、消费者研究、社区活动等。

3．淘宝网的管理模式

（1）信用评价机制。信用评价是指会员在淘宝网交易成功后，在评价有效期内（成交后 3～45 天），就该笔交易互相做出评价的一种行为。信用评价不可修改。

淘宝会员在淘宝网每成功交易一次，就可以对交易对象做出一次信用评价。评价分为"好评""中评""差评" 3 类，每种评价分别对应一个信用积分，具体为："好评"加一分，"中评"不加分，"差评"扣一分。不同会员评价累计记分，同一卖家的同一商品不能累计记分。

图 3-1　Banner 广告位

支付宝就是信誉的保证，即使没有星级，也能获得买家的信任，从而吸引更多的买家。卖家使用支付宝时，同一买家不同商品的评价也可累计积分，比一般交易能获得更多的信用积分。

（2）实名制认证。淘宝网区分了个人用户认证与商家用户认证，两种认证需要提交的资料不一样。个人用户认证只需要提供身份证明，商家用户认证还需提供营业执照，且一个人不能同时申请两种认证。这样使买家也就是消费者的利益得到有效保障，在遇到问题时可以更方便地同卖家交流，或者直接向淘宝网求助。

（3）商品搜索引擎。为了方便消费者认识商品和搜寻商品信息，淘宝网提供了商品搜索引擎，并对相同或相似的商品进行分类，提供链接、导航，方便消费者快速找到所需商品。对于相关商品或同类商品，还有相应的对比平台。消费者可以通过对品牌、类型、价格、新旧等方面做出具体要求而尽量缩小选择面，快速找到信誉更高的卖家和所需的高性价比的商品。

（4）安全保障。通过商品的介绍页面，消费者可以了解商品的具体信息。对于卖家提供的信息，淘宝网会进行核查，若发现信息虚假不实，则会进行相应处罚，如关闭店铺、限制销售等。这在一定程度上为消费者提供了安全保障。

4．手机淘宝

手机淘宝是应用于移动端的 App，是淘宝网官方推出的手机应用软件，依托淘宝网的强大背景优势，将淘宝网的业务从 PC 端平移到移动端，使消费者的购物更加方便。目前，手机淘宝已经成为消费者最常使用的移动购物平台之一，用户忠诚度较高。需要说明的是，淘宝平台的各个分平台，如淘宝网、天猫、阿里巴巴等，都有其对应的手机端 App，如图 3-2、图 3-3 和图 3-4 所示。

图 3-2　淘宝 App 首页　　　图 3-3　天猫 App 首页　　　图 3-4　阿里巴巴 App 首页

3.1.2　京东商城

1. 京东商城简介

2004 年 1 月，京东商城（常简称京东）正式成立。作为 B2C 电商企业（企业通过互联网为消费者营造消费服务场所，使消费者可以通过网络进行购物或支付），京东商城减少中间环节，为消费者提供优质的商品和良好的服务。目前，京东商城注册用户已超过 1 亿户，日订单处理量超过 20 万单，发展势头强劲。

2014 年 5 月，京东集团在美国纳斯达克证券交易所正式挂牌上市，是中国第一个成功赴美上市的大型综合型电商平台。2020 年 6 月，京东集团在香港联合交易所有限公司（HKEX）二次上市，募集资金约 345.58 亿港元，用于投资以供应链为基础的关键技术创新，以进一步提升用户体验及提高运营效率。

2. 京东商城的商业模式

京东商城商业模式构建的核心要素是品牌。多年来，京东商城能够一直以大幅度折扣、大范围促销经营，最重要的原因就是京东商城要打造自己的品牌，以吸引更多的顾客，从而增加销售额，降低销售成本，以及提高对供应商的议价能力。

（1）品牌控制消费者群。作为电子商务网站的领头企业，京东商城家喻户晓，这和京东商城的品牌推广有密切关系。

① 京东代表正版、优质的商品。京东商城通过独营模式，很好地解决了电子商务中普遍存在的盗版、劣质的问题，并且一直以正品经营，给予消费者放心购买的承诺，使消费者对京东商城产生信赖。

② 京东代表平价、薄利的商品。京东商城一直以低价销售，价格随着成本不断波动，使消费者形成了"京东商品优质、便宜"的观点，因此也提高了消费者对京东商城的忠诚度。

③ 京东代表完善、迅捷的售后服务。京东商城的售后建立在自有物流配送体系之上，当消费者的商品符合更换条件时，可以委托京东物流进行更换，在京东自有物流达不到的地方，可以委托第三方物流公司进行更换，京东给予全额费用补偿。

所以，京东商城依靠品牌建设，使消费者产生了正品、低价和便捷售后的印象，使消费者对京东商城的信任程度和认可程度不断提高。

（2）品牌控制供应商。京东商城通过对品牌的建设，提高了对供应商的控制能力。

① 供应商通过支付入场费在京东商城获取有利栏位，基于京东1亿多注册用户和几亿网站点击量，可以有效提高知名度、商品形象和商品销量，得到丰厚的利润。

② 京东以超高的销售量和良好的品牌效应成为很多供应商的优质客户，使其能够获得比其他商家更低的进货价格。

③ 基于品牌信赖的供应商延期付款也使京东商城有效减少了其在存货上的资金占有。

所以，通过品牌建设，京东商城大大提高了自己的议价能力和合作地位，使其在与同类企业的竞争中往往占据了更大的优势。

（3）品牌延伸其他利润。京东商城在使用品牌控制消费者群和供应商的同时，还延伸出更多利润来源。

① 支付脱离担保中介机构。京东商城的支付系统是消费者先在网上付款，再由京东配送的模式，这种模式依赖消费者对京东的信任。京东商城通过品牌建设，有效消除了消费者的疑虑，建立了无担保的支付系统，由此大大加快了资金的周转速度，并获得了资金的时间价值。

② 自有物流配送系统。在拥有超高销售量的基础上，京东建立起自己的物流配送系统，以求物流配送成本最小化。另外，自有配送系统可以有效防止丢失商品，并更好地进行售后服务，有利于维护品牌形象。

③ 品牌带来的广告收入。由于强大的品牌效应，通过在京东商城主页和商品分类页的头条投放广告，供应商的销售量和知名度均得以提升，因此京东可以获得大量广告收入。

④ 品牌吸引散户加盟。随着京东商城的逐步扩大，消费者对京东的认可程度不断提高，很多中小型网店经营者也开始在京东商城上设立店铺，京东商城为他们提供虚拟货架和虚拟店铺，并收取一定的手续费或利润分成。这些网店经营者的资金是从京东的银行账户上周转的，因此，京东可以通过资金的延迟周转获得部分利息，同时这部分资金也成为京东有效控制网店经营者合规经营的一种手段，维护了自己的品牌形象。

3. 京东商城的物流模式

京东商城于2007年开始建设自营物流体系，并于2009年斥巨资成立物流公司，此后陆续建立了覆盖全国的物流配送体系。近几年，京东商城先后在北京、上海、广州、成都、武汉、沈阳建立六大物流中心，并在个别城市建立二级库房。

2010年，京东在上海投资建设华东物流仓储中心，如今已承担起京东商城一半以上的物流配送任务，成为京东商城目前最大的仓储中心。随着物流市场的不断发展，京东商城应运推出"211限时达"的物流配送服务，使物流配送更加高效。

京东商城的物流配送服务包括以下4种模式。

（1）FBP配送模式。FBP是Fulfillment By POP的简称，即商家在京东商城销售商品，京东为其提供仓储管理，京东完成购物订单配送和收款，并开具发票给消费者。FBP 配送模式是一种全托管式的物流配送模式，其工作流程如图 3-5 所示。

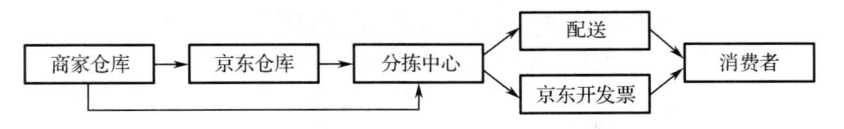

图 3-5　FBP 配送模式工作流程

（2）LBP 配送模式。LBP 是 Logistics By POP 的简称，即商家在京东商城销售商品，商家每日将消费者订单打包送至京东分拣中心，京东完成购物订单配送和收款，并开具发票给消费者。LBP 配送模式是一种无须提前备货的物流配送模式，其工作流程如图 3-6 所示。

图 3-6　LBP 配送模式工作流程

（3）SOP 配送模式。SOP 是 Sales On POP 的简称，即商家在京东商城销售商品，商家每日将消费者订单打包并自行或采用快递的方式完成购物订单配送，商家开具发票给消费者。SOP 配送模式是一种直接由商家发货的物流配送模式，京东在物流过程中不起任何作用，其工作流程如图 3-7 所示。

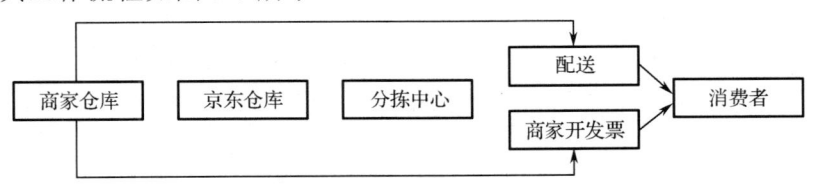

图 3-7　SOP 配送模式工作流程

（4）SOPL 配送模式。SOPL 是 Sales On POP Logistics 的简称，与淘宝商城模式类似，是京东给商家一个独立操作的后台，要求订单产生后 12 小时内对订单进行包装和发货，36 小时内到达京东分拣中心，然后由京东进行货物配送。与 LBP 配送模式不同的是，SOPL 配送模式的开具发票环节是由商家完成的，京东在整个物流过程中只执行配送任务，其他工作均由商家自己完成。SOPL 配送模式在配送过程中无须提前备货，直接从商家库房发货，其工作流程如图 3-8 所示。

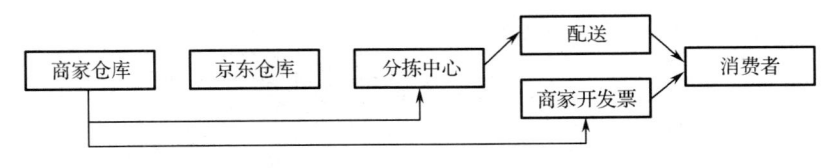

图 3-8　SOPL 配送模式工作流程

4．手机京东

随着智能移动终端的普及，各大电商平台纷纷推出了自己的移动端 App，京东商城也不例外。手机京东是京东商城官方推出的一款专用于移动端的 App，可实现与京东商城网页版一样的功能。京东 App 首页如图 3-9 所示。

图 3-9　京东 App 首页

【要点梳理】

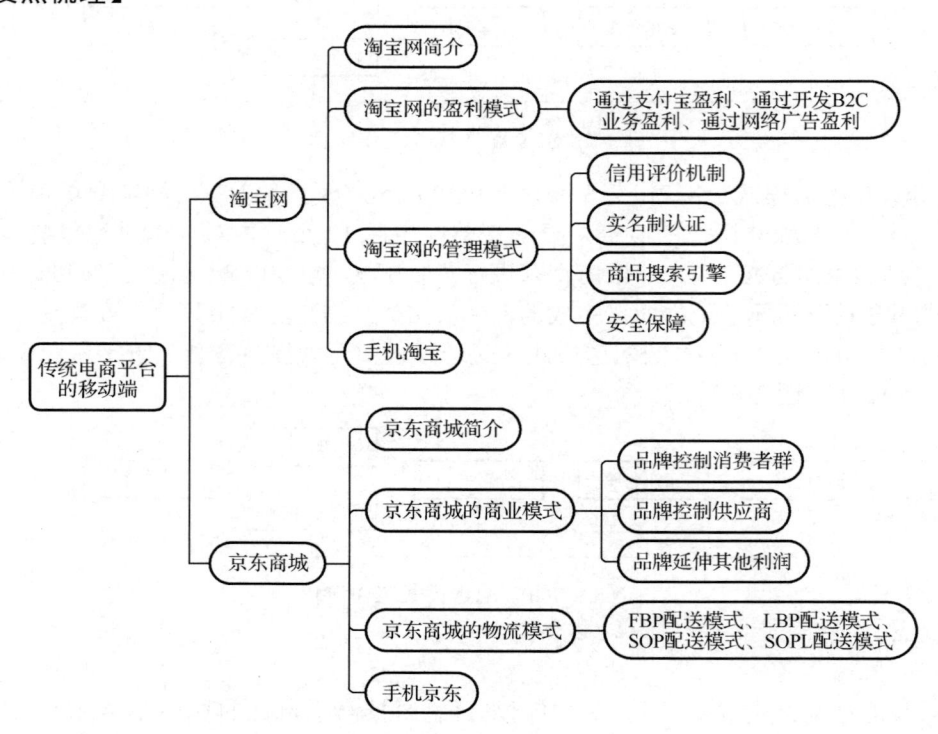

```
传统电商平台
的移动端
├── 淘宝网
│   ├── 淘宝网简介
│   ├── 淘宝网的盈利模式 —— 通过支付宝盈利、通过开发B2C业务盈利、通过网络广告盈利
│   ├── 淘宝网的管理模式
│   │   ├── 信用评价机制
│   │   ├── 实名制认证
│   │   ├── 商品搜索引擎
│   │   └── 安全保障
│   └── 手机淘宝
└── 京东商城
    ├── 京东商城简介
    ├── 京东商城的商业模式
    │   ├── 品牌控制消费者群
    │   ├── 品牌控制供应商
    │   └── 品牌延伸其他利润
    ├── 京东商城的物流模式 —— FBP配送模式、LBP配送模式、SOP配送模式、SOPL配送模式
    └── 手机京东
```

3.2 O2O 移动电子商务平台

【知识目标】
(1) 了解美团的盈利模式。
(2) 熟悉携程旅行的营销策略。
(3) 熟悉京东到家的盈利模式。

【技能目标】
(1) 能够使用美团进行各种电子商务活动。
(2) 能够使用携程旅行进行各种电子商务活动。
(3) 能够使用京东到家进行各种电子商务活动。

3.2.1 美团

1. 美团简介

美团的前身为美团网,于 2010 年 3 月 4 日在北京成立,是一家提供本地生活服务的团购网站。2015 年 10 月 8 日,美团网与大众点评宣布合并,全称为美团大众点评,简称美团。2020 年,美团总收入为 1 147.9 亿元,较 2019 年的 975 亿元同比增长 17.7%;净利润为 47 亿元,同比增长 110.5%。美团满足了人们线下包括吃喝玩乐在内的多项需求,服务涵盖餐饮外卖、酒店旅游、休闲娱乐、共享单车等多个品类,覆盖全国大部分地区,已居于领先地位。美团 App 首页如图 3-10 所示。

图 3-10 美团 App 首页

2. 美团的盈利模式

（1）餐饮外卖板块。

① 经营情况。

a．佣金是美团在餐饮外卖板块的主要收入来源。商家在外卖平台上获得订单后，美团从中抽取一定比例的佣金。近年来，随着外卖交易额的不断增长，美团从佣金中获得的收入也逐年攀升。

b．在线营销服务正逐步成为美团在餐饮外卖板块的重要盈利部分。为了进一步获取线上流量，活跃商家的数量和营销费用不断增加，在线营销服务收入稳步增长。

c．外卖骑手及营销推广费用是美团外卖的一大支出。订单量的大幅增长也导致了骑手成本的急剧增加，骑手成本已经成为当前美团外卖成本环节中的最大支出。为了进一步发展新用户及增强老用户黏性，美团的品牌宣传及营销推广成本也在不断增加。

② 盈利状况。表 3-1 显示了 2018—2020 年美团外卖交易额及交易笔数情况。

表 3-1　2018—2020 年美团外卖交易额及交易笔数情况

餐饮外卖	2018年	2019年	2020年
交易额/万元	28 280 000	39 272 200	48 885 120
餐饮外卖交易笔数/万笔	639 340	872 210	1 014 740
单笔交易均价/元	44.2	45.0	48.2

以表 3-1 为依据，从餐饮外卖交易笔数来看，2018—2020 年，美团外卖的订单量呈现快速增长态势。从近年外卖市场的综合发展情况来看，未来，美团的餐饮外卖业务仍然会保持这种增长态势。从单笔交易均价来看，美团外卖的单笔交易均价显著增长。同时，交易笔数、交易额和单笔交易均价同步增长，说明美团的用户数量逐渐增加和用户黏性逐渐增强，餐饮外卖规模也在进一步扩大。美团外卖的订单量快速增长，餐饮外卖收入逐年攀升，对总体盈利状况贡献明显。

③ 与同行比较。由图 3-11 可知，从营业收入情况来看，美团外卖的营业收入近年来持续领先于饿了么。阿里巴巴过多地把饿了么形成的物流配送体系用于新零售基础服务，从而影响了它本身核心的外卖业务。同时，长期以来，针对美团采取的提高佣金率的策略，饿了么仍坚持维持低于同行 3%～5% 的佣金水平。

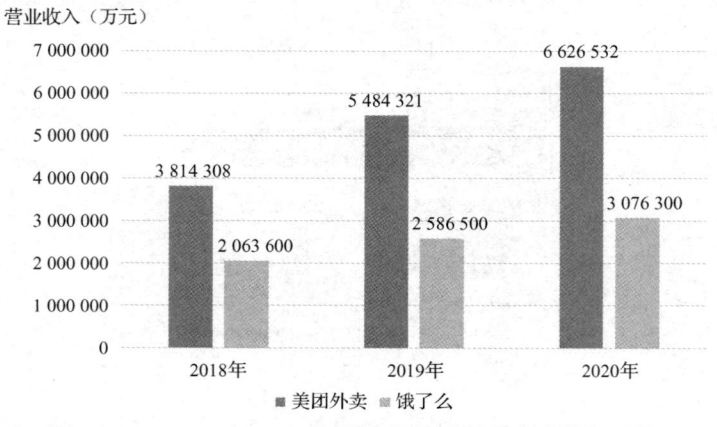

图 3-11　2018—2020 年美团外卖与饿了么营业收入对比

（2）到店、酒店及旅游（到店酒旅）板块。

① 经营情况。抽取佣金也是到店酒旅业务的一项收入来源。随着人们消费结构的逐渐改善，旅游行业持续发展，特别是一些三四线城市，旅游住宿的需求日趋增长，因此美团加大了对三四线城市到店酒旅业务的渗透，与发展重心在一二线城市的高端酒旅企业形成差异化竞争，佣金收入稳步增长。随着美团对自身的在线营销服务的不断改善，以及餐饮外卖业务的持续引流，其在线营销服务收入也在不断增长。2020年，受到疫情影响时，在线营销服务收入不降反增。除了对三四线城市低端酒店的渗透，美团也开始向一二线高端酒店发展。不同的是，美团不是耗费大量资金对酒店商家进行补贴，而是发展自身的优势，提供送餐、休闲娱乐等额外增值服务。

② 盈利状况。从整体营收方面来看，2019 年，美团的到店酒旅业务毛利率高达88.6%，营业收入增长至 223 亿元，与 2018 年相比增长 40.6%。2020 年，受到疫情影响，线下到店酒旅业务消费下降导致佣金下降，营业收入出现下滑，毛利率下降至 80.4%，但总体上看趋于平稳。

③ 与同行比较。美团在到店酒旅业务的投入成本较低，它的经营模式和餐饮外卖业务一样，主要从酒店的交易额中抽取部分佣金，成本主要在于在线营销服务。同时，它不涉及火车票、飞机票预订等服务，所以毛利率存在一定的优势。由图 3-12 可知，2017—2019 年美团酒店的毛利率高于携程旅行和同程艺龙的毛利率水平。目前，美团酒店盈利能力较强，已发展成为公司造血业务。

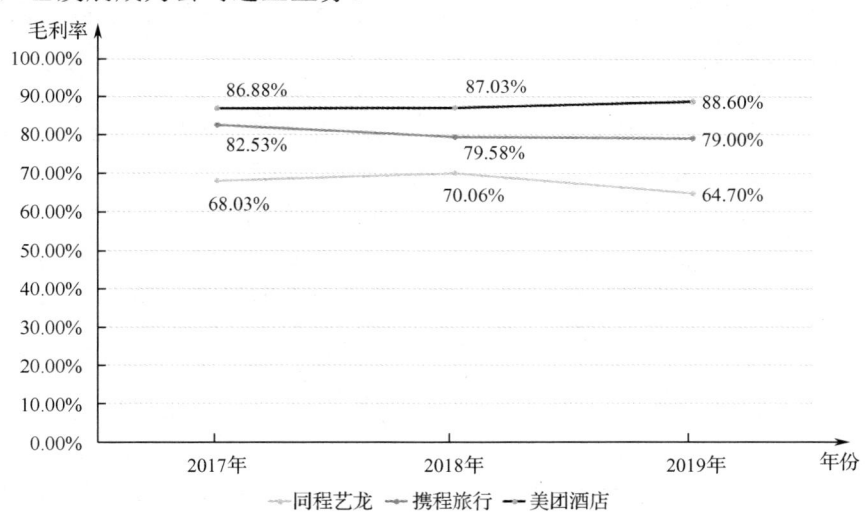

图 3-12　2017—2019 年在线酒店毛利率比较

（3）新业务及其他板块。

① 经营情况。共享单车业务发展迅速，已成为美团新业务收入的重要组成部分。新零售业务美团优选迅速扩张，其供应链的完善及所提供的次日达服务为客户提供了更多的选择、更多的便利及更低的价格，因此下沉到更偏远的地区，吸引了越来越多的新消费者。同时，美团的自营服务美团买菜业务，交易用户和订单量也在持续增长。

美团优选前期建设仓储物流和供应链的大量投入，是新零售业务的主要支出。2017年，美团推出了网约车业务。由于汽车的日常修理和保养成本巨大，2018 年，美团打车的网约车司机成本达到了 20.95 亿元。2019 年，美团提出转变网约车业务的发展模式，放弃对网约车日常运营业务的管理，将这一任务承包给第三方打车服务商，美团仅作为一个用户和服务商的交易中介平台，向第三方服务商从交易额中收取佣金，从而有效地控制了网约车自营部分司机成本。

② 盈利状况。2018—2019 年，美团新业务及其他板块实现大幅减亏。

a．新业务造成的折旧减少。

b．网约车自营部分司机成本控制。

新业务及其他板块的营业收入在 2019 年增长至 204 亿元，亏损大幅减少，毛利率也明显改善，由 2018 年的-37.9%增长至 2019 年的 11.5%。2020 年，新业务及其他板块的营业收入增长至 272 亿元，但成本的大量投入使该板块的亏损进一步增加。

3.2.2 携程旅行

1. 携程旅行简介

携程旅行（可简称携程）成立于 1999 年，是中国第一个在线旅行服务公司，成功地将传统旅游业与互联网产业相结合，主要提供集无线应用、酒店预订、机票预订、旅游度假、商旅管理及旅游资讯为一体的全方位旅行服务，在国内空中下载技术（Over The Air，OTA）行业中占据主要地位。根据 2021 年 12 月 16 日携程集团发布的财务业绩，携程旅行 2021 年第 3 季度实现营业收入 53 亿元，经调整税息折旧及摊销前利润（Earnings Before Interest, Taxes, Depreciation and Amortization，EBITDA）为 5.37 亿元，经调整 EBITDA 利润率为 10%。

20 多年间，携程旅行不断发展创新，致力于为消费者提供更全面的服务。2010 年，携程手机应用正式上线。2015 年，携程与去哪儿网合并，稳固了在行业内的地位。2018 年，携程正式上线共享租车业务，方便消费者出行。2019 年，携程启动全球化进程，携程集团的英文名改为 Trip.com Group。目前，携程国际品牌可提供 19 种语言的预订服务，并在爱丁堡、首尔和东京建立三大海外呼叫服务中心，为用户实时提供 7×24 小时的服务支持。

携程旅行 App 首页如图 3-13 所示。

2. 携程旅行的营销策略

（1）产品策略。

① 新产品开发。在网络时代，随着新技术应用速度的不断加快，企业的竞争从原来的简单依靠产品的竞争转变为拥有不断开发新产品能力的竞争。携程旅行始终坚持以顾客为中心的新产品开发原则，专注寻找解决消费者难题的新途径，不断创造出令消费者满意的体验。

由于移动互联网的发展和智能手机的普及，2010 年，携程手机应用正式上线。调研发现，最受消费者欢迎的旅游景点成为"网红打卡地"，拍照已成为消费者旅游过程中较重要的部分。携程旅行抓住市场契机，上线携程旅拍、旅游攻略等新产品。新产品抓住了消费者的喜好，深受大众欢迎。随着市场需求的不断扩大，携程旅行先后研发了携程租车、定制游、Wi-Fi 电话卡、当地向导等一系列产品，这些产品让携程收获了大批消费者，企业产品线也进一步完善。

图 3-13　携程旅行 App 首页

② 产品组合。产品组合策略是携程旅行在对市场进行精准分析后,将相关产品捆绑进行销售的营销策略。携程旅行从产品组合的宽度、长度、深度和关联度 4 个维度入手,界定产品战略,拓宽产品组合。携程旅行推出了票务+酒店的产品组合营销策略,消费者可以选择火车+酒店、酒店+景点和机票+酒店的组合购买方式。组合购买方式在给消费者带来便利的同时,也在价格上带来了优惠,同时为携程带来了收益和用户。

很多公司对公司团建十分重视,小公司大多选择周边出游,大公司则更倾向于出国游。越来越多的公司选择与旅游公司合作,制定既独特又体现公司文化的旅游线路。携程旅行也推出了商务出游。这一组合策略将商务出差与旅游相结合,在很大程度上减少了出差带来的疲倦,使消费者在工作中也可以享受到旅游的乐趣。

(2) 价格策略。

① 基于消费者价值定价。产品的销售价格是企业市场营销组合策略中十分敏感而又最难有效控制的因素。基于消费者价值定价,即价格是在营销计划确定之前,随着营销组合其他因素的变化而变化的。企业在基于消费者价值定价时,主要从消费者期望价值、消费者预期价值、消费者决策价值、消费者感知价值 4 个方面对消费者价值进行详细评定,明确消费者对产品的需求程度,了解消费者对产品的心理预期,考虑影响消费者最终决策的因素,最终从消费者价值的多方面进行综合考虑,制定出最合适的产品价格。携程旅行使用基于消费者价值的定价方法可以制定出更合理的价格,也可以避免不健康的同行价格战。

② 差异化定价。差异化定价是极为普遍的一种定价方法，根据消费者对产品需求强弱的不同程度定出不同的价格。由于旅游产业的特殊性，企业一般使用的都是以时间为基础的需求差别定价法。

在旺季，由于机票、酒店、门票等费用增加，企业会适当抬高旅游产品的价格；在淡季，机票、酒店、门票等价格回落，旅游人数下降，企业会采取折扣、促销等低价策略，以刺激消费。

除了季节差异化定价，携程旅行还实行了以产品为基础的需求差别定价法。例如，选择定制游的消费者大多有一定的经济基础，这类消费者大多更注重品质，对价格的敏感程度也较低，因此相对于其他产品，定制游这类产品的定价偏高；而选择周边游、汽车游等的消费者通常经济基础较差，他们更看重产品的性价比，因此这类产品的定价就偏低。

（3）渠道策略。

① 垂直营销系统。垂直营销系统是一个由生产者、批发商和零售商组成的统一的系统，其中一个渠道成员控制其他成员，与他们签订合同。携程旅行和各大酒店、民宿、旅行社及票务公司等签订合同，在合约的基础上进行联合，通过携程旅行这一平台面向消费者。其所创造的效益或销售影响并不是由每个企业单独创造的，而是通过各企业协调合作共同完成的。

通过垂直营销系统，各企业都可产出比单独经营时更大的收益。垂直营销系统的好处是有利于控制渠道行动。携程旅行和各合约公司通过扩大规模、减少重复服务等获得效益，并以这种相互联系的方式得到最佳成本经济和消费者反应。

② 多渠道分销系统。多渠道分销系统是指一个企业采用两个及以上的营销渠道，以达到一个或多个客户细分的目的。对于具有大且复杂市场的企业，多渠道分销系统具有许多优势。随着新渠道的投入，企业可以扩大市场覆盖范围，增加收益机会，调整其产品和服务，以满足不同客户群的具体需求。

携程旅行主要的分销渠道为 App 营销渠道、网页营销渠道、微信营销渠道等。App 是携程旅行的主要营销渠道。App 功能齐全、应用方便，所有携程旅行的产品和服务都能在 App 中实现，是消费者的首选。网页营销渠道主要针对使用计算机较多的消费者，其功能同 App 一样，具有携程旅行所有的产品和服务。但由于智能手机的普及，该营销渠道的使用人数在逐渐减少。微信营销渠道主要通过微信公众平台（见图3-14）实现。微信公众平台不仅有宣传的作用，更有预订、查询等功能。微信公众平台提供的产品较少，但更便捷。使用微信渠道的消费人群大多是上班族，他们工作繁忙，出差购票需求更多，简单、便捷的微信渠道就更符合他们的需求。

（4）促销策略。

① 代言赞助促销。网络营销中促销的作用主要是告知、说服、创造需求等。代言赞助促销属于广告促销中最常见的一种。广告促销就是在广告内容中传递购买产品带来的好处，以激发消费者对产品的兴趣，在短时间内推动产品销售。代言赞助促销充分利用"粉丝"效应，是目前使用最多的广告促销手段。

② 时间段促销。时间段促销主要是充分利用当前时事热点进行促销的一种手段，根据当前时间段人们的需求制定不同的促销策略。时间段促销需要企业对市场有充分的敏感，能够随社会热点的改变而及时做出相应改变。

图 3-14 携程旅行微信公众平台

在寒暑假期间，主要的消费群体是学生，携程旅行就加大对亲子游、自驾游等产品的促销力度。而在旅游淡季，消费群体由学生转变为中老年人。这类人群往往空闲时间较多、年龄较大，便会选择错开旅游高峰期。因此，携程旅行在旅游淡季会减少广告的投放，将广告重心转移为适合中老年人的旅游产品。携程旅行也会根据当前时间段流行的热点推出不同的优惠套餐。例如，在电影《港囧》《泰囧》热播的一段时间内，携程旅行推出了与之相对应的中国香港、泰国旅游计划，并对中国香港、泰国旅游产品提供优惠。

3.2.3 京东到家

1. 京东到家简介

京东到家是达达集团旗下中国最大的本地即时零售平台之一。依托达达快送的全国即时配送网络平台，沃尔玛、永辉超市、华润万家等超过 10 万家线下门店已入驻该平台，覆盖超市便利、生鲜果蔬、医药健康、3C 家电、鲜花绿植、蛋糕美食、服饰运动、家居建材、个护美妆等多个零售业态。

同时，京东到家致力于提供全面、完善的数字化整体解决方案和系统化工具，优化运营、销售、履约效率，助力零售商和品牌商全渠道数字化转型；依托达达海博中台，助力零售商实现履约、商品、用户、营销等领域的全渠道一体化管理。京东到家还致力于为品牌商打造全面的数字化营销解决方案，已助力伊利、蒙牛、宝洁、联合利华、玛氏箭牌、雀巢等品牌实现了对全链路营销的数字化追踪与管理。

2020 年 7 月，根据艾瑞咨询的报告，京东到家在中国本地零售商超 O2O 平台行业市场份额中位居第一。

京东到家 App 首页如图 3-15 所示。

图 3-15　京东到家 App 首页

2. 京东到家的盈利模式

京东到家采取的是自建网络平台结合便利店仓配货的运营模式，主要是京东到家为线下便利店提供在线商品与广告展示平台，便利店则负责货品的仓储和配送环节。京东到家对接便利店的物流仓储系统和会员系统，以便随时了解便利店的货物储存情况并共享用户，收费模式类似于京东开放平台的入驻费和销售分成。京东到家的盈利模型如图 3-16 所示。

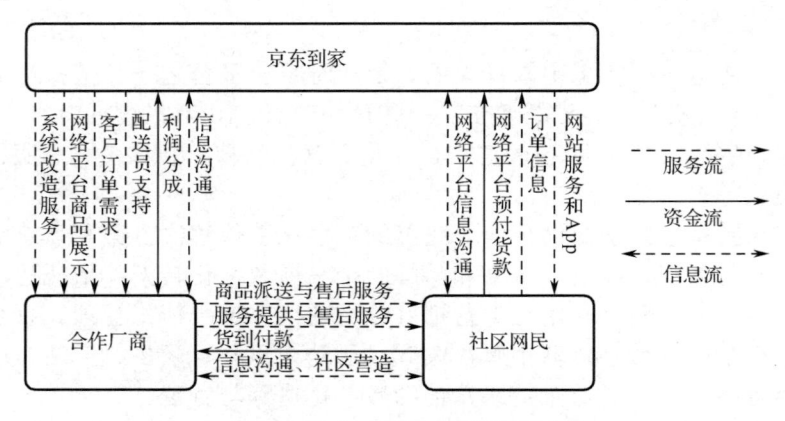

图 3-16　京东到家的盈利模型

（1）京东到家的主营业务。

京东到家的目标市场以城区及人口密集的住宅区为主。销售商品和提供服务是京东到家的主营业务。

① 销售商品。京东到家构建的企业资源计划系统能够对接京东的库存和便利店的库存，可将京东自营商品与便利店商品互通，使便利店成为京东到家的代销商。

② 提供服务。首先，对实体店而言，京东到家为便利店等社区服务店提供线上引流服务和线下实体店改造运营系统及会员体系服务，从而实现实体店和京东的全方位对接；其次，京东到家将线上收集订单与线下物流相结合，为实体店提供销售服务等；再次，对消费者而言，京东到家提供的服务包括商超、外卖和鲜花，还包括洗衣、洗车、美容、按摩等上门服务；从次，京东与腾讯合作后，可利用微信平台协助便利店进行会员的客户关系管理；最后，京东也将借助 LBS 构建 O2O 生活平台，京东会员可以借助京东 App 与 LBS 寻找距离较近的便利店下单。有效的平台服务和良好消费环境的营造是盈利流程中的重要因素。

（2）京东到家的收入确认。

京东到家采用的方式是做平台和利用物流优势，服务 3 公里内的生活圈。京东到家的收入确认有以下几种情况。

① 京东到家通过与便利店等的对接，可以将京东自营商品通过便利店进行销售，一旦交易达成，京东到家就可以确认销售收入。

② 京东到家在运营过程中与部分厂商开展 O2O 形式的合作，厂商线下销售点结合京东到家网上平台，网点作为销售和服务点，厂商给京东到家一定的补贴。

③ 京东到家的技术研发人员为线下实体店进行系统改造，借助网络平台，通过线上收集订单和线下物流配送的形式为便利店提供服务，在此过程中，京东到家的盈利点主要有系统改造费、交易分成、广告宣传费。

④ 京东到家也有自己的物流配送队伍，在以自有物流体系配送商品和服务时，京东到家会收取一定的配送费用。

（3）京东到家的成本构成。

① 京东自营商品成本。在京东到家平台上销售和展示的商品不仅有各个社区服务店的商品，还可能有京东自营商品，一旦自营商品销售出去，满足收入确认条件时就要结转其成本。

② 平台系统维护成本。京东到家为厂商销售商品和消费者购买商品提供一个网络平台，网络平台的高效运转至关重要。为了保证网络平台及 App 的正常使用，需要对其进行维护，就会发生平台系统维护成本。

③ 物流成本。京东到家模式主要依托的是其快速的物流，京东到家首页就曾以大字体注明"两小时"到家，后来甚至推出"1 小时达""定时达""15 分钟极速达"等便捷服务，但在追求快捷服务的同时，物流配送成本便会增加。京东到家采用便利店自有配送人员、京东自有配送人员及社会运力来实现其快捷配送的目标。

④ 人员工资。京东到家是一个服务平台，既存在系统维护人员成本（包含在平台系统维护成本中）、物流配送人员成本（包含在物流成本中），也存在平台客服人员成本等。

⑤ 消费者退货损失或生鲜商品质量问题造成的损失。消费者利用京东到家平台购买

商品并不意味着其会绝对接受，一旦商品达不到消费者要求，可能就会发生退货，这将产生退货损失；另外，生鲜商品的主要问题是新鲜度，一旦物流出现意外，可能导致生鲜商品变质等，造成损失。

【要点梳理】

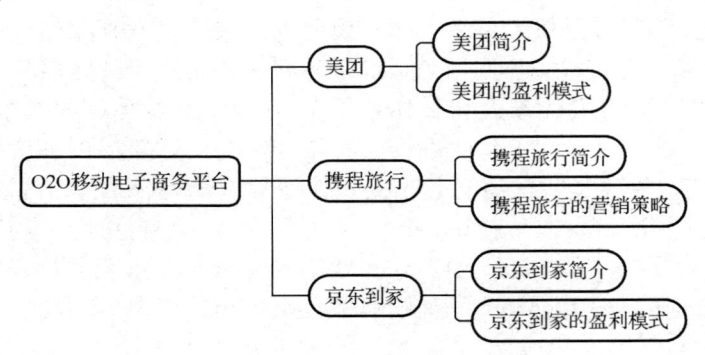

```
                              ┌─ 美团 ──────┬─ 美团简介
                              │            └─ 美团的盈利模式
                              │
O2O移动电子商务平台 ──────────┼─ 携程旅行 ──┬─ 携程旅行简介
                              │            └─ 携程旅行的营销策略
                              │
                              └─ 京东到家 ──┬─ 京东到家简介
                                           └─ 京东到家的盈利模式
```

3.3 跨境移动电子商务平台

【知识目标】

（1）了解敦煌网的运营模式和盈利模式。
（2）熟悉亚马逊的规则。
（3）了解全球速卖通的规则。
（4）了解 Wish 的规则。

【技能目标】

（1）能够注册敦煌网，并进行电子商务活动。
（2）能够依据亚马逊的规则进行购物。
（3）能够在全球速卖通上开店。
（4）能够在 Wish 上开店。

3.3.1 敦煌网

1. 敦煌网简介

敦煌网成立于 2004 年，是中国第一个 B2B 跨境电子商务交易平台，致力于帮助中国中小企业通过电子商务平台走向全球市场。敦煌网开创了"为成功付费"的在线交易模式，突破性地采取佣金制，免注册费，只在买卖双方交易成功后收取费用。敦煌网开辟了一条全新的国际贸易通道，让在线交易变得更加简单、安全、高效。

作为中国 B2B 跨境电子商务平台的首创者，敦煌网致力于引领产业升级。敦煌网认为，传统信息平台式的电子商务已死，真正的电子商务不仅要解决交易问题，还要提供专业化的，具有行业纵深、区域纵深、服务纵深的服务，以及最好的客户体验。

敦煌网作为中国领先的在线外贸交易品牌，是中华人民共和国商务部重点推荐的中国对外贸易第三方电子商务平台之一。

敦煌网 App 首页如图 3-17 所示。

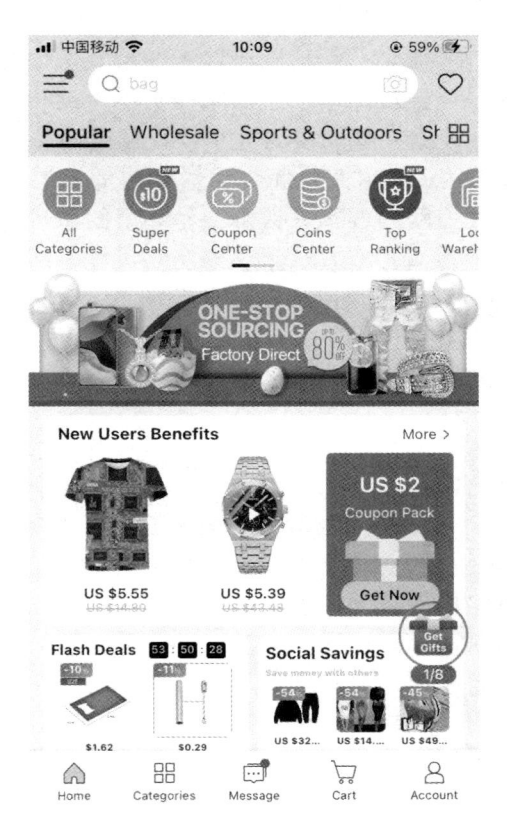

图 3-17 敦煌网 App 首页

2. 敦煌网的运营模式和盈利模式

（1）运营模式。传统的 B2B 网站只为企业提供黄页和广告，怎么进行交易是买卖双方自己的问题。而敦煌网更加关注的是交易是否成功，以及是否能形成长期的交易模式。与传统的贸易方式相比，敦煌网以交易服务为核心，提供整合信息服务、支付服务、物流服务等全程交易服务，并在交易完成之后收取佣金。

具体来说，敦煌网仍然由供应商、中介平台、采购商三方构成。供应商是国内的中小企业，采购商是国外的中小批发商，中介平台是敦煌网。进入网站主页后，呈现的是卖家页面。敦煌网业务员带着订单去寻找客户，客户看到订单并完成交易，整个过程可以体现敦煌网的价值，客户也会比较满意。同时，大多数小额贸易的企业主，都可以在敦煌网这个平台上找到合适的货源，并依托敦煌网提供的物流和资金流顺利完成交易。这显然是敦煌网这个平台和会员收费制平台最大的不同。

以阿里巴巴为代表的国内其他 B2B 网站只是帮助企业在网站上发布大量的商业信息，而并不直接参与交易，而且采用的都是收取会费的方式，这无疑给众多企业设置了门槛。即使交了钱，却并不能保证一定有生意，一些规模较大的企业也许还能承受，但是对于中小企业，这无疑是一笔充满了风险的大投资。而敦煌网则解决了这些中小企业的风险问题。

（2）盈利模式。与阿里巴巴不同，敦煌网消除了电子商务的进入门槛，实行了一种全新的"按交易金额支付佣金"的模式。在具体的交易过程中，敦煌网会在卖家报价的基础上，自动加入一定比例的佣金，然后以最终价的形式呈现给买家。加佣金后的报价由买家支付，与卖家无关。这样虽然增加了买家的负担，但相比高额的年费，还是比较划算的。同时，敦煌网还会根据交易规模的大小及行业与商品的差异而实施不同的佣金费率，费率为3%~12%。交易额越大，佣金比例就越低，反之亦然。

需要补充说明的是，敦煌网为各买家提供交易环节的服务，整合了交易环节，而这种基于专业化分工的整合，将买卖双方从烦琐的交易过程中解放出来，使复杂的跨境贸易变得相对简单。更重要的是，敦煌网提供的各项服务，通过集合效应，大大降低了交易双方的成本。这在支付和物流上表现尤为突出。

3.3.2 亚马逊

1. 亚马逊简介

亚马逊公司（Amazon，可简称亚马逊）是美国最大的网络电子商务公司之一，位于华盛顿州的西雅图。亚马逊是网络上最早开始从事电子商务的公司之一，成立于1995年，开始只从事书籍的网络销售业务，现在则扩展到范围相当广的其他商品，已成为全球商品品种最多的网上零售商和全球第二大互联网企业。亚马逊及其他销售商为客户提供数百万种独特的全新、翻新及二手商品，如图书、影视商品、音乐和游戏、数码下载、电子和计算机、家居园艺用品、玩具、婴幼儿用品、食品、服饰、鞋类、珠宝、健康和个人护理用品、体育及户外用品、汽车及工业商品等。

2. 亚马逊的定位转变

（1）第1次定位——成为"地球上最大的书店"（1994—1997年）。1994年夏天，从金融服务公司D.E.Shaw辞职出来的贝佐斯决定创立一家网上书店。贝佐斯认为，书籍是最常见的商品，标准化程度高；而且美国书籍市场规模大，十分适合创业。经过大约一年的准备，亚马逊网站于1995年7月正式上线。为了和线下图书巨头Barnes&Noble、Borders竞争，贝佐斯把亚马逊定位成"地球上最大的书店"。为尽快实现此目标，亚马逊采取了大规模扩张策略，以巨额亏损换取营业规模。经过快跑，亚马逊从网站上线到公司上市仅用了不到两年的时间。1997年5月，Barnes&Noble开展线上购物时，亚马逊已经在图书网络零售上建立了巨大优势。此后，亚马逊经过和Barnes&Noble的几次交锋，最终完全确立了自己最大书店的地位。

（2）第2次定位——成为"最大的综合网络零售商"（1997—2001年）。贝佐斯认为，与实体店相比，网络零售很重要的一个优势在于能给消费者提供更为丰富的商品。因此，扩充网站品类，打造综合电商，以形成规模效益成为亚马逊的战略考虑。1997年5月，亚马逊上市，尚未完全在图书网络零售市场中树立绝对优势地位的亚马逊就开始布局商品品类扩张。经过前期的供应和市场宣传，1998年6月，亚马逊的音乐商店正式上线。仅一个季度，亚马逊音乐商店的销售额就超过了CDnow，成为最大的网上音乐商品零售商。此后，亚马逊通过品类扩张和国际扩张，到2000年，宣传口号已经改为"成为最大的综合网络零售商"。

（3）第3次定位——成为"最以客户为中心的企业"（2001年至今）。从2001年开始，除了宣传自己是最大的综合网络零售商，亚马逊还把"最以客户为中心的企业"确立为努力的目标。此后，打造以客户为中心的服务型企业成为亚马逊的发展方向。为此，亚马逊从 2001 年开始大规模推广第三方开放平台（Marketplace），2002 年推出网络服务（AWS），2005 年推出 Prime（会员日）服务，2007 年开始向第三方卖家提供外包物流服务（Fulfillment by Amazon，FBA），2010 年推出 KDP 的前身自助数字出版平台（Digital Text Platform，DTP）。2019 年，亚马逊投资了数十亿美元，推出 Prime Free One-Day Delivery（会员一日免费送达服务）。亚马逊逐步推出这些服务，使其超越网络零售商的范畴，最终成为一家综合服务提供商。

3．亚马逊的规则

（1）银行账号。经营者应具备英国、美国、法国、德国或奥地利这几个国家中其中一国的银行账号，若不符合该条件，则要通过平台咨询来解决。

（2）语言掌握。在该平台从事跨境贸易的经营者，需要掌握其商品售往国家的语言，能够与用户进行沟通，并能够处理好财务问题。另外，在平台上展示商品时，要使用该国的语言。

（3）发货。在发货时，要充分了解运输公司的信誉度再与其合作，避免在这个环节出现问题，从而影响消费者的整体体验。亚马逊物流在发货速度与商品保存上都值得信赖。

（4）出口规定。商品在从中国到海外国家的流通过程中，无论是与亚马逊物流还是与其他物流公司合作，都不能以亚马逊为货物进口方接受海关检查。

（5）退货规定。经营者应为消费者提供其所在国家的具体服务地址，方便对方退货，若经营者在售往国没有服务站点，则要承担退货费用。

3.3.3 全球速卖通

1．全球速卖通简介

全球速卖通（AliExpress）是阿里巴巴旗下一个面向全球市场打造的在线交易平台，被广大卖家称为"国际版淘宝"。全球速卖通面向海外买家，通过支付宝国际账户进行担保交易，并使用国际快递发货，是全球第三大英文在线购物网站。全球速卖通于 2010 年 4 月上线，经过多年的迅猛发展，目前已经覆盖 230 多个国家和地区的海外买家，支持 18 种语言站点，海外成交用户数突破 1.5 亿户，App 海外装机量超过 6 亿台，入围全球应用榜单前十，目前已经成为全球最大的跨境交易平台之一。

2．全球速卖通禁限售商品

很多淘宝网允许销售的商品，全球速卖通禁止销售，如减肥药。因此，卖家在开店前需要充分了解。

（1）禁售的商品。禁售的商品包括毒品及相关用品、医药相关商品、枪支、军火及爆炸物、管制武器、警察用品、间谍商品、医疗器械、美容仪器及保健用品、酒类及烟草商品等。

（2）限售的商品。限售商品指发布商品前需要取得商品销售的前置审批、经营凭证或授权经营等许可证明，否则不允许发布。若已取得相关合法的许可证明，则需要先提供给全球速卖通平台。

（3）侵权的商品。在全球速卖通平台，严禁用户未经授权发布、销售涉及第三方知识产权的商品，包括但不局限于以下三大类。

① 商标侵权。商标侵权是指未经商标权人的许可，在商标权核定的同一或类似的商品上使用与核准注册的商标相同或相近的商标的行为，以及其他法律规定的损害商标权人合法权益的行为。

② 著作权侵权。著作权侵权是指未经著作权人同意，又无法律上的依据，使用他人作品或行使著作权人专有权的行为，以及其他法律规定的损害著作权人合法权益的行为。

③ 专利侵权。专利侵权是指未经专利权人许可，以生产经营为目的，实施了侵犯依法受保护的有效专利的违法行为。

3. 全球速卖通的规则

（1）注册规则。想要在此平台上注册，必须保证使用的邮箱、用户名、店铺名中包含的信息是合理、合法的，不能违反国家的法律法规，不能侵犯他人的合法权利，不能干扰平台的运营秩序等。

① 目前，能够在此平台上注册的卖家只能位于中国内地，平台事先同意除外。卖家不能使用不实信息注册海外消费者账户，一旦被平台发现，平台有权对其消费者账户实行关闭，并根据违规行为对卖家做出相应的惩罚。

② 对于那些在平台上或 TradeManager（贸易通）上注册了账户的用户，如果没有通过身份认证或连续超过一年没有登录，平台则有权做出终止、收回的决定。

③ 如果卖家违反了平台的规定，被平台关闭账户后不得重新注册账户，一旦被发现，平台会立即关闭其账户。

④ 用户进行注册时必须使用本人的邮箱，平台有权对其邮箱进行验证。

⑤ 平台的账户 ID 是系统自动分配的，不能修改。

⑥ 如果卖家通过支付宝、身份证或其他方式进行了认证，那么不管账户的状态是否开通，都不得以个人身份信息取消绑定。

⑦ 在此平台上，每个会员都只能有一个主账户用来出售商品。

⑧ 如果中国供应商在阿里巴巴平台上因严重违规而被关闭，则此平台与之相关的商品或服务也会同时停止使用。

（2）经营规则。卖家要在平台上发布商品，必须满足以下条件。

① 账户要与实名认证的支付宝账户或其他认证方式进行个人身份绑定。

② 要提供真实、有效的姓名、地址、营业执照等信息。

卖家满足以上条件便可发布商品，只有达到 10 个才能创建店铺。若商品少于 10 个，则平台有权将店铺关闭，但商品仍会保留。

（3）超时规定。

① 付款超时。如果消费者下单后超过 20 天没有付款，或者付款没有到账，则此订单会予以超时关闭。

② 取消订单。从下单并成功付款之时起，到卖家发货之前，消费者可以申请取消订单。消费者选择取消订单之后，卖家可与之进行协商，协商结果有两种：一是卖家同意，则订单关闭，货款全额退回；二是卖家不同意且已经发货，则订单继续进行。此外，还

有一种情况，即卖家没有进行任何操作，那么等到发货超时之后，订单同样可以关闭，消费者的货款也可以全额退回。

③ 发货延长期。消费者下单并成功付款后，卖家没有按时发货，而消费者也没有取消订单，此订单会自动进入为期两天的发货延长期，在此期间，若消费者申请取消订单，则不需要经过卖家确认，便可直接关闭订单。

④ 发货超时。消费者下单并成功付款后，卖家若不能在规定期限内发货，则可以与之自行协商，达成一致后由消费者申请延长发货期限，卖家必须在协商的期限内完成发货；如果卖家在协商的期限内仍未发货，则订单便会因发货超时而关闭，货款也会全额退还给消费者，而此订单会被计入成交不卖。

⑤ 确认收货超时。卖家发货后，消费者必须在一定的时间内确认收货，不同的物流服务有不同的期限：UPS、TNT、FedEx、DHL 等快递的期限为 23 天以内，EMS、顺丰速运等快递的期限为 27 天以内，邮政航空包裹则为 39 天以内。

在此期间，卖家应与消费者就收货情况进行及时沟通，如果消费者确实一直没有收到商品，那么卖家可以延长消费者的收货时间。如果消费者一直都不确认收货且不申请退款，则属于确认收货超时，订单被视为完成。

⑥ 申请退款。消费者若想申请退款，必须在以下时间范围内进行申请：卖家填写了发货通知后，从第 6 天起，UPS、TNT、FedEx、DHL 等快递截止到 23 天，EMS、顺丰速运等快递截止到 27 天，邮政航空包裹则截止到 39 天。

（4）物流规则。平台目前支持的物流方式比较单一，只有航空物流一种，具体包括商业快递、快递专线、邮政航空包裹服务及其他平台指定的方式。卖家必须按照消费者选择的物流方式进行发货，如果需要更改，则必须提前与消费者协商并获得同意，未经同意不得更改。卖家提供的物流运单号必须真实、有效，且保证能够查询。卖家若选择了航空小包发货，则必须进行挂号。在过去的 30 天以内，若有卖家使用航空大小包物流服务，发生了两笔或两笔以上的"未收到商品"的纠纷，且纠纷率超过 50%，那么平台有权限制其对此物流服务的使用。

3.3.4　Wish

1. Wish 简介

总部位于美国的 Wish 公司是一个移动 B2C 跨境电商平台，它以移动端作为切入点，在跨境电商领域实现了成功突围，在短短两年多的时间里，交易额就突破了 1 亿美元。可以说，Wish 是跨境电商移动端平台上出现的一匹黑马，其惊人的成长速度成功赢得了投资人的青睐，让投资人在与创始人面谈半小时后，就在 12 小时内决定向其投资 5 000 万美元。

Wish 作为一个"电商新手"，由于没有在 PC 端购物平台运营的经验，因此在开拓移动端市场时，反而不会受到 PC 端互联网思维的影响，在移动端市场的开发过程中更加随心所欲。移动端最大的特点和优势就在于实现了随时、随地、随身，可以更好地抓住用户碎片化的时间。例如，用户可能是在等公交车的间隙里拿出手机在购物 App 上随便逛逛，因此如果能够做到精准把握用户的偏好，向其推荐相关的商品，就极有可能刺激用户产生消费行为，这就是 Wish 运行的一种模式。Wish 在移动端的用户占比达到 95%。面对这个数据，就连亚马逊、eBay 等出口跨境电商巨头都自叹不如。

与其他的移动App相比，Wish淡化了品类浏览及搜索的元素，去除了促销，将更多精力放在了关联推荐上。新用户注册登录时，Wish就会向用户推荐一些比较常用的商品，如小饰品、T恤等。

2. Wish的特点

Wish平台是在移动互联网的发展中诞生的，它和其他电商平台最大的区别在于，Wish是基于手机端的App，买家都是通过移动端浏览和购物的。因此，在Wish平台上运营时要充分考虑到如下特点。

（1）浏览环境。买家的浏览环境：屏幕小，操作困难。

（2）冲动消费。因为是移动端浏览，买家浏览时间是碎片化的，没有明确的购物目的，多以无目的浏览为主，在这种情况下，买家做决策的时间也很短，容易造成冲动消费。

（3）被动浏览。有别于传统电商的买家购买模式（通过搜索，浏览想要购买的商品），Wish买家根据系统平台推荐的内容浏览自己可能感兴趣的商品，是一种相对被动的浏览。

3. Wish的规则

（1）卖家规则。

① 商家资质要求。Wish平台上的商家可以是生产者、零售商、品牌所有者、手工艺者、艺术家等，能够生产、制造或拥有批发、零售权利的商家都有资格在Wish上销售商品。

② 禁售商品。一般情况下，Wish平台禁止出售服务类商品，除了定制的实物商品，如定制一件礼服或一幅画等；禁止出售无形的或需要通过电子形式发送的商品、实物或电子购物卡、未经授权的商品、酒精类商品、烟草类商品或其他类似商品、毒品、吸毒用具、活体动物和非法动物制品、人类遗骸和身体部位（除头发和牙齿）、色情作品、淫秽材料、枪支、武器，以及仇恨或贬低种族、民族、宗教、性别、性取向为目的的商品和相关内容的商品。

③ 客户服务。买家在下单之后询问订单或修改送货地址、退换货等，卖家应该及时回复，帮助买家尽快解决问题。如果仅靠卖家的能力解决不了，则可以寻求平台的协助。

（2）注册规则。卖家在Wish平台上注册时需要准备相关企业认证资料，如合法的营业执照、法人身份证、品牌授权书等相关文件。寻找合适的货源和物流渠道，组建一支高效运转的团队，以保证平台交易顺利进行。充分准备Wish平台需要的商品资料，如商品图片、文案或价格等。

（3）选品规则。Wish平台主要面向移动端用户，其中大部分卖家都在移动端，大部分买家也利用自己的碎片化时间（如等公交车、下午茶时间等）去购物平台上浏览商品。因此，卖家在选品时最好选择那些消费者不必参考更多数据就可以下决心购买的商品，如服装鞋类、饰品配件、美妆商品、母婴类商品、3C配件等。商品的价格应不高于30美元。

此外，卖家在选择商品时还需要遵循Wish平台的卖家规则，对于禁止出售的商品要坚决排除。

（4）上传商品规则。Wish是一个App购物平台，因此卖家在上传商品时不能按照以往在其他购物平台上的方式来做。而且，Wish平台采用的商品展示方法也区别于传统的商品展示形式，它基于买家的基本信息和浏览记录等为买家贴上"标签"，并通过不断收集买家的信息来更正原有的信息，为买家创建多个维度的兴趣"标签"，并在此基础上结合一定算法为买家进行精准的商品推荐，从而提高交易成功率。

【要点梳理】

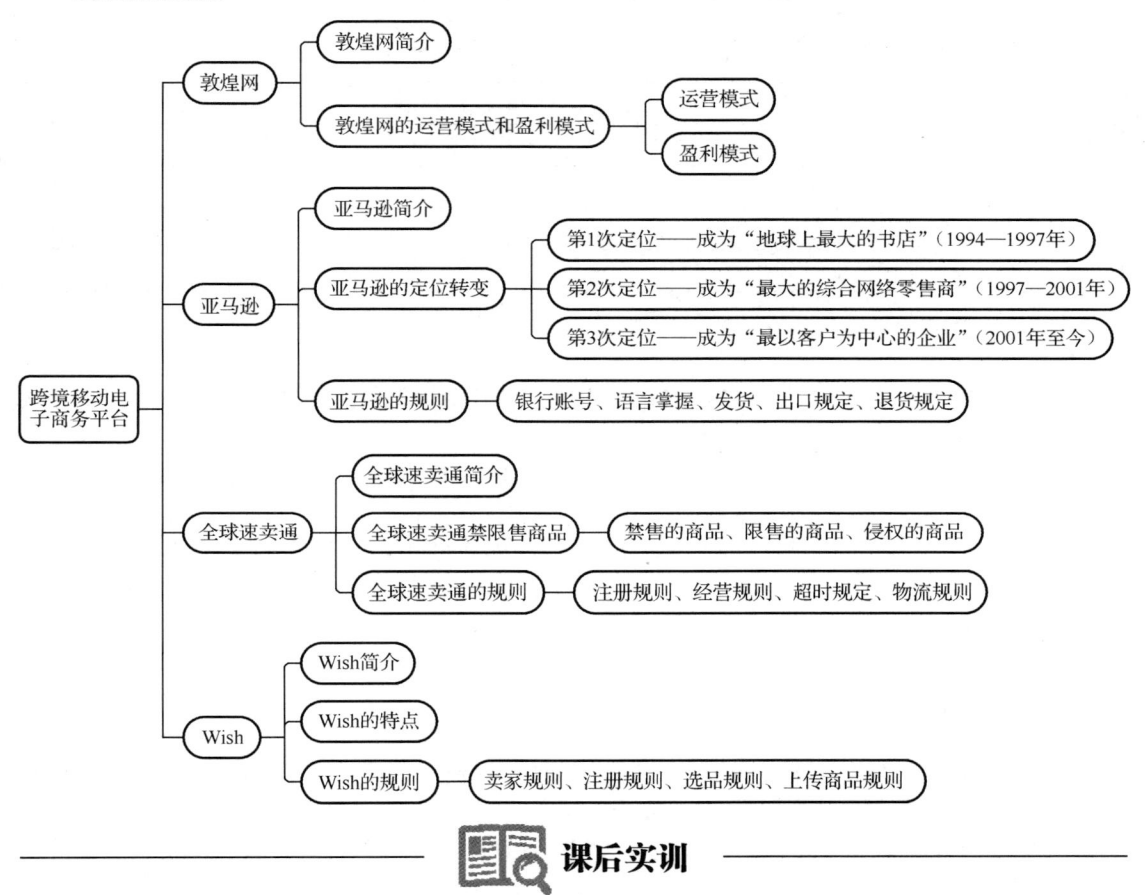

跨境移动电子商务平台
- 敦煌网
  - 敦煌网简介
  - 敦煌网的运营模式和盈利模式
    - 运营模式
    - 盈利模式
- 亚马逊
  - 亚马逊简介
  - 亚马逊的定位转变
    - 第1次定位——成为"地球上最大的书店"（1994—1997年）
    - 第2次定位——成为"最大的综合网络零售商"（1997—2001年）
    - 第3次定位——成为"最以客户为中心的企业"（2001年至今）
  - 亚马逊的规则
    - 银行账号、语言掌握、发货、出口规定、退货规定
- 全球速卖通
  - 全球速卖通简介
  - 全球速卖通禁限售商品
    - 禁售的商品、限售的商品、侵权的商品
  - 全球速卖通的规则
    - 注册规则、经营规则、超时规定、物流规则
- Wish
  - Wish简介
  - Wish的特点
  - Wish的规则
    - 卖家规则、注册规则、选品规则、上传商品规则

课后实训

体验并对比手机淘宝和手机京东

实训目的

（1）熟悉移动电子商务平台手机淘宝和手机京东的界面。
（2）对比两个不同模式的移动电子商务平台的界面友好度。
（3）总结两个不同模式的移动电子商务平台的优缺点。

实训内容

（1）分别注册和登录手机淘宝和手机京东，对比这两个移动电子商务平台注册和登录的便捷程度。
（2）分别在手机淘宝和手机京东上购物，体验在两个平台上的购物过程。
（3）总结出两个平台各自的优点和缺点（各自总结出4条），并填写表3-2。

表 3-2 对比手机淘宝和手机京东的优点和缺点

平台	优点	缺点
手机淘宝		
手机京东		

实训步骤

（1）下载手机淘宝和手机京东 App，根据各自的注册流程进行注册，体验过程并记录，注册完成后登录，记录体验和感受。

（2）选择必要的商品进行购物体验，分别体验手机淘宝和手机京东的购物过程，并进行对比。

（3）收集相关资料，并结合上面的体验，分别总结出两个平台各自的优点和缺点。

思考与练习

1. 填空题

（1）淘宝网的盈利来源主要包括交易服务费（包括商品登录费、成交手续费、底价设置费、预售设置费、额外交易费、安全支付费、在线店铺费等）、特色服务费（包括字体功能费、图片功能费、推荐功能费等）、增值服务费（包括信息发布费、辅助信息费等），以及_____等。

（2）京东商城商业模式构建的核心要素是_____。

（3）_____是美团在餐饮外卖板块的主要收入来源。

（4）_____成立于 2004 年，是中国第一个 B2B 跨境电子商务平台，致力于帮助中国中小企业通过电子商务平台走向全球市场。

（5）全球速卖通面向_____，通过支付宝国际账户进行担保交易，并使用国际快递发货，是全球第三大英文在线购物网站。

2. 简答题

（1）简述淘宝网的发展历程。

（2）简述京东商城的物流模式。

（3）携程旅行的营销策略有哪些？

（4）简述敦煌网的盈利模式。

（5）全球速卖通禁限售商品包括哪些？

第 4 章

移动电子商务运营

随着移动电子商务行业的高速发展,新业态和新模式不断出现,新岗位也不断产生,移动电子商务运营岗位就是其中比较重要的一种。移动电子商务运营是移动电子商务活动中十分重要的一环,运营的好坏直接影响移动电子商务活动本身和移动电子商务活动主体企业。本章介绍移动电子商务运营的相关知识。

学习目标

(1)了解移动电子商务运营基础知识。
(2)掌握移动网店的定位与商品分析。
(3)掌握移动网店的推广技巧。
(4)掌握移动网店的服务管理知识与技巧。

【思政讨论】

时间安排：5 分钟。

背景描述：实际的移动电子商务工作常常涉及很多内容，如美工人员会精心拍摄商品图片，细致地进行后期处理，在展现商品原貌的同时，提升画面的质感和亲和度；运营人员会想方设法、合规合理地利用各种推广工具推广店铺，吸引消费者前来浏览店铺；客服人员会尽心尽责地为消费者解疑答惑，促成交易。这些都体现了移动电子商务从业者的工匠精神。

讨论题目：移动电子商务行业从业者应该如何发扬工匠精神？移动电子商务运营人员应该具备怎样的职业素养？

课后总结：经过讨论，培养学生"干一行爱一行"的职业素养，并引导学生在实际工作岗位中发扬工匠精神。

4.1 移动电子商务运营概述

【知识目标】
（1）了解移动电子商务运营的概念与特点。
（2）熟悉移动电子商务运营的内容。
（3）掌握移动网店运营流程与指标体系。

【技能目标】
（1）能够说出移动电子商务运营的特点。
（2）能够说出移动电子商务运营的内容。
（3）能够说出移动网店的运营流程。

4.1.1 移动电子商务运营的概念与特点

1. 移动电子商务运营的概念

移动电子商务运营是移动电子商务的重要组成部分，是指对移动电子商务平台运营过程的计划、组织、实施和控制，包含的范围比较广，包括商品更新、订单处理、宣传推广、营销策划、商品包装、商品销售、物流配送、数据分析等移动电子商务平台运作的所有环节。

2. 移动电子商务运营的特点

PC 时代，买家主要通过搜索来找到自己想要的商品，然后通过比价等行为最终实现购买。因此，基于 PC 端的运营，重点是推广，商家总是想方设法通过各种推广方式让买家搜索到商品。然而，在移动互联网时代，买家的购买行为不受时间和空间的限制。同时，基于手机等移动设备本身的高度个性化，以及设备之间交流的私密性，移动购物具有个性化购物的先天基因。因此，移动端运营必须花大量的时间来培养顾客的购买习惯、对品牌的忠诚度及对品牌理念的认同。

随着移动互联网技术的高速发展，移动电子商务已经成为不可逆转的趋势。相比 PC

端电商，移动端电商在运营上的特点主要体现在以下几个方面。

（1）在移动购物时代，营销活动的核心基于连接的对话，而非广播式的广告营销。移动互联网阶段，消费者变得更有互动性，他们不再被动地接收来自传统渠道的营销信息，而成了内容和数据的贡献者，手机、平板电脑成为他们接收并发送信息的主要渠道。移动设备上大放异彩的为什么是社交工具？很明显，因为交互不容易中断。在 PC 时代，离开计算机是经常发生的事情，等你办完事回到计算机旁时，话题可能已经转换或结束了。而移动设备就不同了，它可以时刻在你身旁，你也可以随时随地参与你感兴趣的话题。因此，移动互联网时代的营销已经不再是单纯的广告宣传，而更强调互动与交流。真正的营销建立在"粉丝"基础上，通过推送与消费者息息相关的信息，借助拉力，而非推力，增强消费者黏性。

（2）移动端可以实现实时购买，购买行为可以发生在移动购物周期的任何时间点。消费者在购买之前，可以利用手机进行收藏、比价、查看功能介绍等。移动未来研究院首席执行官查克·马丁强调，移动互联网时代，消费者的购买行为可能发生在移动购物生命周期的任何时间。因此，移动电商运营人员应该采取多种营销方式，使营销信息在移动购物生命周期的每个阶段都能传递到消费者面前。

（3）在移动互联网时代，一切都是碎片化的，移动电商运营人员必须把握住这个特点。由于移动设备的便捷性，人们可以在休息的间隙随时拿出手机查看新闻、浏览商品等。

4.1.2 移动电子商务运营的内容

具体来说，移动电子商务运营的内容主要包括 6 个方面，如图 4-1 所示。

图 4-1 移动电子商务运营的内容

1．移动平台运营

移动平台运营包括平台的运营环境、交易规则、广告资源、店铺开店须知和投诉处理等内容。掌握移动平台运营知识是顺利开展移动电子商务运营活动的前提。

2．商品运营

商品运营是移动电子商务运营的日常环节，包括商品更新、商品包装、商品定价、商品存储、商品退换货等。

3. 流量运营

流量运营是移动电子商务运营的核心环节，直接关系到移动电子商务平台的运营质量。一般情况下，移动电子商务平台可以通过扩展移动网店内部渠道、提升移动电子商务平台排名和利用平台外部推广资源等形式增强流量运营效果。

4. 活动策划

一些已固定下来的大型电商促销活动，如"双十一""双十二""6·18"等，是移动电子商务平台活动成功策划的典型案例。此外，移动网店也可以通过店铺秒杀、发放优惠券、节日回馈等活动达到宣传店铺和商品的目的。

5. 数据分析

移动电子商务数据化运营可谓大势所趋，不仅可以对运营过程中各个环节的数据进行科学的分析、引导和应用，建立智能数据监控体系，及时发现其中的异常数据并处理，还可以根据运营大数据帮助管理层制定运营决策。

6. 客户服务

无论是 PC 端网店运营，还是移动电子商务运营，客户服务都是不可或缺的一部分，客户服务的质量直接影响运营效果。及时回复、尊重顾客、保持礼貌、主动营销和互动沟通等都是客服人员必备的能力和技巧。

4.1.3 移动网店的运营流程与运营指标体系

1. 移动网店的运营流程

对于绝大多数移动网店，其运营流程都遵循如下几个步骤。

（1）网店开设与装修。网店开设是网店运营的必备前提条件，有了网店，才能够进行网店运营。入驻的移动电子商务平台不同，开设网店的条件也不尽相同，需根据实际情况具体操作。

网店开设之后，就要进行网店装修。通常情况下，平台会提供一个普通的网店模板，商家可以对网店进行简单装修，当然也可以根据实际情况有选择地进行装修，毕竟美观大方、给人好感的网店能够第一时间吸引顾客的目光。

（2）网店基础操作。网店开设和装修完成之后，商家便可以进行商品发布、商品上下架、商品优化等基础操作，还要不断学习话术知识、交易安全知识等，以便更好地进行运营。

（3）网店客户服务。当有消费者浏览网店并咨询相关问题时，客服的工作便启动了。网店客户服务包括售前服务、售中服务和售后服务，每个阶段的客户服务都有不同的重点。售前服务的重点是解答消费者关于商品的疑问，打消其顾虑，提升其购买意愿；售中服务的重点是引导消费者购买商品，促成下单和付款；售后服务的重点是对已下单商品进行跟进，与消费者联络感情，有问题及时妥善处理，避免给消费者带来不愉快的购物体验，以便促进消费者再次光顾和消费。

（4）运营数据分析。对相关运营数据进行分析，包括各种商品的销售数据、价格策略、优惠活动数据、店铺点击率、转化率等。有效的运营数据分析可以促进商品销售，使店铺运营向更加健康的方向发展。

2．移动网店的运营指标体系

移动网店的运营指标体系是由一系列有效的、常见的、概括性强的数据分析指标组成的，这些指标可以直观地对移动网店的流量、商品、销售和客户等相关信息进行总结和归纳。

通常来说，移动网店的运营指标体系包括 4 个方面，即总体运营指标、商品运营指标、流量运营指标、推广运营指标。

（1）总体运营指标。移动网店的总体运营指标如表 4-1 所示。

表 4-1　移动网店的总体运营指标

一级指标	二级指标	具 体 含 义
流量类指标	独立访客数	访问移动网店的不重复的客户数量
	页面访问数	页面浏览量，用户对同一页面多次访问则累计访问数
	人均页面访问数	反映移动网店的访问黏性
订单产生效率指标	总订单数	访客在移动网店下单的订单数量之和
	访问到下单转化率	访客在移动网店下单的次数与访问该网店的次数之比
总体销售业绩指标	成交金额	移动网店商品交易活动成交的金额
	销售金额	商品或服务销售的总金额
整体指标	客单价	订单金额与订单数量的比值
	销售毛利	移动网店销售收入与成本的差值
	毛利率	移动网店销售毛利与销售收入的比值

（2）商品运营指标。移动网店的商品运营指标如表 4-2 所示。

表 4-2　移动网店的商品运营指标

一级指标	二级指标	具 体 含 义
商品总数指标	库存量单位（Stock Keeping Unit，SKU）数	物理上不可分割的最小存货单位
	标准化商品单元（Standard Product Unit，SPU）数	商品信息聚合的最小单位
	在线 SPU 数	移动网店在线商品的 SPU 数量
商品优势性指标	独家商品收入比重	独家销售的商品收入占总销售收入的比例
品牌存量指标	品牌数	商品的品牌总数量
	在线品牌数	在线商品的品牌总数量

续表

一级指标	二级指标	具体含义
上架指标	上架商品 SKU 数	上架商品的 SKU 数量
	上架商品 SPU 数	上架商品的 SPU 数量
	上架在线 SPU 数	上架商品中，移动网店在线商品的 SPU 数量
	上架商品数	上架商品的总数量
	上架在线商品数	上架在线商品的总数量
首发指标	首次上架商品数	首次上架的商品数量
	首次上架在线商品数	首次上架的在线商品数量

（3）流量运营指标。移动网店的流量运营指标如表 4-3 所示。

表 4-3　移动网店的流量运营指标

一级指标	二级指标	具体含义
流量成本指标	访问获取成本	广告活动产生的投放费用与广告活动带来的独立访客数量的比值
流量质量指标	跳出率	浏览单页即退出的次数与该页访问次数的比值
	页面访问时长	单个页面被访问的时间
	人均页面访问数	在统计周期内，平均每个访客浏览的页面数量
会员指标	注册会员数	一定统计周期内的注册会员数量
	活跃会员数	在一定时期内有消费或登录行为的会员总数量
	活跃会员率	活跃会员占注册会员总数量的比重
	会员复购率	在统计周期内产生两次及两次以上购买行为的会员数量占购买会员总数量的比例
	会员平均购买次数	在统计周期内每个会员平均购买的次数
	会员回购率	上一期末活跃会员在下一期时间内有购买行为的用户比率
	会员留存率	在某段时间内重复访问移动网店的会员数量占当时会员总数量的比例

（4）推广运营指标。移动网店的推广运营指标如表 4-4 所示。

表 4-4　移动网店的推广运营指标

一级指标	二级指标	具体含义
营销推广指标	新增访问人数	此次营销推广新增的访问人数
	新增注册人数	此次营销推广新增的注册人数
	总访问次数	此次营销推广获得的总访问次数
	订单数量	此次营销推广获得的订单数量
	下单转化率	此次营销推广带来的下单次数与访问该活动的次数的比值
	投资回报率	产生的交易金额与活动投放成本金额的比值
广告投放指标	新增访问人数	此次广告投放新增的访问人数
	新增注册人数	此次广告投放新增的注册人数

续表

一级指标	二级指标	具体含义
广告投放指标	总访问次数	此次广告投放获得的总访问次数
	订单数量	此次广告投放获得的订单数量
	下单转化率	此次广告投放带来的下单次数与访问该活动的次数的比值
	广告投资回报率	此次广告投放产生的交易金额与广告投放成本金额的比值

【要点梳理】

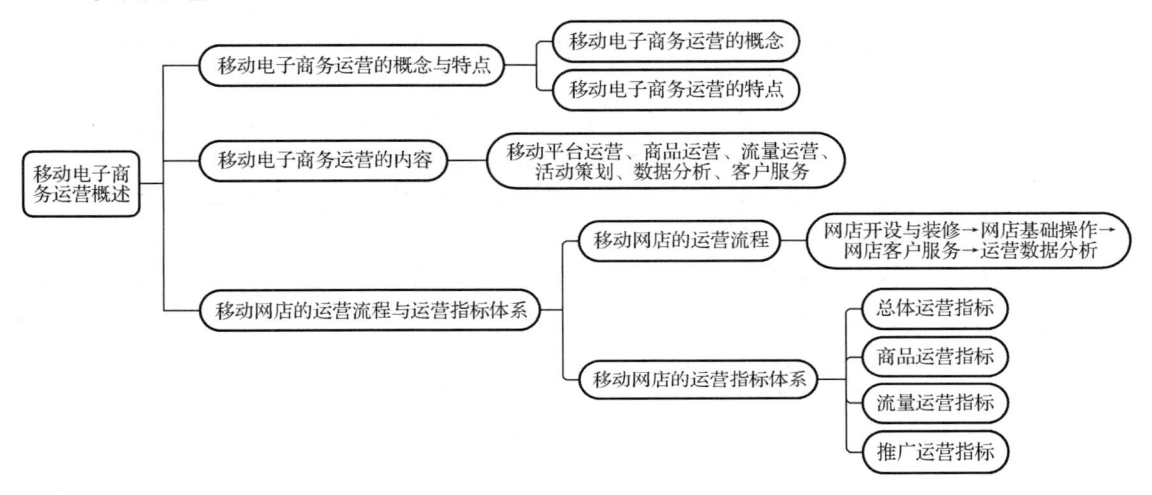

- 移动电子商务运营概述
  - 移动电子商务运营的概念与特点
    - 移动电子商务运营的概念
    - 移动电子商务运营的特点
  - 移动电子商务运营的内容
    - 移动平台运营、商品运营、流量运营、活动策划、数据分析、客户服务
  - 移动网店的运营流程与运营指标体系
    - 移动网店的运营流程：网店开设与装修→网店基础操作→网店客户服务→运营数据分析
    - 移动网店的运营指标体系
      - 总体运营指标
      - 商品运营指标
      - 流量运营指标
      - 推广运营指标

4.2 移动网店的定位与商品分析

【知识目标】

（1）掌握移动网店的定位分析。
（2）掌握移动网店的消费者分析。
（3）熟悉商品选品分析。
（4）掌握商品定价分析。

【技能目标】

（1）能够对移动网店进行定位分析，包括目标市场分析、网店精准定位分析、网店运营模式分析、开店平台分析。
（2）能够对移动网店消费者的消费行为和特点进行分析。
（3）能够根据移动网店的商品定位进行选品分析。
（4）能够对商品进行定价分析。

4.2.1 移动网店的定位分析

1. 目标市场分析

（1）目标市场定位的概念和任务。

① 目标市场的概念。目标市场是指企业网络商品或服务的消费对象，是企业在市场

细分的基础上为满足现实或有潜在需求的消费者或用户,依据企业自身的经营条件而选定或开拓的特定需要的市场。

② 目标市场定位的概念。目标市场定位是指企业对目标消费者或目标消费者市场的选择。

③ 目标市场定位的任务。目标市场定位的主要任务就是通过集中企业的若干竞争优势,将自己与其他竞争者相区别。定位是一个企业明确其潜在的竞争优势、准确地选择相对的竞争优势及显示独特的竞争优势的过程。

(2) 目标市场定位的策略。一般情况下,目标市场定位遵循如下几个策略。

① 发掘策略。通过发掘市场上未重叠的新空间来定位。企业发现一个新的市场空间,这个空间有足够多的消费者作为后盾。

② 跻身策略。企业发现目标市场竞争者众多,但是市场需求潜力还很大,而且企业有条件满足市场需求,那么企业可采取跻身策略,与众多竞争对手分享市场。

③ 取代策略。把对手赶下现在的市场位置,由本企业取代。企业必须比竞争对手更具明显优势,必须提供优于竞争对手的商品。

(3) 目标市场调研。在进行目标市场调研时,可以从3个方面展开分析,即行业分析、竞争对手分析、消费人群分析。

① 行业分析。目前,国内网络消费多以第三方平台为主,信息获取多以搜索引擎搜索关键字为主,因此可以通过行业或商品主流关键词测试,借助主要网络平台、参考数据分析行业发展情况,常用的有阿里指数、百度指数等。

② 竞争对手分析。分析竞争对手的店铺是网店运营者的必做工作之一,只有掌握了竞争对手的第一手资料,才能够做到知己知彼,以更好地为自己的店铺制定出更合理的运营策略。

③ 消费人群分析。网店运营效果与商品、渠道、方式、场景等因素有关,但找对消费人群同样是很重要的工作。消费人群分析的目的是进行点对点的精准营销,实现推广效率最大化和用户质量最大化。

2. 网店精准定位分析

(1) 对网店进行SWOT分析。

① SWOT分析的概念。SWOT分析即优势(Strength)、劣势(Weakness)、机会(Opportunity)、威胁(Threat)分析,就是将与研究对象密切相关的各种主要的内部优势、劣势和外部机会、威胁等,通过调查一一列举出来,并依照矩阵形式排列,然后用系统分析的思想,把各种因素相互匹配加以分析,从中得出一系列相应的结论,而结论通常带有一定的决策性。运用这种方法,可以对研究对象所处的情境进行全面、系统、准确的研究,从而根据研究结果制订相应的发展战略、计划及对策等。

② SWOT分析实例。下面以某网店为例进行SWOT分析。某网店基本情况如表4-5所示。

表 4-5　某网店基本情况

因　　素	基本情况描述
目标用户	25～35 岁的女性，以职场女性为主
商品定位	职场风格、穿着舒适的连衣裙
价格定位	150～220 元
货品渠道	自身 OEM 工厂
销售渠道	前期主要在淘宝网，积累经验之后，再拓展到其他平台
引流和营销推广方式	采用常规引流、内容营销方式，同时参加相应活动，适当投放一定量的广告，多渠道推广

根据表 4-5 所示情况及前期的市场调研情况，对网店进行 SWOT 分析，具体如图 4-2 所示。

S（优势分析）
(1) 店铺供货厂家为长期从事出口外贸的 OEM 工厂，有多样的产品款式和品种积累，加工经验丰富，品质好，货源有保障。
(2) 网店运营团队组成丰富：既有员工，又有老板；既有专业老师，又有电商学生。
(3) 地方政府对大学生创业有优惠政策。
(4) 学校提供创业指导和技术支持。

W（劣势分析）
(1) 无实体店，无自主品牌，影响力低。
(2) 店铺新创，信誉低，难以赢得信赖。
(3) 店铺实际运营经验不足。
(4) 工厂加工不能按照店铺需求设计开发国内市场所需产品，而是以外贸为主。

O（机会分析）
(1) 顾客网络购物越来越频繁，机会较多。
(2) 女装市场规模较大。
(3) 年轻女性购买力强，购买欲望强烈，注重商品品质和个性化需求。

T（威胁分析）
(1) 竞争激烈。
(2) 卖家数量多，信誉等级高，品牌已形成一定知名度。
(3) 顾客对款式新颖程度要求较高，忠诚度较差。

图 4-2　网店 SWOT 分析

（2）品牌市场定位。做电商，品牌定位一定要明确。相比传统零售，线上品牌的定位尤其关键。因为竞争无地域性，选择成本低，所以想要在众多竞争者中脱颖而出，定位往往起到决定性的作用。

品牌市场定位通常有如图 4-3 所示的 4 种方法。

① 首席定位。首席定位是追求成为行业或某方面"第一"的市场定位。品牌一旦占据领导地位，冠上"第一"的头衔，便会产生聚焦作用、光环作用、磁场作用和"核裂变"作用，具备追随型品牌没有的竞争优势。

当然，并不是所有企业都有实力运用首席定位，只有那些规模巨大、实力雄厚的企业才有能力运作。对大多数

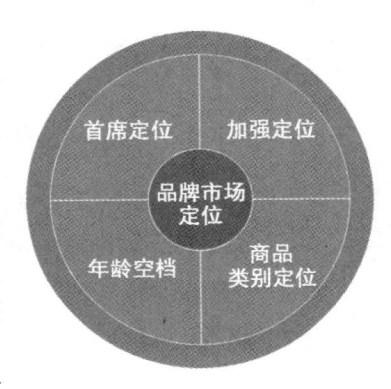

图 4-3　电商品牌市场定位方法

企业而言，可以重点开发品牌某些方面的竞争优势，在细分品类争取第一，并取得竞争的定位。

② 加强定位。加强定位是指在消费者心目中强化自身形象的定位。当企业无法从正面打败对手，或在竞争中处于劣势时，可以有意识地突出品牌某方面的优势，给消费者留下深刻印象，从而赢得竞争的胜利。

③ 年龄空档。年龄是人口细分的一个重要变量。企业可以根据商品的竞争优势，寻找被同类商品忽视的年龄段，为自己的品牌定位。

④ 商品类别定位。把商品与某种特定的商品种类联系起来，以建立品牌联想，这种方法称为商品类别定位。商品类别定位的一种方法是告诉消费者自己属于某类商品，另一种方法是将自己界定为与竞争者对立或明显不同的商品类别。

3. 网店运营模式分析

（1）批发与零售模式。在网店的实际运营中，最常见的运营模式就是批发与零售模式。批发与零售模式就是通过在某些商品批发市场或工厂里选购批发商品，然后拿到网店中卖出，赚取差价。这个模式的缺点在于，囤货需要一定的空间，还要做好卖不出去积压货物的准备。如果拥有多个批发商的资源，那么这种模式是非常合适的，但是需要有充足的资金来积累库存。

（2）分销模式。分销模式就是把自己店铺的商品通过其他店铺分销出去。分销模式有利于将商品更好地推销出去，能够减少商品囤积，降低资金压力。分销模式非常适合那种兼职卖家。但如果是全职卖家，则不太适合这种模式，并且这种模式下竞争比较激烈。

（3）实体店模式。很多网店店主有自己的实体店，这样可以降低压力。把实体店中的商品放到网店中，可以促进销售。

4. 开店平台分析

在选择开店平台时，应根据自身需求和实际情况进行选择。不同类型的平台，网店的运营方式有所不同，适合的主体也不相同。例如，手机淘宝、有赞微小店等平台比较适合个人商家开设店铺，一般入驻商家提供有效身份证件即可，同时商家需要负责商品上下架、发货、订单管理、客户服务等流程（商品分销除外）；贝店、云集这类分销移动电子商务平台，企业或个人商家都可以入驻，但商家只需要负责商品分销推广，不需要囤货和发货；手机天猫等平台则对入驻商家有较高的要求，如较高数额的保证金，商家还需要提供营业执照、银行开户许可证、税务登记证等，一般适合企业和品牌商家入驻。

4.2.2 移动网店的消费者分析

网店最终面对的是消费者，因此，对消费者进行有效的分析，可以帮助商家更好地制定营销策略，进行目标用户定位。

对移动网店消费者进行分析，可以从消费行为和消费特点两个方面入手。

1. 消费行为分析

所谓消费行为，是指消费者的需求心理、购买动机、消费意愿等与现实表现的总和。综合来看，影响消费行为的因素主要有以下3个方面。

（1）消费者个人及心理因素。消费者的消费行为因自身购买能力、购买习惯、心理、情感及实际需求的不同而有所差异。例如，有些消费者喜欢京东快捷的物流服务，所以习惯在京东上购物。

（2）商品因素。商品的价格、质量、性能、款式、服务、广告、购买的便捷性等都是影响消费者消费行为的因素。例如，手机淘宝中的商品优势在于物美价廉、品种齐全。

（3）环境因素。消费者在进行消费的时候，会受到环境因素的影响。例如，雾霾天较多时，防霾口罩比较受欢迎。

2．消费特点分析

总体来看，移动互联网环境下消费者的消费特点如下。

（1）消费时间碎片化。消费时间碎片化是指在移动互联网环境下，人们"逛街"的行为发生了本质变化，不再利用较长的时间去商场、实体店，而是在上下班途中、晚上的休息时间等浏览各类促销信息，查找和购买商品。因此，移动网店商品的上新、促销信息的推送可以在用户碎片化的时间段进行，并且要为用户提供新颖、有创意的营销内容，这样才能让用户更有机会看到和记住商品信息，更快地获得用户的关注。

（2）消费需求个性化。在移动电子商务中，人们更加强调个性化需求，除了重视价格因素，还重视商品的外观、样式、品质、附加价值等因素。

（3）消费入口多元化。消费入口是指人们获得商品信息、促销信息及沟通渠道等的方式。在移动电子商务环境中，各种各样的App给用户带来了极大的便利。用户可以利用"今日头条"浏览新闻资讯，可以利用手机淘宝、手机京东购买商品，可以利用微信和手机QQ进行实时沟通，还可以利用各种功能化软件处理各种功能化信息等。这些都实现了消费入口的多元化。

（4）消费活动社群化。移动互联网时代，人们可以随时随地沟通，联系更加紧密，共同的兴趣爱好、话题都能够促使用户聚集在一起，形成一个个社交圈，并通过社交圈产生消费。我们都有过这样的经历：某位朋友购买了一件商品，使用后发现商品很好，很值得推荐，于是这位朋友就将商品推荐给了你。在现实生活中，我们会加入各种各样的社交圈，这些社交圈中总会存在一些商品宣传或消费行为。随着社会的发展和消费理念的改变，社群消费的特征越来越明显。

（5）消费决策理性化。如今，商品供应充足，人们在面对各式各样的商品时，不会再像以前那样毫不犹豫地购买，而会理性地考虑，再决定是否要购买。

总体来说，在进行移动网店运营的时候，要综合考虑消费者的消费行为和特点，为制定营销策略提供依据。

4.2.3 商品选品分析

1．移动网店商品定位及影响因素

（1）移动网店商品定位。移动网店商品定位是指针对消费者对某种商品属性的重视程度，塑造商品或企业鲜明的个性或特色，树立商品在移动端市场上的形象，从而使目标市场上的消费者了解和认识网店的商品。简言之，移动网店商品定位就是企业（卖家）用什么样的商品来满足移动端消费者或移动端市场的需求。

（2）影响移动网店商品定位的因素。综合来看，影响移动网店商品定位的因素有如下几个方面：移动市场同类商品的竞争情况；商品本身因素，如商品的品质、价格和服务等；政策、技术趋势等外界环境因素；移动广告营销策略，即通过广告的形式将商品定位的诉求传达给移动端消费者，从而影响消费者心理；企业自身因素，如企业的实力和战略方向。

2. 移动网店商品定位的内容

（1）从宏观角度进行商品定位。先定义移动网店商品面向的目标市场和消费者，再确定目标市场和消费者对商品的核心需求及商品功能，最后确定商业模式。

（2）从微观角度进行商品定位。具体定位如下：功能属性定位、外观及包装定位、卖点定位、基本营销策略定位、品牌属性定位。

【知识扩展】

移动网店商品选品禁忌

（1）慎选未听说过的品类。很多情况下，新品类是概念性的商品，没有经过市场验证，这些商品往往需要大量投资，也无法享受流量红利。

（2）慎选进入门槛低的品类。进入门槛低，往往意味着容易形成恶性竞争。例如，酵素、黑糖等本身属于很好的商品，但是由于门槛太低，甚至几万元就能找代工企业生产一批货，因此整个行业比较混乱。而有些品类生产周期固定，研发成本较高，品牌方需要付出巨大的经济成本和时间成本才能进入，这也保证了品类的健康发展。这样的品类才会有未来，才可能做得长远。

（3）慎选保质期短的品类。商业经营必然面临囤货，商家怕囤货其实是害怕货物过了保质期。从这个角度看，保质期长的商品更加适合选择，而保质期短的商品则要慎重选择。

（4）慎选品质不高的品类。品质不高的商品往往容易出现质量不合格、不健康的情况，也更容易得到差评。差评过多，轻则影响商品销量，重则被处罚，影响店铺声誉，甚至导致店铺关停。

（5）禁选假货。销售假货是违法的，一定不要尝试。

---

3. 移动网店选品依据

（1）上游货源是首选。这是因为上游货源往往具有价格优势，从上游货源拿货的价格要比从中间商拿货的价格低，这样也可以降低拿货成本。

（2）要考虑商品是否涉及侵权。在选择商品时，除了要考虑商品的体积、重量和价格，还要考虑商品是否有品牌授权，是不是"山寨"商品。

（3）依据消费群体性别选品。男性和女性的消费观念是存在一定差别的。男性往往理性消费，而女性往往感性消费。因此，在选择商品时，要甄别目标消费群体是怎样的。

（4）依据消费群体年龄选品。不同年龄段的消费者消费习惯和消费能力是不一样的，我们不能把适合20岁左右女性的连衣裙卖给60岁以上的老年妇女，这是不合常规的。因此，在选择商品时，应根据目标消费者群体的年龄段进行挑选。

除了以上几点依据，还可以根据季节和特定节日选品、根据产业带选品等。

4.2.4 商品定价分析

商品价格直接影响商品的销量和网店的利润,因此,在为商品定价时,应综合分析消费群体的购物行为和特点,在此基础上进行定价。常用的商品定价分析方法有如下几种。

1. 整数定价法

整数定价利用消费者"一分价钱一分货"的心理,针对消费者的求名、求方便心理,将商品价格有意定为整数。由于同类型商品生产者众多,花色品种各异,在许多交易中,消费者只能将价格作为判别商品质量、性能的指示器。同时,在众多尾数定价的商品中,整数能给人一种方便、简洁的印象。

整数定价会抬高商品的价值,适用于高档、名牌商品或消费者不太了解的商品。某网店中某商品的整数定价示例如图4-4所示。

2. 尾数定价法

尾数定价法是指在确定商品零售价格时,利用消费者求廉的心理,制定非整数价格,以零头数结尾,使消费者产生商品特别便宜的感觉;或者价格尾数取吉利数,从而激起消费者的购买欲望,促进商品销售。这种定价方法已被商家广泛应用,从国外的家乐福、沃尔玛到国内的华联、大型百货商场等,从生活日用品到家电、汽车等,都采用过尾数定价方法。以中低收入群体为目标的超市、便利店、经营日常用品的商家适合采用尾数定价方法。某网店中某商品的尾数定价示例如图4-5所示。

图 4-4 整数定价示例　　　　图 4-5 尾数定价示例

3. 成本加成定价法

成本加成定价法是指按商品单位成本加上一定比例的利润制定商品价格的方法,也就是在商品成本上增加一部分盈利的方法。大多数企业是按成本利润率来确定所加利润的大小的,即

价格=单位成本+单位成本×成本利润率=单位成本（1+成本利润率）

例如，如果一件商品的成本是 20 元，加上 25%的成本利润率，那么商品的定价就是 25 元。

4. 习惯定价法

习惯定价法是指根据消费者的习惯价格心理而定价的方法。对已形成习惯价格的商品，即使生产成本降低，也不能轻易降价，否则易引起消费者对其品质的怀疑；即使生产成本增加，也不能轻易涨价，否则易引起消费者的反感，只能依靠薄利多销来弥补低价的损失。

5. 数量折扣定价法

数量折扣定价法是指企业根据消费者所购商品数量的多少，给予不同的减价优惠。消费者购买的数量越多，折扣越大。从表面上看，这种价格策略似乎减少了企业的利润，其实不然。购买者的购买数量越多，企业商品的销售速度就越快，从而使企业的资金周转速度加快、流通费用减少，不但不会减少利润，还会迅速收回投资，降低企业的经营风险。这不失为薄利多销的一种很好的形式。

【要点梳理】

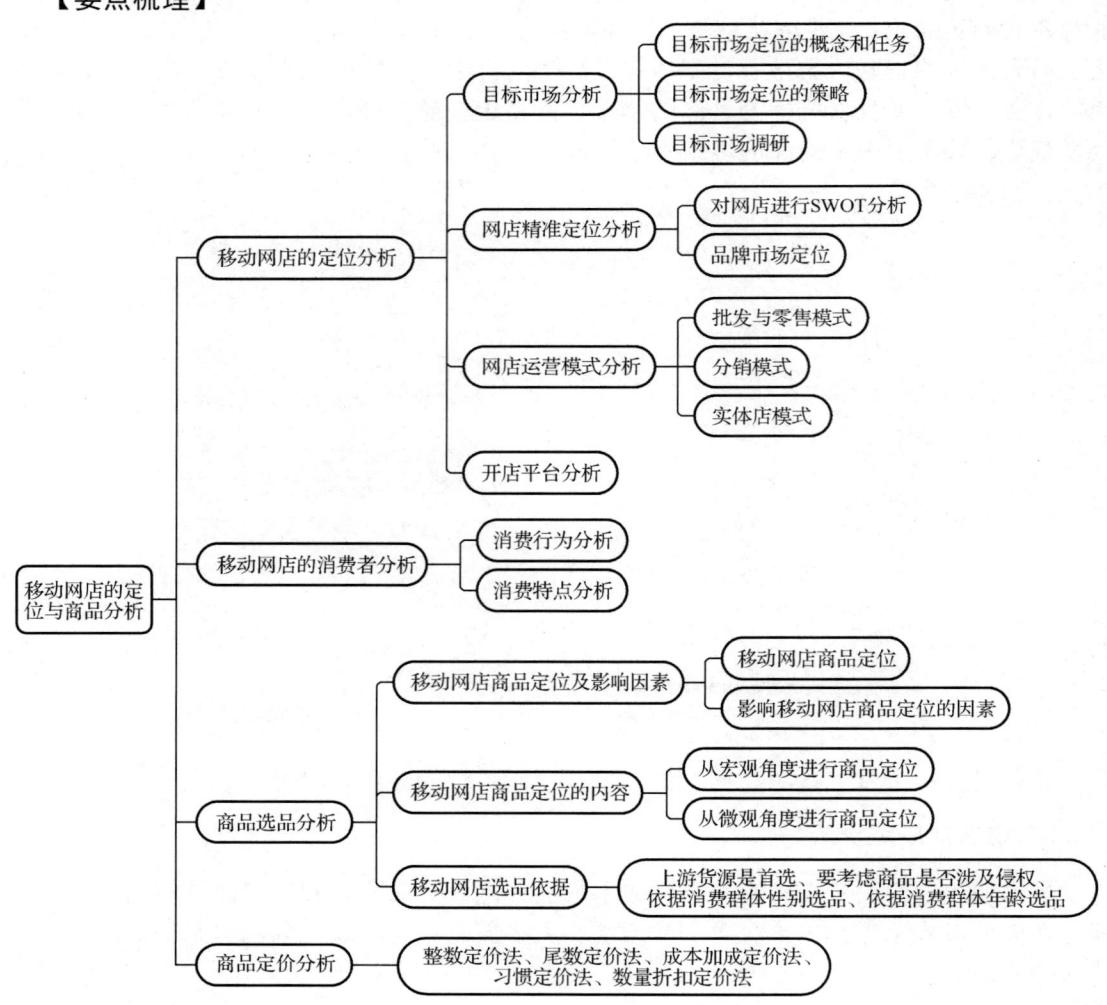

- 移动网店的定位与商品分析
  - 移动网店的定位分析
    - 目标市场分析
      - 目标市场定位的概念和任务
      - 目标市场定位的策略
      - 目标市场调研
    - 网店精准定位分析
      - 对网店进行SWOT分析
      - 品牌市场定位
    - 网店运营模式分析
      - 批发与零售模式
      - 分销模式
      - 实体店模式
    - 开店平台分析
  - 移动网店的消费者分析
    - 消费行为分析
    - 消费特点分析
  - 商品选品分析
    - 移动网店商品定位及影响因素
      - 移动网店商品定位
      - 影响移动网店商品定位的因素
    - 移动网店商品定位的内容
      - 从宏观角度进行商品定位
      - 从微观角度进行商品定位
    - 移动网店选品依据
      - 上游货源是首选、要考虑商品是否涉及侵权、依据消费群体性别选品、依据消费群体年龄选品
  - 商品定价分析
    - 整数定价法、尾数定价法、成本加成定价法、习惯定价法、数量折扣定价法

4.3 移动网店的推广

【知识目标】
（1）掌握站内免费推广的相关知识。
（2）理解站内付费推广的相关技巧。
（3）熟悉站外推广的方法。

【技能目标】
（1）能够利用站内免费推广工具推广自己的移动网店。
（2）能够利用站内付费推广工具推广自己的移动网店。
（3）能够在站外利用各种推广方法推广自己的移动网店。

4.3.1 站内免费推广

1. 自然搜索流量

自然搜索流量是指来自搜索引擎的非付费流量，自然流量是搜索的主要来源。对于小型卖家，这部分流量弥足珍贵。影响自然搜索流量的因素如下。

（1）店铺动态评分。店铺信用评价里有一个淘宝店铺动态评分，其中有 3 个评分标准，分别是描述相符、服务态度、物流服务。分数是买家给予的，淘宝将这里的分数与同行业的平均水平相比较，得到一个参数值，通过这个参数给店铺、商品分配权重，如图 4-6 所示。

现在，淘宝搜索规则中对评分的要求越来越高。从搜索结果来看，前几页的商家，描述相符、物流、服务态度都在平均水平之上。

（2）遵守规则。店铺或商品违规过于严重的商家，基本上是进入不了前几页排名的。

（3）店铺的好评率/单品的好评率。中差评过多，或者单品的评分低，会影响单品搜索展现，特别是商家要做"爆款"时。不好的评价如图 4-7 所示。

图 4-6 店铺动态评分　　　　图 4-7 不好的评价

(4) 旺旺在线时间。搜索结果的前几页基本看不到旺旺不在线的商家，而旺旺在线及旺旺的响应时间都是影响搜索的因素。如果商家实在太忙，可以给旺旺设置一个自动回复，这也算响应速度快。

（5）天猫优先，有消费保障（消保）其次，无消保最后。天猫商家每年要给淘宝交不少的服务费，每笔成交后还要给淘宝提成。因此，天猫商家排名靠前也是很正常的。如图4-8所示，搜索时，天猫商家排在首页。

（6）发货速度。商家的发货速度是买家对商家发货速度的评分。商家在有现货时，在买家拍下商品付款之后，就可以立即把快递单填写好，在淘宝上点击发货。这样，买家就会收到消息"卖家已经发货"，买家就会认为发货速度非常快，评分就会很高。如果没有现货，那商家一定要在承诺的时间内发货。如果承诺在5天内发货，能在3天内发货一定不要拖到第5天，买家收货的速度越快，这项评分就越高。一定要选一家服务比较好的快递公司，这样买家收到货的速度比较快，对于这项评分也是有好处的。

（7）标题与商品的相关性。标题与商品的相关性越强，商品被搜索到的可能性就越大，商品的质量分也就越高。完善的商品属性可以让买家对商品了解得更清楚，但是不要乱写，写错了淘宝会算作违规扣分。

图4-8 天猫商家排在首页

（8）橱窗推荐。店铺的橱窗推荐有限，要合理利用橱窗推荐，特别是店铺要推的"爆款"，推荐的商品对自然流量也会产生一定的影响。不同的店铺可以分得不同数量的橱窗推荐位，要好好利用它，能起大作用。

（9）价格。价格设定不合理会使商品被屏蔽。商品的价格也对搜索商品有影响，淘宝很少把一个价格过高或过低的商品放在搜索的前两页，而那些定价合理的商品则更容易出现在首页。

检测商品价格设置是否合理，可以在搜索输入框中输入商品的类目主关键词，然后在价格这个单维度条件下查看商品的价格区间，只要商品价格处于这个价格区间，就是合理的。

（10）违规扣分。类目放置错误、标题与内容不符等都会造成违规扣分。其实要避免违规扣分也很简单，那就是认真一点、仔细一点，最好把淘宝的规定熟读几遍。

（11）库存量。商品上架之后一定要经常检查商品的库存，因为库存比较少的商品，展现在靠前位置的可能性比较低。一般排名靠前的商品，库存量都比较大。

（12）转化率。淘宝转化率，就是所有到达店铺并产生购买行为的人数和所有到达店铺的人数的比率。假设店铺今天来了10个人浏览，成交3笔，转化率就是30%。提高转化率，才能让投入产生最大的价值。

（13）虚假交易等降权或屏蔽。例如，商品图片或标题有问题，刷信誉，商品交易过程中改价幅度过大，商品更改过名字（名字改动词语多了，会被认为偷换商品炒作销量）等。具体原因可以在卖家中心的商品体检中心查看。

查看自己的商品是否因为炒作信誉被降权的方法是搜索一个关键词（必须满足第一步中的文本相关和属性相关，这个关键词最好是长尾关键词），然后在单维度排序中按照销量排序。如果刷信誉导致商品降权，那么商品将在该维度下排在销量为0的商品后面或直接被屏蔽。虚假交易的屏蔽期是30天，也就是正好让30天的销售记录归零。

（14）滞销品。滞销品是指90天无销售记录的商品，在淘宝上将不会再被搜索到。检查自己的商品是否为滞销品，可以在商品体检中心查看。

解决滞销品问题，将商品下架再上架即可。为了让商品不再重蹈覆辙，建议下架后适当修改滞销商品的价格和标题，使商品"复活"。需要注意的是，修改标题时，要从优化的角度处理，不要修改商品的基本属性。

（15）热销商品靠前。热销商品是指单位时间卖得比较多的商品，在淘宝搜索中，销量很好的商品一般排在前面。

（16）回头客比例。回头客就是老顾客，回头率高的店铺更容易得到淘宝的推荐。除了尽量提高店铺动态评分，商家也要不时通过各种方式为老顾客提供一些优惠，不断地让老顾客重复购买。

2. 淘宝活动流量

做活动就是吸引大量的免费流量，并且最大化利用流量。淘宝活动流量是免费流量的重点，基本上想很快打造一个超级"爆款"都离不开活动。30天销量上万件的商品一般都参加了活动。

（1）淘宝活动的类型。

① 平台型。淘宝促销平台等活动很多，如聚划算、天天特价、淘金币等。

② 类目型。淘宝根据不同类目定期组织相应的活动，如主题活动等。

③ 全站型。全站式大型促销，如"双十一""双十二""年终大促""年货节"等。平台的活动非常多，总有一个适合自己的店铺。

（2）参加淘宝活动的注意事项。

① 弄清楚自己做活动的目的，是清库存还是积累人气。不管什么样的目的，商品质量要放在第一位。

② 要先把自己的商品页面及商品主图优化好。如果把大量的流量引到店铺，而商品的图片又做得不好，商品页面安排不合理，顾客也就失去了购物的冲动。图片要做得漂亮，但也要符合实际，力求实拍，尽量少修图以还原商品本身的色彩。

③ 看自己实力够不够，准备是否充分，要量力而行。要注意分析有些活动是否适合自己的商品参加，如果参加了活动，但是表现很差，下一次再想上活动就比较难了。

④ 在做活动时，有一件事情是一定要注意的，就是客服的回复。对买家一定要温柔一些，增加他们对店铺及商品的好感。

⑤ 报名参加活动时一定要仔细看清规则，不了解规则，就没有办法报名并成功参加活动。商品要选择店铺销量最高的，销量高的商品通过率也高。要用最低价格来报名，这样可以提高通过率。

⑥ 还要注意引流以后的关联销售。做活动不要想着赚大钱，当然也尽量做到不亏钱。做活动主要是培养"爆款"，增加店铺其他商品的销量。

3. 免费自然流量

广大中小卖家没有实力去做直通车、聚划算，或者大的活动。往往店铺的流量来源都是自然流量。

4. 互相添加友情链接

友情链接也称互换链接，是具有一定互补优势的店铺之间的简单合作形式，即分别在自己的店铺上放置对方店铺的 Logo（标识）或店铺名称，并设置对方店铺的超链接，使买家可以从合作店铺中发现自己的店铺，以达到互相推广的目的。淘宝友情链接是淘宝店铺的一个推广功能。很多卖家都不太在意这个小小的友情链接，不会很好地使用它。殊不知如果能够合理地使用友情链接，将给店铺带来很高的浏览量。

（1）友情链接的好处。

① 如果你的店铺里友情链接满了，会让买家觉得你的店铺非常专业。另外，友情链接还可以提高店铺档次，因为它可以让人觉得店铺整体非常完善。

② 在与别的店铺交换友情链接时，会有很大的机会与之共享买家，这样店铺的浏览量自然就提高了，当然成交量也会增加。

③ 如果你能够链接到有网页评级（Page Rank，PR）值的店铺，那么你的商品收录或搜索排名都会有优势，不但省心，还可以带来很多目标客户。

（2）友情链接的使用技巧。

① 和朋友交换链接。如果你有在淘宝开店的朋友，互相交换链接，可以为店铺增加人气。然而值得注意的是，在交换链接时也要有目标，最好不要和卖同类商品的店铺交换链接。如果他的商品更有优势，你的客户就会跑到他的店铺去买东西了。可以和相关的店铺交换链接，如你的店铺是销售化妆品的，就可以和卖女装、饰品的店铺交换链接。

② 争取与比自己级别高的店铺交换链接。一般情况下，与比自己级别高的店铺交换链接是有难度的。但凡事都不是绝对的，尤其一些新手卖家，更要学会虚心请教。因为这些级别较高的店铺也都是从新店做起的，他们能够体会到新手的困难，也许会与你的店铺交换链接。

③ 与同级别店铺交换链接。可以和与自己级别差不多的店铺交换链接，于人于己都是有好处的。

④ 与新店铺交换链接。一般情况下，新手卖家想和你交换链接有两种可能：一种是你的信誉高，可以共享客户；另一种是他们发自内心地崇拜你的店铺，能够看出你的优势。这对你的店铺来说不会造成什么损失，反而有时会增加店铺的成交量。

⑤ 与合作伙伴交换链接。可以与合作伙伴店铺交换链接。

总之，要学会合理安排店铺友情链接。另外，店铺的信誉也是非常重要的，卖家在选择链接对象时一定要选择信誉和销售量高的，否则可能带来负面影响。

5. 灵活运用信用评价

在淘宝上，广告可以说无处不在，可以免费做广告的地方很多，就连给买家的"信用评价"，也可以成为宣传展示店铺及商品的地方。

淘宝会员在淘宝个人交易平台使用支付宝服务成功完成每笔交易订单后，双方均有权对对方的交易情况做出相关评价。买家可以针对订单中的商品给予好评、中评、差评；卖家可以针对订单中的商品给予买家好评、中评、差评。这些评价统称为信用评价。

在已卖出的商品页面里，找到需要给买家评价的订单。单击"评价"按钮，在评价页面中会看到"好评""中评""差评"3种。在"发表评论"的文本框中可以输入评论，还可以加上一些店铺的宣传广告语，这样就免费宣传了自己的店铺。

6．发放店铺优惠券

店铺优惠券是虚拟电子现金券，是卖家在开通营销套餐后，淘宝额外给卖家开通的一个超强促销工具，卖家可以在不用充值现金的前提下针对新客户或不同等级的会员发放不同面额的店铺优惠券。买家可以使用获得的店铺优惠券在购买商品时抵扣现金。店铺优惠券具有更大的灵活度和选择权利，完全由卖家支配发放的面额、对象及数量，专门用于本店促销活动。

4.3.2 站内付费推广

1．淘宝直通车推广

（1）淘宝直通车的概念。淘宝直通车是为专职淘宝和天猫商家量身定制的，按点击付费的效果营销工具，为卖家实现商品的精准推广。它是由阿里巴巴集团下的雅虎中国和淘宝网进行资源整合，推出的一种全新的搜索竞价模式。

淘宝直通车的竞价结果不仅可以在雅虎搜索引擎上显示，还可以在淘宝网上充分展示（以全新的图片+文字的形式显示）。每件商品可以设置200个关键字，卖家可以针对每个竞价词自由定价，并且可以看到在雅虎和淘宝网上的排名位置，排名位置可用淘大搜查询，并按实际被点击次数付费（每个关键词最低出价0.05元，最高出价99元，每次加价最低0.01元）。

（2）淘宝直通车的优点。淘宝直通车推广，在给商品带来曝光量的同时，精准的搜索匹配也给商品带来了精准的潜在买家。淘宝直通车推广用一次点击，让买家进入你的店铺，产生一次甚至多次的店铺内跳转流量，这种以点带面的关联效应可以降低整体推广的成本，增强整店的关联营销效果。同时，淘宝直通车还为用户提供了淘宝首页热卖单品活动、各个频道的热卖单品活动，以及不定期的淘宝各类资源整合的直通车用户专享活动。淘宝直通车的优点如图4-9所示。

图4-9 淘宝直通车的优点

① 多。多维度、全方位提供各类报表及信息咨询服务，为推广商品打下坚实的基础。
② 快。提供快速、便捷的批量操作工具，让商品管理流程更科学、更高效。
③ 好。提供智能化的预测工具，制定商品优化方案时更胸有成竹、信心百倍。
④ 省。人性化的时间、地域管理方式，有效控制推广费用，省时、省力、省成本。

（3）出价技巧。淘宝直通车的出价看起来简单，但是很讲究技巧，因为它是决定直通车效果的关键指标之一。出价越高，意味着排名越靠前，被展现的机会越多，带来的流量也就越多。优化策略是根据转化数据调整关键词出价：删除过去30天展现量大于100、点击量为0的关键词；根据转化数据，找到成交TOP50的关键词，提高关键词出价；根据转化数据，将关键词的花费由高到低排序，降低转化率低于2%的关键词出价。

（4）关键词质量。对于开淘宝直通车的卖家，关键词的质量得分是很重要的，因为质量分就意味着钱，提高质量分是首要的工作。质量分和以下因素有关。

① 商品上架时选择的类目属性一定要正确、完整。例如，上架的是一款雪纺长裙，商品的属性有假两件、雪纺、印花、无袖、纽扣、拼接、长度超过126厘米、背心裙等，在勾选的时候一定要全部选择。这不仅是提高质量分的基础工作，也有利于提高商品的自然搜索排名。

② 优化商品标题。商品的标题应该和类目属性具有较大的关联性，当然，也要综合考虑流量大的关键词或热门搜索词。

③ 设置商品的推广标题。参加直通车的商品可以有两个标题，每个标题20个字，一定要充分利用这20个字。尽量选择与商品的关联性最强的词语，如刚才所说的雪纺长裙是一款波西米亚风格的沙滩裙，就要把这些信息尽可能地填写进去。

④ 考虑推广的连续性。如果只是周一到周五的早8点到晚12点推广，质量分必然受到影响。因此，在0点到8点这个时间段，可以设置按照比例投放，这样就不会影响质量分了。

⑤ 点击率。点击率越高，质量分就越高，因此，有能够提高点击率的促销文字和富有创意的图片也是提高直通车质量分的有利法宝。

（5）加入直通车推广的流程。

登录淘宝网，进入"千牛卖家中心"，在左侧列表中选择"营销"→"流量推广"→"直通车"选项，进入"淘宝/天猫直通车"界面，单击"进入直通车"按钮，进入淘宝直通车后台页面。初次进入时，会弹出"淘宝直通车软件服务协议"界面，如图4-10所示。

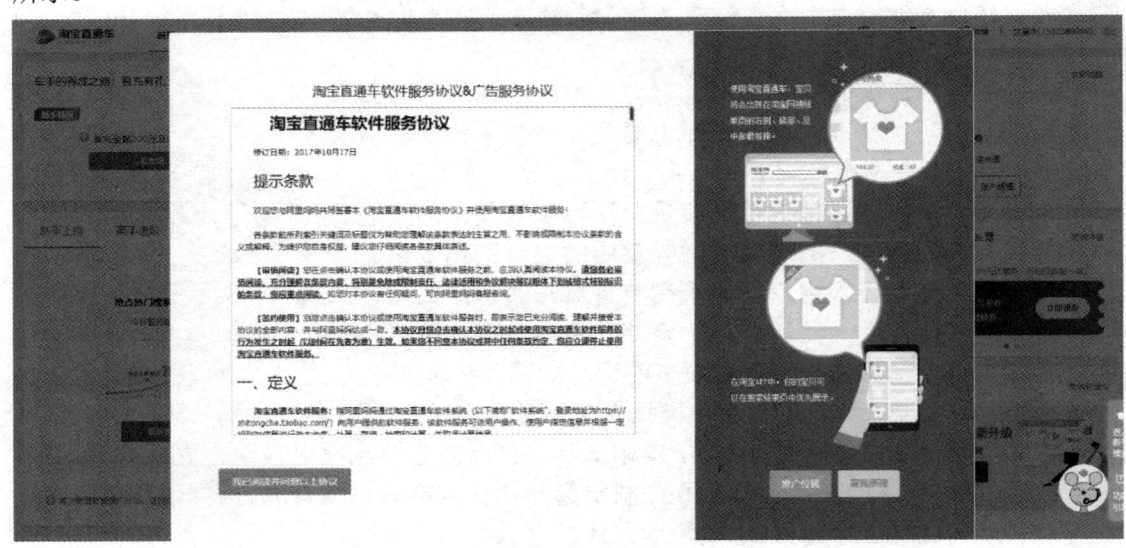

图4-10 "淘宝直通车软件服务协议"界面

仔细阅读协议，然后单击"我已阅读并同意以上协议"按钮，进入直通车后台界面，如图4-11所示。

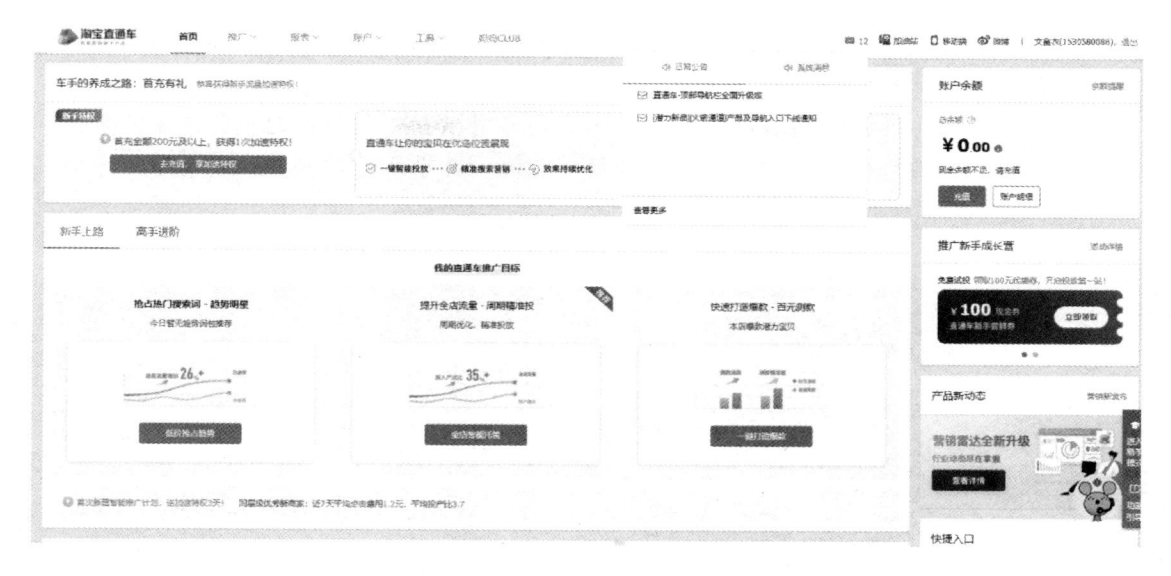

图 4-11　直通车后台界面

直通车推广属于付费推广，因此需要充值才能进行推广操作。单击右侧的"充值"按钮，进入充值界面，如图 4-12 所示。

图 4-12　淘宝直通车充值界面

输入或选择充值金额，然后单击"立即充值"按钮，进行后续的支付操作，即可完成充值过程。

（6）新建推广计划。推广计划是根据不同的推广需求分别建立起来的，一般有多个计划。例如，预热的商品和热卖的商品可以分别放入不同的计划中，不同分类的商品也可以放入不同的计划中。

在直通车后台界面中拖动滚动条到页面底端，可以看到淘宝直通车提供了两种推广计划方式，一种是标准推广计划，另一种是智能推广计划，如图 4-13 所示。

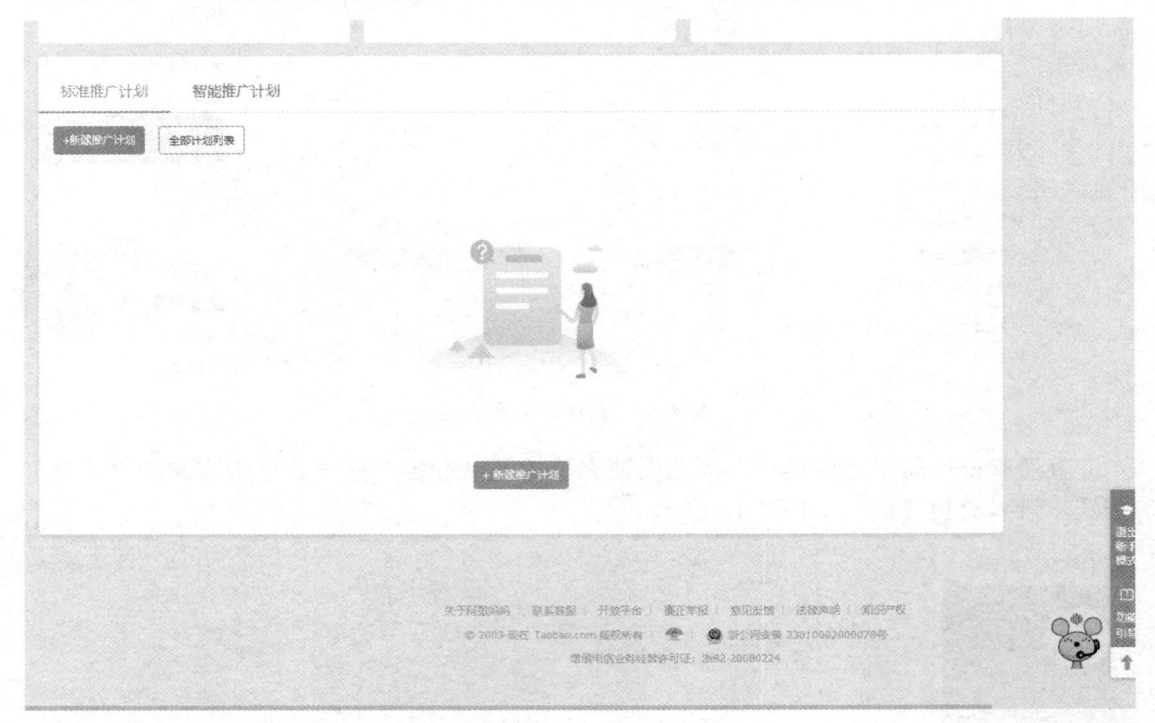

图 4-13 推广计划方式

单击"+新建推广计划"按钮进入"新建推广计划"后台界面，如图 4-14 所示。

图 4-14 "新建推广计划"后台界面

根据自己的实际需要，如选择"智能推广"，接着选择合适的推广方式、营销目标、投放设定（如周限额、日均预算、高级设置、创意设置等），然后单击页面最下方的"完成推广"按钮，即可完成新推广计划的创建。

（7）商品规则。

① 扣费的计算公式为

扣费=下一名出价×下一名质量得分/本人质量得分+0.01元（扣费小于或等于本人出价和时间投放百分比之积）

② 影响直通车综合排名的质量分的维度。

a．关键词。在添加关键词的时候，选择和商品所属类目、属性和标题相关的关键词，这样质量分会比较高。

b．商品信息。商品本身的类目/属性/标题/图片/详情页等信息和买家搜索意向要相符。例如，把商品放在最相关的类目进行推广，遵守淘宝商品发布规则；上传商品时，认真填写相关属性。商品属性和买家的搜索需求越吻合，质量分越高。属性填写越全，商品总体质量分越高。

c．商品标题与图片。卖家在制作商品图片及标题的时候，一定要增强商品本身的吸引力，如提高图片、详情页面质量，以增加点击率。

d．推广信息的客户反馈或使用感受等信息。

e．其他商品相关因素。

f．商品成交转化率。

③ 质量分更新时间。

a．新增或修改了当前推广信息，质量分更新时间为半小时。

b．账户中所有关键词的质量分更新时间为24小时。

c．如某些推广信息暂停一段时间后重新推广，质量分将重新开始计算。

④ 优化的12条规则。

a．必须懂得并重视类目属性和质量分。

b．必须知道热门关键词，以参考并借鉴。

c．必须懂得运用大量长尾关键词。

d．必须明白排名位置和买家点击的关系。

e．必须优化销售量，提高转化率。

f．必须明确直通车是为了销量还是流量。

g．在财力有限的情况下，必须聚焦数个商品。

h．必须策划一个爆单品。

i．必须两手抓类目和关键词。

j．必须跟踪转化率和回报率，并先做测试。

k．必须根据自身情况，分时段和地区。

l．必须结合直通车，再做相应的推广活动。

⑤ 提高淘宝直通车点击率的视觉优化策略。

a．形状规范。注意长方形、边框的规范，以及图片内容中标签的规范。为了突出商品，可以把不必要的内容进行模糊处理。水滴形标签、圆形标签或脚形标签都可以用，但是千万不要使用过度。

b．色彩呼应。相似色配色，如过于相似，就会导致背景和商品粘连。对比色要是用得好，能起到很好的效果。

c．文案简明。如果文案是一些文字堆砌，没有组织，就显得非常杂乱，反而降低了商品的格调。

d．品牌强调。如果商品图片没有 Logo，没有商品品牌或店铺品牌，客户可能就没有兴趣点击；相反，那些带有一定知名度或熟悉的品牌 Logo 的图片，客户就会点进去看一看。

2．淘宝客推广

（1）淘宝客的概念。淘宝客是一种按成交计费的推广模式，也指通过推广赚取收益的一类人。淘宝客只要从淘宝客推广专区获取商品代码，任何买家经过淘宝客的推广（链接、个人网站、博客或社区发的贴子）进入淘宝卖家店铺完成购买后，淘宝客就可得到由卖家支付的佣金；简单说，淘宝客就是帮助卖家推广商品并获取佣金的人。

（2）淘宝客的组成。在淘宝客模式中，有推广平台、卖家、淘宝客及买家 4 个不可或缺的角色。

① 推广平台。帮助卖家推广商品，帮助淘宝客赚取佣金，每笔推广的交易抽取相应的服务费用。

② 卖家。佣金支出者，提供自己需要推广的商品到淘宝联盟，并设置每卖出一件商品愿意支付的佣金。

③ 淘宝客。佣金赚取者，在淘宝联盟中找到卖家发布的商品，并且推广出去，当有买家通过自己的推广链接成交后，就能够赚到卖家提供的佣金（其中一部分需要作为推广平台的服务费）。

④ 买家。购买商品的人。

（3）淘宝客推广的注意事项。

① 设置佣金。

a．经营时间不长的新店铺。对于新店，商品销量、信誉、老客户数量都是比较欠缺的，此时想吸引大量淘宝客，就需要进行幅度很大的让利，并且积极配合提供淘宝客需要的推广素材。

b．运营相对稳定的店铺。过了前期的探索期，店铺进入了一个相对稳定发展的阶段，无论是商品销量、好评，还是各方面的服务都已经步入正轨，店铺运营的配套设施相对完善，此时很大一部分淘宝客都愿意主动推广商品。这时，店铺可以根据本店利润及行业竞争对手的情况设置佣金，最好在中等偏上水平。

c．"爆款"商品。每个店铺都有属于自己的"爆款"商品，"爆款"商品本身具有较高的性价比，因此在设置佣金比例的时候，一定要在商品利润承受的范围内。一旦"爆款"形成或处于稳定阶段，切记不要大幅度调整佣金比例。例如，当前"爆款"商品的佣金比例是 30%，由于"爆款"销量已经冲上来，商家想减少些开支，索性把佣金比例设置成了 10%，这样一来，淘宝客看到佣金下调，就可能减少对商品的推广。

② 招募淘宝客。

a．制订高佣金计划。在后台新建一个通用计划，结合自己商品的利润空间，把佣金比例设置得比较有吸引力，然后设置为"手动审核"。在推广计划描述中，加入商品的优势及一些奖励制度，另外把联系方式或 QQ 群号写在这里，供有意向的淘宝客详聊或直接加 QQ 群。

设置高佣金计划的时候，一定要对淘宝客进行筛选，仔细询问淘宝客的推广渠道及受众人群，分析是否与自己商品的目标人群一致，尽可能精准一些，减少无效流量，避免最后商品没卖出去，商品权重还被拉低。

b．相关淘宝客网站招募。除了制订高佣金计划吸引淘宝客，在相关淘宝客网站发贴或挂广告也是招募淘宝客常用的方法。还有一些第三方 U 站，谈好佣金比例，在 U 站挂上自己的商品即可。商家慢慢搜集，就会找到很多相关的淘宝客网站。如果发贴，就制订个计划，如每天发 20 个贴子，坚持去发，自然会有效果。

c．潜入竞争对手的淘宝客 QQ 群。在招募淘宝客的时候，会发现很多同行或大店铺也在招募淘宝客，此时可以申请加它们的 QQ 群，然后把自己店铺要推广的商品提前准备好，与群成员慢慢熟悉并且多沟通。只要准备充分，就会招募到很多优质淘宝客。

③ 做好后期维护工作。做好维护工作，才能使淘宝客更愿意推广店铺的商品。淘宝客运营专员需要不断收集好的广告素材，定期提供给淘宝客，让他们用更吸引人的图片去宣传推广。有一些淘宝客虽然自己有推广渠道，但是没有美工，不会做图片，这就需要商家的美工配合完成淘宝客的图片需求，支持他们的工作。

（4）设置淘宝客卖家后台。

① 设置账户基本信息。进入"千牛卖家中心"，在左侧列表中选择"营销"→"流量推广"→"更多"选项，再单击"我要推广"链接，如图 4-15 所示。

图 4-15 "我要推广"链接界面

在打开的界面中，单击淘宝客下方的"开始拓展"按钮，如图 4-16 所示。

图 4-16 "开始拓展"按钮界面

随即打开账户登录界面,登录之后即可看到详细的账号信息,如图 4-17 所示。在这里可以对账号信息进行编辑设置。

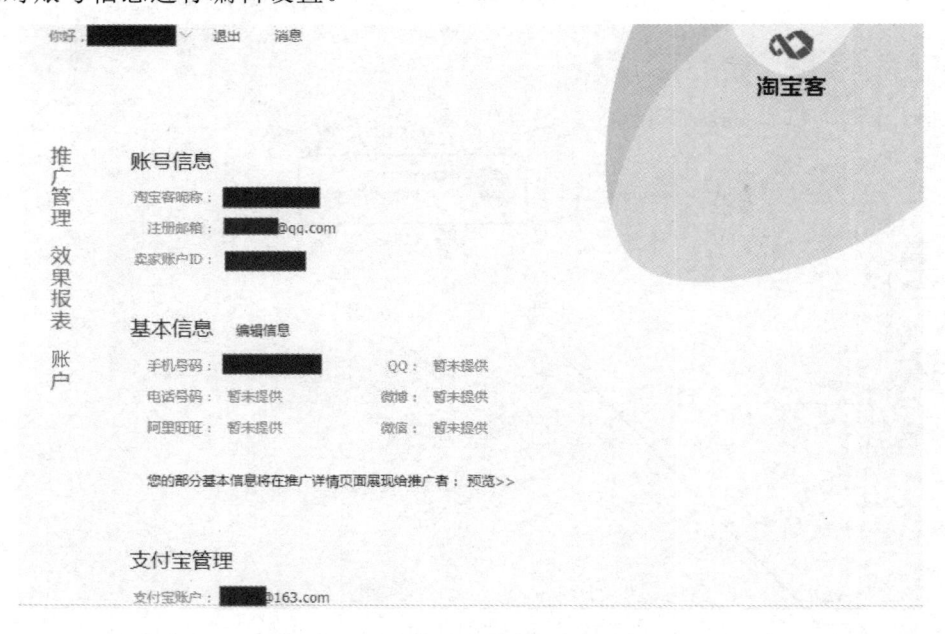

图 4-17 淘宝客账号信息设置界面

② 卖家公告设置。为了更好地激励淘宝客推广商品,卖家可以在卖家公告里发布一些奖励性的公告。单击"推广管理"→"其他管理"→"公告管理",进入"新建公告"界面,可以填写公告名称、公告类型和公告信息,单击"完成"按钮即可设置卖家公告,如图 4-18 所示。

图 4-18 "新建公告"界面

③ 设置返利管理。买家购买支持返利的商品将获得返利，返利由推广者代付或以其他形式代为发放（如代为购买支付宝集分宝积分，并以集分宝积分形式发放）。推广者可能因活动等需要单方面负担成本，增加对买家的折扣力度。单击"推广管理"→"其他管理"→"返利管理"，进入"返利管理"界面，开启或关闭返利，如图 4-19 所示。

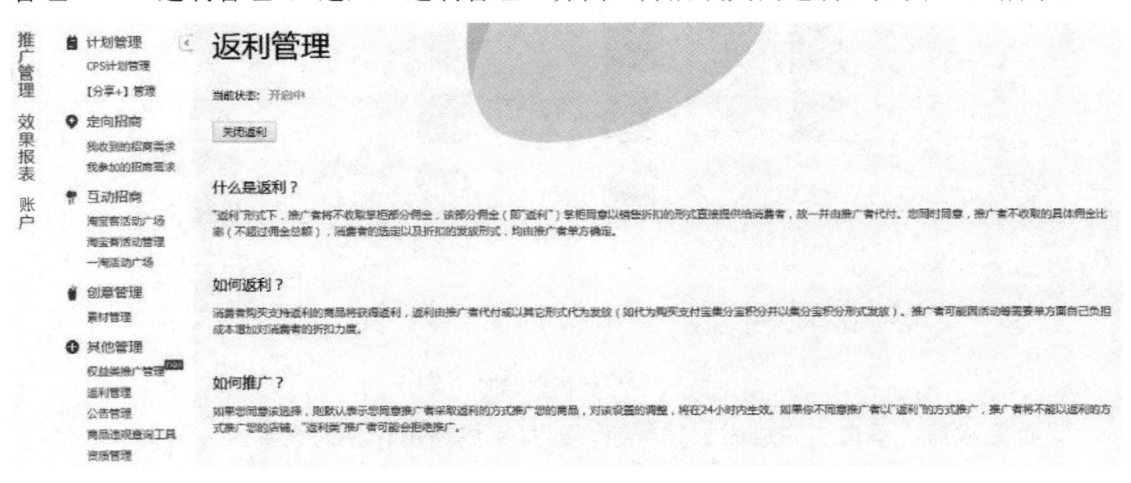

图 4-19 "返利管理"界面

（5）设置通用计划。

① 类目佣金设置。单击"推广管理"→"计划管理"→"CPS 计划管理"，进入"类目佣金设置"界面，可以对店铺内每个类目设置一定的佣金比例，通常为 1.5%～50%，如图 4-20 所示。

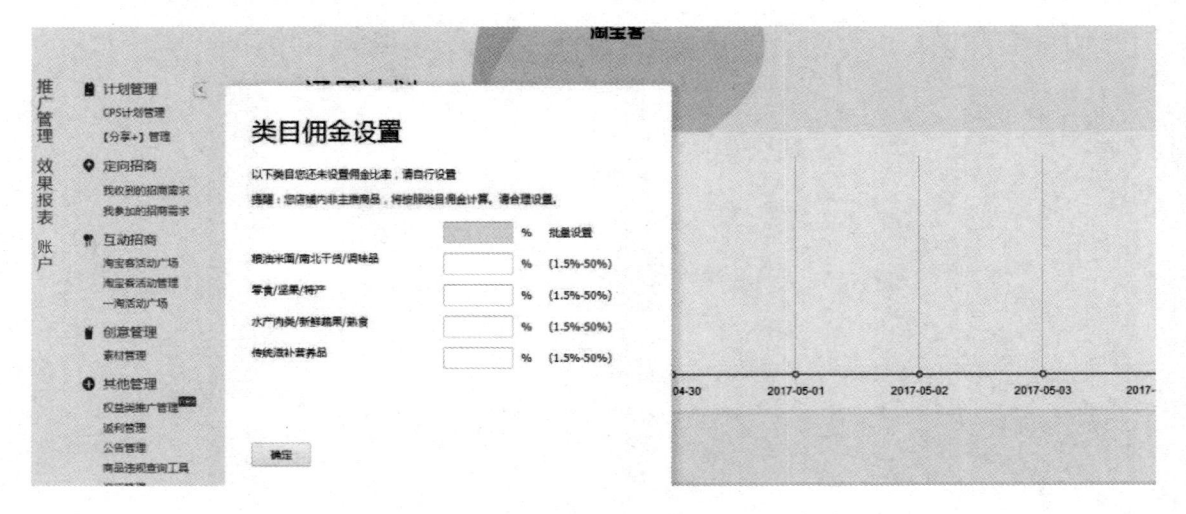

图 4-20 "类目佣金设置"界面

② 选择主推商品。佣金比例设置好以后，可以新增主推商品，每个计划可推 30 件商品，可以为每个商品都设置一个佣金比例，也可以为选中的商品批量设置佣金比例，如图 4-21 所示。

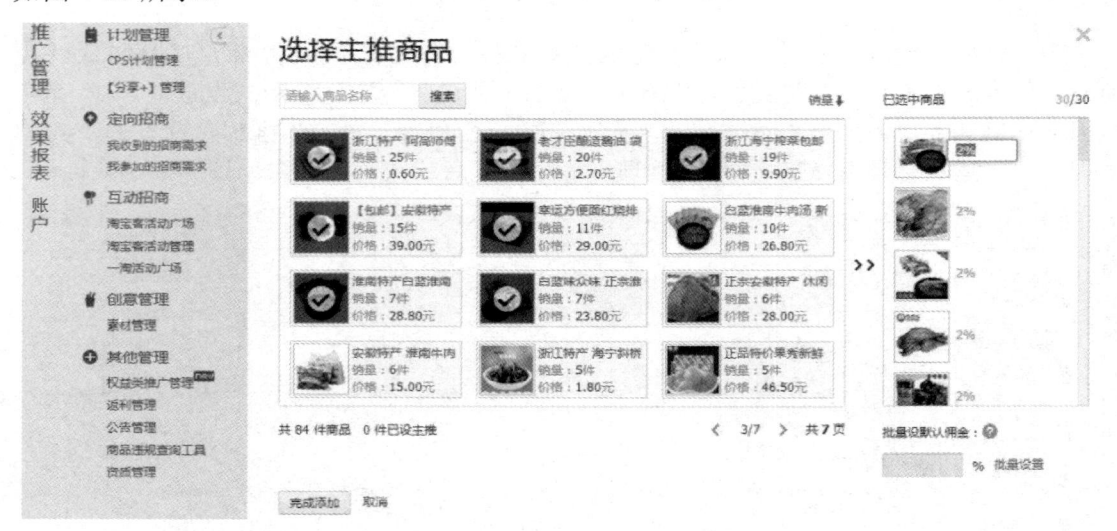

图 4-21 "选择主推商品"界面

设置完成后，单击"完成添加"按钮，即可完成通用计划的设置。

3. 钻石展位推广

（1）钻石展位的概念。钻石展位简称钻展，是淘宝网图片类广告位竞价投放平台，是为淘宝卖家提供的一种营销工具。钻石展位依靠图片创意吸引买家点击，获取巨大流量。

钻石展位是按照流量竞价售卖的广告位，计费单位为每千次浏览单价（Cost Per Mille，CPM），按照出价从高到低依次展现。卖家可以根据群体（地域和人群）、访客、兴趣点 3 个维度设置定向展现。钻石展位如图 4-22 所示。

图 4-22 钻石展位

（2）钻石展位的分类。钻石展位为卖家提供品牌展位和智能优化两种商品服务。品牌展位基于淘宝每天几千万访客和精准的网络购物数据，帮助卖家更清晰地选择优质展位，更高效地吸引网购流量，从而达到高曝光、高点击的传播效果。智能优化是以实时竞价为核心的全网竞价商品，是高效的跨媒体流量中心，导入更多优质的全网流量，每个流量被明码标价，系统通过兴趣点定向、访客定向和人群定向技术使流量与广告主进行有效匹配。卖家只要提交需求，系统将智能化地匹配更精准的人群，有效提升卖家投放商品的点击率和投资回报率（Return On Investment，ROI）。

（3）钻石展位的优势。

① 范围广。覆盖全国 80%的网上购物人群，淘宝网站内每天超过 15 亿次展现机会。

② 定向准。目标定向性强，可定向 21 类主流购物人群，直接产生订单。

③ 实时竞价投放。投放计划随时调整，并实时生效参与竞价。

④ 超优产出。按照展示投放次数收费，不展现不收费，自由组合信息发布的时间、位置和费用等。统计报告与效果优化服务让商家知道每分钱花得值不值。

⑤ 展现形式绚丽。展位不仅支持图片格式，还支持 Gif 和 Flash 等动态格式。同时，钻石展位的尺寸往往比较大，视觉冲击力足够大，最大程度地吸引买家进入店铺。

⑥ 促进推广。适用于单品推广，适合热卖单品、季节性单品。钻石展位适合想要打造"爆款"的卖家，通过一个"爆款"带动整个店铺的销量；也适合需要长期引流，并不断提高单品页面的转化率的卖家。

（4）钻石展位的规则。

① 计划创建。

a．允许竞价的展位范围为淘宝网的所有展位。具体哪些展位进行竞价，将由平台运营人员添加。

b．为了避免创建计划失败，在创建计划之前要保证有信息图片符合尺寸要求。

c．展示图片必须是规定的格式。展示图片需业务人员审核通过，才允许使用。

d．可以选择近3个月内的任意日期投放。

e．可以指定在一天内哪几个时间段投放。

② 投放规则。

a．系统每天15点后自动提交计划进行竞价投放。

b．不保证将来某天的钻石展位资源正常投放，但系统会提供最近7天可以被竞价的预测数据以供卖家查看。

c．如果消费账户没有足够的余额，则自动停止第二天的计划投放，所以卖家在计划投放前一天的15点之前，要保证消费账户至少有一天日预算金额。

d．由于金额不足而停止投放的计划，允许继续充值恢复投放。当然，前提是该计划还在投放期内。

e．在同一天同一个时段内，CPM出价高的计划优先投放。

f．如果计划分为多个小时段投放，系统将根据实际的流量情况以小时为单位平滑消耗。

g．如果计划的投放达到日预算限制，系统将自动停止投放计划，保证每天消耗不超出日预算限制。

h．如果计划有多个推广图片，将随机轮播显示。

③ 计划调整。

a．允许在每天15点前调整计划的基本信息。具体内容包括CPM出价、日预算、推广图片、开始结束日期、时段等信息。修改完成后，次日才能生效。

b．允许暂停投放中的计划，该暂停将在次日生效。

c．不允许卖家当天强行终止投放中的计划。如果有特殊情况，应联系客服人员。

④ 结算规则。

a．卖家可以随时用支付宝向消费账户充值，充值使用的支付宝只能是卖家的淘宝账户绑定的支付宝。

b．系统每天15点后从卖家的消费账户冻结计划第二天的预算。

c．投放中的计划如果没有足够金额，系统将自动停止竞价投放。

d．系统每天凌晨自动结算，返回消费账户计划前一天的消耗余额。

e．如果计划竞价成功并执行，该计划的实际投放结算价格将按低于当前CPM价格的下一位有效出价加0.1元进行结算。

⑤ 淘宝网店铺资质要求。推广的商品属于品牌商品和（或）进口商品的，需提供下述材料进行备案。资质文件包括形象授权、类目第一证明（数据魔方）、聚划算Logo（需要出示聚划算排期）。品牌商品还需提供商标注册证（化妆品、保健品、食品、酒类、运动户外仅受理R标）、商标持有公司营业执照/商标持有人身份证、品牌持有者给店铺的销售及Logo使用授权书。进口商品还需提供进口化妆品进口报关单、备案凭证、进口保健品进口报关单、进口保健食品批准证书、进口酒类及进口食品进口报关单、出入境检验检疫证明，其他类目提供进口报关单即可。

禁止投放的商品包括：以减肥、丰胸、壮阳、增肌、缩阴、增高为功效，使用方式为口服、涂抹或注射的商品；成人情趣用品类的商品；二手闲置、理财、彩票、机票、活体宠物类商品等。

（5）钻石展位创意制作。

① 制作方法。可通过广告横幅设计工具（Banner Maker，BM）进行创意制作。BM是一个简单的在线创意设计平台，可以即时生成网络广告牌。卖家无需任何设计经验，通过对模板的修改和使用，即可快速制作各种自定义广告牌。

② 制作技巧。

a．主题。主题要突出，主打品牌定位或促销信息。

b．文字信息。字体和颜色不能超过 3 种，信息表达明确，文字创意与图片相结合。

c．色彩搭配。创意主色不要超过 3 种。

d．排版布局。黄金分割和适当留白。

③ 审核流程。审核流程如图 4-23 所示。

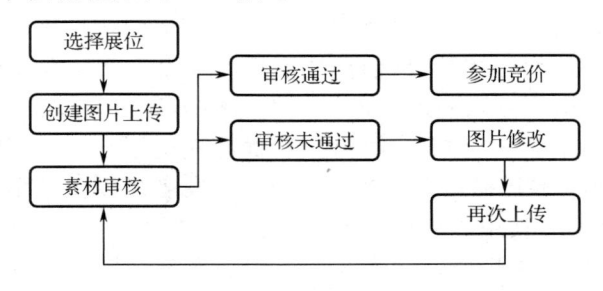

图 4-23　审核流程

4.3.3　站外推广

1．微博推广

（1）微博推广的概念。微博推广是指以微博作为推广平台，每个受众（"粉丝"）都是潜在的营销对象，商家通过更新自己的微博向受众传播企业和商品的相关信息，树立良好的企业形象和商品形象。

（2）微博推广的技巧。

① 微博头像、资料尽可能真实、详尽。真实、详尽的资料会让人产生信任感，可以吸引更多的"粉丝"关注。

② 对微博有明确的定位。一个微博有自己的明确定位，可以约束微博内容，使其朝着自己想要的方向发展。例如，传播美容信息的微博，传播经典语录的微博，传播线上活动的微博，这些微博都以其特殊定位而获得更多"粉丝"的关注。

③ 精心设计微博的内容。在微博中，尽可能多地设计受众感兴趣的内容。当然，品牌微博切不可为迎合大众写一些娱乐八卦而失去方向。可以发布新品，传播商家动态信息，开展促销活动，与顾客及时沟通，解决顾客投诉，收集实时市场情报与反馈，多转发一些有趣的图片及视频。总之，将趣味性与企业及品牌相关信息相结合，依据节假日和周年庆等特殊日子，举办互动活动等，将品牌信息以润物细无声的方式传入"粉丝"心中，才是至高境界。

④ 当微博的活跃分子。养成每天写微博的习惯，尽量原创一些有意思的微博，多参加其他微博的评论及转发，多关注别人，以吸引更多"粉丝"。另外，对于别人对微博的

评论及提出的问题，应积极予以回复，并表示感谢。同时，积极进行微博推广，多在QQ群、论坛或其他地方宣传微博，积极参与热门话题的讨论。

⑤ 注意微博语法的运用。微博中，##是关键词，@后为好友昵称，巧妙运用这些符号，能在更短的时间内传播信息，而且在发信息时，可多@好友，让更多好友关注到自己的动态。

2. 微信推广

（1）微信推广的概念。微信推广就是用户通过添加微信号、扫描二维码来订阅自己所需的消息，而商家通过提供用户需要的信息来推广自己的商品，这是一种点对点营销方式。

（2）微信推广的特点。

① 点对点精准营销。微信拥有庞大的用户群，它借助移动终端、天然的社交和位置定位等优势，能够让每个用户都有机会接收信息，继而帮助商家实现点对点精准营销。

② 二维码营销。用户可以通过扫描和识别二维码身份来添加朋友、关注企业账号；企业则可以设定自己品牌的二维码，用折扣和优惠吸引用户关注，开拓O2O营销模式。

③ 开放平台营销。通过微信开放平台，应用开发者可以接入第三方应用，还可以将应用的Logo放入微信，使用户可以方便地在会话中调用第三方应用进行内容选择与分享。例如，美丽说的用户可以将自己在美丽说中的内容分享到微信中，可以使一件美丽说的商品不断传播，进而实现口碑营销。

④ 公众平台营销。在微信公众平台上，每个人都可以用一个QQ号打造属于自己的微信公众平台，并在微信平台上实现和特定群体的文字、图片、语音的全方位沟通与互动。

3. QQ推广

QQ是目前国内最流行的聊天和沟通软件之一，同时包含QQ群、QQ空间、微博及电子邮件等多种交流方式。QQ可以为卖家有效地推广店铺的商品。

（1）QQ消息推广。当店铺刚刚建立时，可以将自己的店铺链接通过QQ发给好友，提高店铺的浏览量，也会使店铺的商品销量短期破零。

（2）QQ群推广。每个QQ用户或多或少都有一些QQ群，通过QQ群能快速传播店铺的信息，但是不能直接在QQ群里发布广告信息。可以通过间接的方式，如发布企业文化或一些特价促销等信息。

（3）QQ签名推广。将店铺的地址设为QQ签名，如"我的网店——xx.taobao.com"等，这样QQ好友通过好友列表或聊天窗口就能看到店铺地址，如果有兴趣，就会进入店铺查看。

（4）QQ空间推广。卖家可以充分利用QQ空间，把商品图片上传到QQ相册里，这样当别人访问自己的QQ空间时，就会看到上传的图片，进而产生兴趣，如果想购买，直接点击链接就可以进入店铺。

4. 电子邮件推广

电子邮件（E-mail）推广常用的方法包括邮件列表、电子刊物、新闻邮件、会员通信、专业服务商电子邮件广告等。拥有潜在用户的电子邮件地址是开展电子邮件营销的前提，这些地址可以是卖家从用户、潜在用户资料中自行收集整理的，也可以利用第三方潜在用户资源。如果邮件发送规模较小，可以采取一般的邮件发送方式或邮件群发软件完成；如果发送规模较大，就应该借助专业的邮件列表发行平台完成。

当前，越来越多的企业开始采用电子邮件推广方式。然而，盲目地发送电子邮件存在巨大的风险，用户收到大量带有广告的邮件会产生反感，大部分用户收到此类邮件会直接将其删除。因此，电子邮件推广需要采用一定的技巧，才能提高电子邮件推广的效果。

（1）要提前做好客户定位。在发送电子邮件之前，首先要确定商品的目标用户群，再向这些用户发送电子邮件，这样才具有一定的针对性。

（2）邮件标题要能引起用户的注意。邮件标题要力求简洁、吸引用户的注意，内容方面尽量采用 HTML 格式，排版一定要清晰。如果广告的目的是促销或活动，那么标题最好带免费、打折或有奖参与等字眼，以此刺激一些对价格敏感的用户点击。

（3）丰富的图形格式。利用结构良好且图像丰富的系列电子邮件广告，建立一个统一的品牌推广方案。图形应该支持内容，同时保持简单、新鲜和有活力。

（4）不要频繁发送。用户对于广告类的邮件本身就比较反感，如果频繁发送，用户会更加反感，最终会将此邮件号列入黑名单。

5. 论坛推广

（1）论坛推广的概念。论坛推广是以论坛、社区和贴吧等网络交流平台为渠道，以文字、图片、视频等为主要表现形式，以加强商品展示、品牌传播等为目的，通过发布贴子的方式进行推广的活动。论坛包括行业论坛、地方论坛和综合论坛，行业论坛如站长论坛、妈妈论坛和经管之家等，地方论坛如宿州论坛和合肥论坛等，综合论坛如百度贴吧、天涯论坛和网易论坛等。

论坛具有超高的人气和强大的聚众能力。以论坛作为平台，举办各类"踩楼""灌水"、贴图、发视频等活动，调动网友与品牌互动；利用事件营销炮制网友感兴趣的活动，将品牌、商品和活动内容植入传播内容，引发新闻事件，产生传播的连锁反应；利用搜索引擎优化技术优化软文，使发布的软文出现在主流搜索引擎上，扩大传播范围。

成功的论坛推广具有不被删除、吸引眼球、打动用户、有人互动、加精推荐和有人转载等特点，因此论坛推广最重要的是软文的写作，设计一篇高质量的软文是论坛推广的前提。

（2）论坛推广的方法。

① 选择合适的论坛。第一要选择有潜在客户的论坛；第二要选择人气旺的论坛，但人气太旺也有弊病，因为帖子很快就被其他帖子淹没了；第三要选择有签名功能的论坛；第四要选择有链接功能的论坛；第五要选择有修改功能的论坛。

② 注册账号。注册账号时，最好不要含有广告、"马甲"等让版主看到就反感的词。最好用中文或中文+其他字符，让版主不会因为只看到你的 ID 就有想删除你帖子的冲动。

（3）发帖规则。

① 仔细阅读版区规则。在发帖前有必要熟悉论坛的版区规则，在发帖时标题一般有一个固定的格式，不按照格式，就有被删帖的危险。

② 精编标题。标题是网友对帖子的第一印象，如果想让更多的人看你发出的帖子，那么标题一定要够显眼、"劲爆"。

a．显眼：在版区规则范围内，可以在标题中增加一些特殊符号，让标题在帖子列表里很突出。

　　b．"劲爆"：标题内容一定要做到新、快，吸引网友点击。根据内容分析哪些人会看，再根据这些人的习惯编辑帖子标题。当然，标题应当与内容相关。

　　③ 内容要有争议性和相关性。

　　a．争议性：内容要有争议性，这样回帖率较高。看大家最近都在关注什么，或者最近发生了什么有争议的事情。

　　b．相关性：推广帖子的链接及标题一定要和你发出的内容相关。虽然是推广，主要目的是带流量，但是也要注意口碑问题及读者感受。不要为了标题"劲爆"而不管内容。

　　④ 长帖短发。太长的帖子，不管它有多大吸引力，都很少有人能够把它看完，所以一定要长帖短发。长帖短发并不是把帖子尽量缩短，而是将一帖分成多帖，以跟帖的形式发。就像电视剧一样，分多次发。并且可以每隔一段时间发一帖，可以引起他人等待的欲望。

　　⑤ 转载他人的热帖。要想编写出受欢迎的帖子不是一件容易的事情，但我们可以在论坛上寻找一些回帖率很高的帖子，再拿到其他论坛转载，并在帖子末尾加上自己的签名或广告进行宣传。

　　⑥ 发广告帖的技巧。不要一开始就发广告，这样的帖子很容易被当作广告帖删除。可利用长帖短发方式，在后面的跟帖里发广告；经过一段时间后再对原帖进行修改，重新将广告内容加上；也可以找一些人气很旺的论坛及主题，事先准备好相应的广告帖子，然后迅速地将这些帖子发出，等到版主发现时，可能已经有几百人光顾你的店铺了。当然，帖子要与主题相关，并且论坛要附带链接功能。

　　⑦ 充分利用头像和签名。头像可以专门设计一个，宣传自己的品牌，签名可以加入自己店铺的介绍和链接。签名是论坛推广比较正规的方式。

　　⑧ 发帖要求质量第一。发帖的关键是让更多人看，宣传自己的店铺，所以追求的是最终流量。发高质量的帖子，专注一点，可以花费较小的精力，获得较好的效果。另外，如果你的帖子质量好，很可能被别人转载。

　　⑨ 适当利用回帖功能。如果要在回帖中发广告，一定要争取在前5位回帖，这样被浏览的概率要高一些，可以搜寻刚刚发表的帖子来回复。

　　⑩ 适当顶帖。在论坛，有时候为了烘托人气，可以适当地自己顶帖。可以找朋友顶帖，也可以自己注册几个账号顶帖。顶帖不要一味"不错、很好"，一定要结合回帖内容，跟着上面的回帖内容说。另外，顶帖的时间一定要根据该版区的刷新频率来，而且不要发了主题内容，马上就换"马甲"回复，这样很容易看出是自己在顶。

　　⑪ 管理帖子。在哪些论坛发过帖子，这些帖子的宣传效果如何，还需要统计和管理。一种方法是用软件或纸笔进行记录，这种方法适用于发帖初期。另一种方法是借助专用的网站统计软件，这些软件一般有"来路统计"功能，可以查看在哪些论坛发过帖子及带来的流量。

6. 搜索引擎推广

　　（1）搜索引擎推广的概念。搜索引擎推广是通过搜索引擎优化、搜索引擎排名及研究关键词的流行程度和相关性，在搜索引擎的结果页面取得较高排名的营销手段。搜索引擎优化对网站的排名至关重要，因为搜索引擎在通过 Crawler（或 Spider）程序收集网页资料后，会根据复杂的算法（各个搜索引擎的算法和排名方法不尽相同）决定网页针对某个搜索词的相关度，并决定其排名。当用户在搜索引擎中查找相关商品或服务时，专业的搜索引擎优化过的页面通常可以取得较高的排名。

（2）搜索引擎的分类。搜索引擎按其工作方式可以分为全文搜索引擎、目录索引类搜索引擎和元搜索引擎。全文搜索引擎是指通过从互联网上提取各个网站的信息（以网页文字为主）而建立起数据库，再从数据库中检索与用户查询条件匹配的相关记录，并按一定的排列顺序将结果返回用户，国内代表性的搜索引擎有百度。目录索引类搜索引擎是指按目录分类的网站链接列表，用户依靠分类目录找到需要的信息。元搜索引擎在接收用户查询请求时，同时对多个独立搜索引擎进行调用，并将搜索结果进行整合、控制、优化及利用，再将整理后的结果返回用户。

（3）搜索引擎推广应用。

① 关键词竞价。关键词竞价也称点击付费广告（Pay Per Click，PPC），是商家为自己的网站购买关键词排名，按实际发生的广告点击数向搜索引擎支付广告费用。商家的广告排名主要由竞标价格决定，按照付费高者排名靠前的原则，对购买了同一关键词的网站进行排名。下面以百度为例，说明关键词竞价的基本流程：首先登录百度营销页面，注册百度营销账户；然后登录百度营销管理系统，提交相关资质证明，签订服务合同，缴纳推广费用；最后在百度营销用户管理系统中添加关键词，撰写网页标题及描述信息等。

② 搜索引擎优化。搜索引擎优化（Search Engine Optimization，SEO）是指针对搜索引擎对网页的检索特点，让网站建设各项基本要素适合搜索引擎的检索原则，从而尽可能多地获得搜索引擎收录网页，并在搜索引擎自然检索结果中排名靠前，最终达到网站推广的目的。

一般情况下，搜索引擎倾向于检索关键词匹配程度高的原创且有特色的内容、经常更新的网站、受到其他有价值的网站推荐的网站等。

搜索引擎优化的内容广泛，主要包括以下几类。

a．网站的静态化设计。相对而言，搜索引擎的 Spider 程序更喜欢静态化的网站。

b．关键词的优化。可以在网页标题（Page Title）标签、元描述（Meta Description）中添加关键词；内容中要自然出现关键词（第一段和最后一段最好出现）；关键词加粗或斜体显示；优化图片关键词，Alt 标签（替换文字）中加入关键词；关键词的密度要适中，最好是 3%～8%。

c．网站导航的清晰化。网站导航要制作清晰、有效的网站地图，便于搜索引擎收录。一般文章内容中应该根据需要添加链接锚文本。

d．网站内容的高质量。原创的内容最易被搜索引擎收录；有规律地更新内容；添加的内容要与网站相关，并围绕关键词展开。

e．页面容量的合理化。合理的页面容量可以提高网页的打开速度，便于 Spider 程序抓取网站内容。我们在制作网页时，应通过叠层样式表（Cascading Style Sheets，CSS）、JavaScript 来压缩页面内容，从而使页面设计更加合理。

【要点梳理】

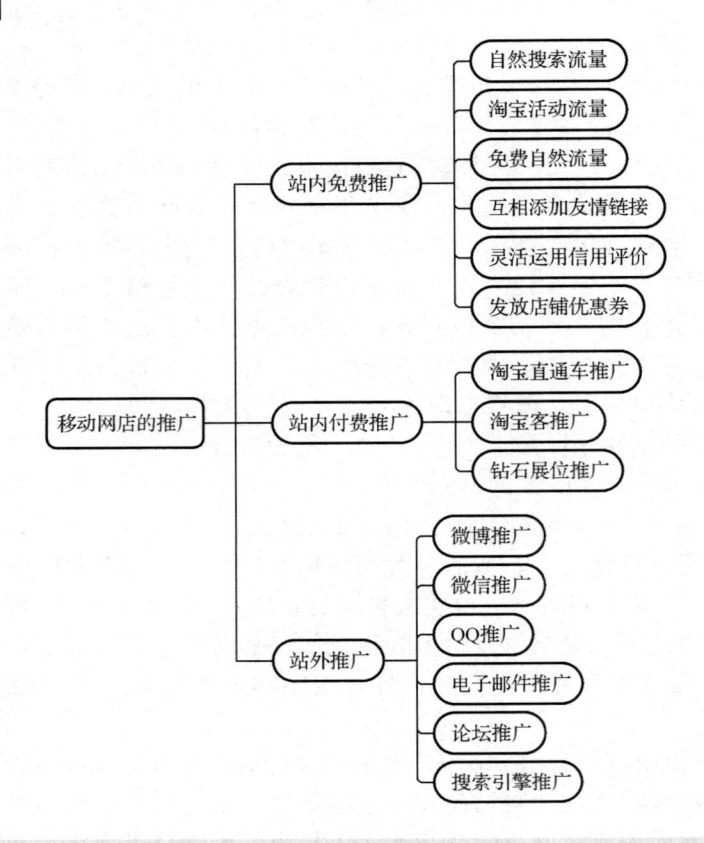

```
                              ┌─ 自然搜索流量
                              ├─ 淘宝活动流量
                   ┌─ 站内免费推广 ─┼─ 免费自然流量
                   │              ├─ 互相添加友情链接
                   │              ├─ 灵活运用信用评价
                   │              └─ 发放店铺优惠券
                   │
                   │              ┌─ 淘宝直通车推广
   移动网店的推广 ──┼─ 站内付费推广 ─┼─ 淘宝客推广
                   │              └─ 钻石展位推广
                   │
                   │              ┌─ 微博推广
                   │              ├─ 微信推广
                   │              ├─ QQ推广
                   └─ 站外推广 ────┼─ 电子邮件推广
                                  ├─ 论坛推广
                                  └─ 搜索引擎推广
```

4.4 移动网店的服务管理

【知识目标】

（1）掌握售前服务管理的内容。

（2）掌握售中服务管理的内容。

（3）掌握售后服务管理的内容。

【技能目标】

（1）能够进行售前服务。

（2）能够进行售中服务。

（3）能够进行售后服务。

4.4.1 售前服务管理

网店客服的售前服务主要是一种引导性的服务，当买家对商品抱有疑虑时，即需要客服人员提供售前服务。从买家进店到付款的整个过程都属于售前服务的范畴，包括客户咨询、客服应答、了解和解决问题、达成交易、确定订单并引导付款、引导客户收藏店铺、感谢客户光顾等内容。在售前沟通的过程中，网店的客服人员需要掌握的客服知识通常为介绍商品、商品推荐、与不同类型的买家沟通等。

1. 介绍商品

一名专业的网店客服人员必须具有基本的专业性，即必须掌握商品的专业知识和周边知识，了解同类商品信息和网店促销方案。

（1）商品专业知识。主要包括商品质量、商品性能、商品寿命、商品安全性、商品尺寸规格、商品使用注意事项等内容。

（2）商品周边知识。主要包括与商品相关的其他信息，如与同类商品进行区别的方式、商品的附加值和附加信息等，这类信息有利于提高商品的价值，使买家更加认可商品。

（3）同类商品信息。同类商品是指市场上性质相同、外观相似的商品。由于市场同质化现象十分严重，买家通常有很多选择，因此客服人员需要了解自己的劣势，突出自己的优势，以质量比较、货源比较、价格比较等方式打动买家。

（4）网店促销方案。网店通常有很多促销方案，客服人员需要熟悉各种促销方案，了解每种促销方案针对的客户群体，再根据买家的类型有针对性地推荐。

2. 商品推荐

（1）商品本身的推荐。商品的推荐因人而异，客户需求、使用对象、性格特点等不同，推荐的方式和类型就不同。例如，买家购买自用商品，则实用性、美观性、适用性等就是首要推荐点；如果买家购买赠送他人商品，则包装、品牌、实用性、美观性等都需要考虑。

（2）商品搭配推荐。商品的搭配主要包括色彩搭配、风格搭配、效果搭配等，在推荐时，可以借助店内模特、流行元素等举例。

淘宝客服给买家的推荐示例如图4-24所示。

图4-24 淘宝客服给买家的推荐示例

3. 与不同类型的买家沟通

一般来说，买家主要有以下几种类型。

（1）便利型。这类买家多以省时、快捷和方便为主要关注点，没有充足的时间逛街购物的人群更愿意选择网上购物平台来满足自己的需求，同时他们也是网络消费的一大群体。这类买家一般对网上购物的流程比较熟悉，且购物行为比较果断、快速，目的性较强。与这类买家交谈时，只需提供优质的商品和良好的服务，注意倾听他们的需求，并尽可能提供帮助，即可得到认可。

（2）求廉型。这类买家大都喜欢价格便宜的商品，同时对质量的要求也不低，在购物时比较喜欢讨价还价。在应对他们时，应该以亲切、热情的用语表达自己的态度，委婉地提示他已经购买到了价格足够低廉的商品。若买家不依不饶，一定要求降低价格，可在不造成自己损失的前提下，适当迎合买家的心理，如略微降低价格或赠送其他赠品等，以促进交易达成。

（3）随和型。这类买家一般性格较为开朗，容易相处。与他们交谈时，要保持足够的亲和力和诚意，只要站在他们的角度，尽可能满足他们的需求，即可达成交易。

（4）犹豫不决型。这类买家一般在店铺浏览很长时间，花较长的时间选购商品，并且在客服人员的详细解说下，仍然犹豫不决，迟迟不愿下单。与这类买家交谈时，耐心非常重要，就算买家一再询问重复的或已经解释过多遍的问题，也要耐心、详细地说明，做到有理、有据，用事实说服买家购买。

（5）心直口快型。这类买家下单比较果断，看好了想要购买的商品后就会立刻下单，对于不喜欢的则直接拒绝。与这类买家交谈时，应尽量快速而准确地回复买家的问题，表现出自己的专业，用语亲切，以买家的立场来进行说服，这样可增加交易的达成率。

（6）沉稳型。这类买家较为精明，做决定时一般仔细考量，缜密应对。他们的个性沉稳且不急躁，想要说服这类买家，需要迎合他们的思路进行沟通，让他们自己说服自己来购买。

（7）慢性子型。这类买家一般花较多的时间来仔细查看商品，可能同时查看很多商品，并重复查看和比较。与他们沟通时，一定要有耐心，并详细回答他们提出的问题。

（8）挑剔型。这类买家会对网上购物持不信任和怀疑的态度，认为商品描述言过其实，并会针对商品提出各种各样的刁难问题。与这类买家沟通时，首先要仔细说明商品的详细情况，消除他们的不信任感，积极解决他们提出的各种问题，然后适当给予一些优惠和赠品等，促进其购买行为。

4. 常见售前服务话术

（1）欢迎语。欢迎语是简单的开场白，向客户打招呼，表示欢迎客户光临，如下列话术。

- 您好！很高兴为您服务，有什么可以为您效劳？（正规，适用于企业店铺。）
- "亲"，各种图标等。（比较亲切，不太正规。）
- 亲，您好，我是××销售客服××，请问有什么可以帮到您？现在我们正在举行"×××××××"活动，即日起，凡在店里购买任何商品（不限金额），就可以免费得到价值××元的大礼包哟！

- 亲，选好要的东东后，顺便拍下上面礼包链接，(*^__^*) 嘻嘻……

（2）对话。简单寒暄过后，通过询问客户需求或与客户聊天，从客户的话语中尽可能地获得客户需求信息与心理信息。

（3）商品介绍（推荐、挑选）。对获得的信息进行分析，总结客户的喜好与需求，给客户推荐一两款商品，供客户挑选。

（4）议价。客户选好目标商品之后，会与客服人员讨价还价。客服人员可以在权限范围内予以处理。当商品不议价时，不要生硬拒绝，可采用如下话术进行沟通，如"亲，非常抱歉哦，价格是公司统一规定的，我们客服是没有权利改价的，谢谢亲的理解哦"或"亲，这个价格已经很低了哦，对于初次交易我们都是这个价格的，以后您再来购买，我一定给亲争取最大的优惠"。

（5）支付。交易双方议好价格之后，客户下单付款。在这个过程中，客户可能问"手机验证码收不到，我晚点付款可以吧？""我密码忘记了，现在付不了款了怎么办"，客服人员可以回答"亲，可以的呢，您只需要在今天下午5点前付款，今天就可以给您安排发货的！如果您方便也可以找朋友代付呢"或"亲，支付宝密码忘记了可以通过淘宝客服找回来哦。稍等，我帮您找找淘宝客服电话吧"。

（6）欢送。支付完成后，客服人员要感谢客户光临，希望客户下次再来。可采用"亲，感谢您的光临，我们会尽快为您安排发货"或"亲，预计明后天您的快递可以到，到时候注意签收哦，有任何问题欢迎随时跟我联系"结束此次服务。

（7）物流。客户付款后，要及时给客户安排发货。此时客户可能提出"我前两天拍下的商品，怎么到现在还没有到呢？麻烦你帮我查一下好吗"这类问题，客服人员应尽快回复"好的，请您稍等"，查询后再次回复"亲，您说的货物我已经帮您查到了，已经到达您所在城市，但快递员还没有配送，可能下午或明天会到，您要注意查收哦"。

（8）售后介绍。介绍店铺的售后政策，使客户放心购买。客户可能有"我收到货之后如果发现实物与商品图片和描述不符，可以退货吗？来回运费是你们负责吗"这样的顾虑，客服人员要耐心回复"您好，我们接受无条件退货，由于是网络购物，非质量问题的退换我们是不承担运费的，请您理解，谢谢"。

4.4.2 售中服务管理

售中服务是指商品交易过程中为买家提供的服务，主要集中在付款后到订单签收这个阶段，包括订单处理、装配打包、物流配送、订单跟踪等内容。

1. 订单处理

订单处理主要是指对订单进行修改，如修改商品价格、买家地址和联系方式等。

2. 装配打包

在寄出商品之前，需要对商品进行打包，如果买家提出了特殊的包装要求，需要根据实际情况进行处理，尽量予以满足。

3. 物流配送

物流配送是指联系物流公司进行揽件并配送，注意物流信息要填写正确和完整。

4. 订单跟踪

订单跟踪是指随时跟踪订单的情况，并及时告知买家。

4.4.3 售后服务管理

售后服务是指签收商品之后，针对商品的使用、维护等进行的服务。售后服务的质量是店铺服务质量中很重要的一个方面，好的售后服务不仅可以提高店铺的动态评分，还能吸引更多新顾客，同时留住更多老顾客。网店售后服务包含的内容非常多，商品使用解答、商品维护解答、退换货处理、中差评处理等都属于售后服务的范畴，其中退换货处理和中差评处理是问题比较集中的两个方面。此外，完善的售后服务还包括主动询问买家的使用情况，根据买家反馈的信息及时进行调整，引导买家给出好评、收藏店铺等。

1. 售后服务的注意事项

售后服务是交易过程中的重点环节之一，好的售后服务会给买家带来非常好的购物体验，因此客服人员在处理售后问题时要特别注意。下面是售后服务需要注意的几点。

（1）态度端正。热情、耐心、礼貌、尊重是客服人员应该具备的最基本的素质，这在售后服务中也体现得非常明显。客服人员要耐心、温和地处理各种售后问题，满足买家的合理要求。

（2）回应买家的投诉与抱怨。买家收到商品后，如果对商品的质量、性能或服务不满意，会有各种各样的投诉与抱怨，此时，客服人员要积极面对买家的投诉或抱怨，不能回避问题或消极处理问题。

（3）避免与买家发生争执。小部分买家如果对商品不满意，态度会十分恶劣，客服人员在遇到这种买家时，一定要避免与其发生争执，防止事态恶化，应该尽快提出实际可行的解决方法安抚买家，并解决问题。

（4）留住回头客。买家使用了商品并有比较积极的反应时，客服人员要抓住机会，将其发展为老客户。

（5）引导买家给出好评和收藏店铺。好评和店铺收藏对于店铺的发展非常重要，优秀的客服人员应该善于引导买家给出好评和收藏店铺。

2. 处理买家的中评和差评

当店铺的成交量增加后，随之而来的中差评也可能增加。中评和差评对店铺的影响非常大，因此客服人员需要对中差评进行处理。

（1）应对投诉的原则和方法。买家投诉可能是经常遇到的问题，在应对买家投诉时，客服人员应该在遵循一定原则的基础上对投诉进行处理。

① 及时道歉。若买家投诉内容属实，客服人员应该主动道歉，表达出诚恳的态度。若买家投诉不属实，客服人员应该委婉、温和地详细解释，消除误解。

② 耐心倾听。当买家抱怨、发泄时，客服人员要耐心倾听，态度良好，理解买家的抱怨，认真对待和判断买家的问题。

③ 及时处理。买家投诉时，一般都想尽快解决问题，因此客服人员在处理投诉时要迅速，切忌拖延。

④ 提出完善的解决方案。买家投诉时，基本都想解决问题、挽回损失，客服人员应该针对买家的心理迅速提出让买家满意的解决方案，如更换商品、退货、赠送赠品等。

（2）买家中评和差评的原因。当遇到比较挑剔的买家时，很小的一个失误都可能造成中差评的出现。客服人员不能对买家的中差评表达不满，应该将中差评看作提升商品和服务质量的机会，认真对待，及时解决。

一般来说，买家中评和差评的原因主要有以下几种。

① 不满意物流速度，收货时间较长。
② 未及时回答自己的问题，或客服人员的服务态度不够好，或对售后服务不满意。
③ 对商品的颜色、质量、大小、外观、价格等不满意。
④ 收到的商品有损坏。

遇到不同的问题，需要提出不同的解决方案。例如，对商品本身不满意，可以为买家退货或换货等。

（3）避免买家的中评和差评。好评率是网店经营非常重要的因素，会对买家的购买行为和店铺信用产生直接影响，因此卖家要尽量避免买家的中差评。在避免中差评之前，应该分析产生中差评的原因，并有针对性地解决。下面介绍一些常见的避免中差评的方法。

① 做好售前、售中的商品介绍。在进行售前、售中的商品介绍时，要注意主动对一些重要问题和细节问题进行提醒，如商品尺码、颜色偏差等，并说明原因。特别需要注意的问题也要进行标识和说明。

② 质量把关。质量好是买家对商品最重要的要求，因此质量问题一定不能忽视。进货时，要注意亲自对商品进行甄选和对比，发货前，也要仔细检查商品是否破损或存在缺陷。

③ 解释色差。色差是网上购物很难避免的问题，光线、显示器分辨率等都可能形成色差，因此卖家可以对色差问题做出适当的提醒。

④ 创新的包装。包装也是商品的卖点之一，好的包装可以让买家感觉更超值。卖家可以在包装上做一点小创新，以博取买家的好感。

⑤ 完善的售后。售后是避免和挽回中差评的一个关键因素，完善的售后服务甚至能弥补商品质量上的小缺陷。

⑥ 热情的服务。服务质量很大程度上决定着买家对整个店铺的评价，如果买家对店铺的印象好，产生中差评的概率就会降低。

⑦ 虚心接受中差评。收到买家的中差评后，应该诚恳地面对评价，虚心接受买家的批评，表达自己立即更改的态度，从而说服买家修改评价。

（4）引导买家修改中差评。中差评是网店不可避免的情况，很多中差评产生的原因都不算严重，都可以在与买家沟通之后得到修改。合格的客服人员应该能够合理地引导买家修改中差评，其过程一般如下。

① 及时联系买家。收到买家的中差评之后，首先要及时联系买家，了解产生中差评的原因，并分析原因。

② 进行沟通。了解了中差评的原因之后，客服人员要耐心地与买家进行沟通，恳请买家修改中差评。如果中差评的原因在于卖家，则要主动承认错误，为买家换货，进行相应补偿。如果中差评的原因在于买家，也可通过一定的补偿恳请买家修改中差评。

3. 处理退换货

退换货在网店经营中十分常见，当买家对商品不满意或尺码不合适时，都会申请退换货服务，客服人员应该根据实际情况快速做出相应处理。一般来说，在买家申请退换货时，主要有退货、折价、换货3种处理方式。

① 退货。当买家对收到的商品不满意时，即可申请退货。在买家申请退货时，卖家应该先了解退货原因，以及是否符合退货要求，确认之后再将卖家的退货地址告知买家，并请买家告知物流凭证，收到货物后尽快给买家退款。目前，买家在淘宝申请退货时，淘宝会根据买家的信用等级直接退还货款。

② 折价。当买家对商品不满意或商品存在细微瑕疵时，会向卖家反映，此时客服人员可以要求买家以拍照的方式反馈商品问题，再根据商品的具体情况判断是否折价、折价多少等，选择折价后再退还相应款项。

③ 换货。当买家觉得尺码、颜色等不合适时，即可申请换货。卖家首先需要判断商品是否符合换货要求，如果符合换货要求，则告知换货地址，并请买家告知物流凭证，收到货物后再换货发回。

一般来说，退货可分为两种情况，一种是卖家已发货的退货，另一种是卖家未发货的退货。无论哪种，退货都涉及退款。卖家已发货的退货退款流程如图4-25所示。卖家未发货的退款流程如图4-26所示。

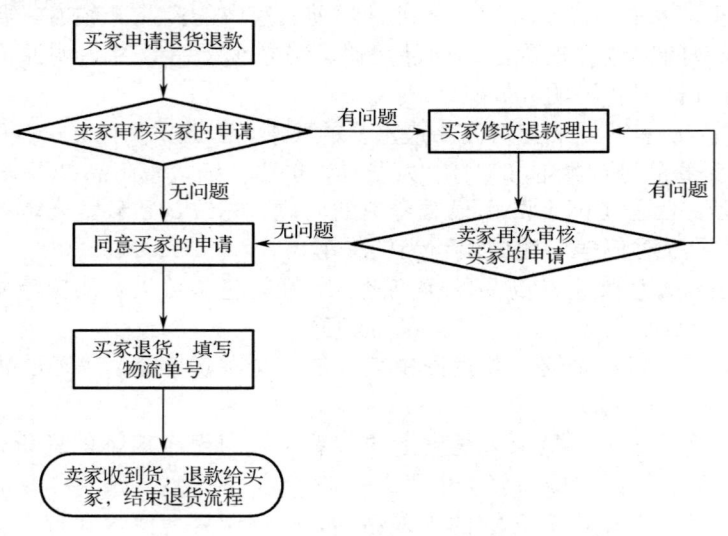

图4-25 卖家已发货的退货退款流程

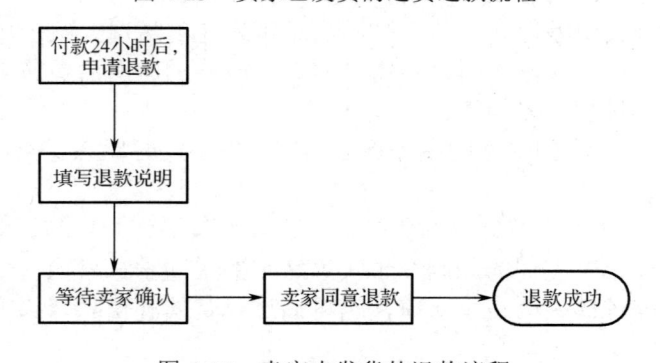

图4-26 卖家未发货的退款流程

注意，在实际操作过程中，退货退款时，买家通常先和客服人员沟通，沟通完成之后再发起退货退款申请。

如果是换货，也涉及两种情况，一种是等价商品的换货，另一种是不等价商品的换货。对于等价商品，买家在收到货后与客服人员沟通，开启换货流程，买家需要在个人后台页面申请换货，然后将货物寄回给卖家，卖家收到货后再将新货物寄给买家。对于不等价商品，则需要买家先开启退货退款流程，再重新下单购买其他商品。

【要点梳理】

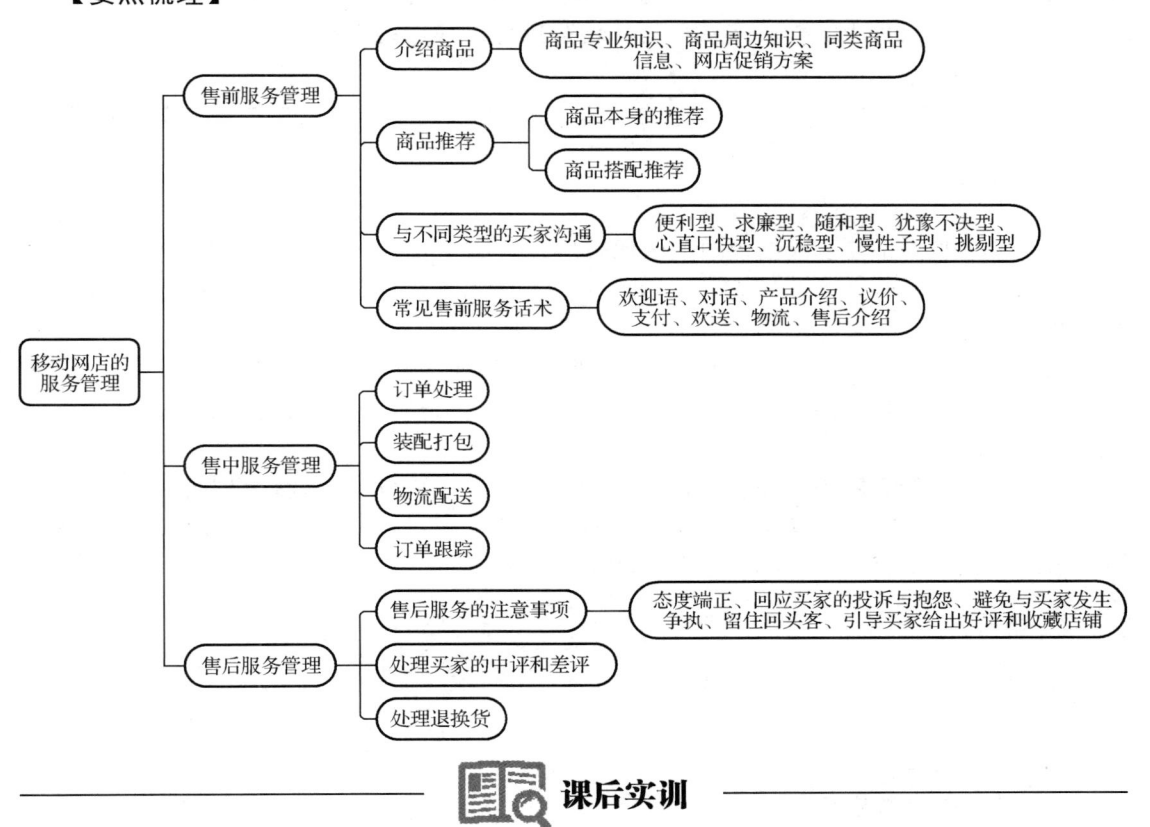

```
                            ┌─ 介绍商品 ──── 商品专业知识、商品周边知识、同类商品
                            │                信息、网店促销方案
              ┌─售前服务管理─┤                ┌─ 商品本身的推荐
              │             ├─ 商品推荐 ─────┤
              │             │                └─ 商品搭配推荐
              │             │                  便利型、求廉型、随和型、犹豫不决型、
              │             ├─ 与不同类型的买家沟通
              │             │                  心直口快型、沉稳型、慢性子型、挑剔型
              │             └─ 常见售前服务话术 ── 欢迎语、对话、产品介绍、议价、
              │                                   支付、欢送、物流、售后介绍
              │             ┌─ 订单处理
移动网店的     │             ├─ 装配打包
服务管理 ──────┼─售中服务管理┤
              │             ├─ 物流配送
              │             └─ 订单跟踪
              │             ┌─ 售后服务的注意事项 ── 态度端正、回应买家的投诉与抱怨、避免与买家发生
              │             │                       争执、留住回头客、引导买家给出好评和收藏店铺
              └─售后服务管理─┼─ 处理买家的中评和差评
                            └─ 处理退换货
```

课后实训

掌握移动网店运营方法

实训目的

（1）掌握分析开店平台的方法。
（2）掌握移动网店的定位与商品分析方法。
（3）熟悉移动网店的推广方式。

实训内容

（1）选择 3 个常见的移动电子商务平台，体验平台的购物、支付和客户服务功能，总结出其各自的优势和劣势。

（2）虚拟一个网店，并对该网店进行定位与商品分析，选择合适的目标人群和合适的商品，并形成文字材料。

（3）收集相关资料，总结移动网店的推广方式，并对比、总结这些推广方式，选择一种适合自己虚拟网店的推广方式，并写出理由。

实训步骤

（1）选择3个常见的移动电子商务平台，并逐一体验平台的购物、支付和客户服务功能，感受整个过程的顺畅程度，并将感受过程写成总结报告。

（2）查阅相关移动网店的定位和商品分析方法，并对虚拟的网店进行相关分析。

（3）收集移动网店的推广方式，对比这些推广方式，选出适合自己的。

思考与练习

1. 填空题

（1）移动电子商务运营包含的范围比较广，包括_____、订单处理、宣传推广、营销策划、商品包装、商品销售、_____、数据分析等移动电子商务平台运作的所有环节。

（2）_____是指企业对目标消费者或目标消费者市场的选择。

（3）整数定价利用消费者"一分价钱一分货"的心理，针对消费者的求名、求方便心理，将商品价格有意定为_____。

（4）自然搜索流量是指来自搜索引擎的非付费流量，自然流量是搜索的_____。

（5）一名专业的网店客服人员必须具有基本的_____，即必须掌握商品的专业知识和周边知识，了解同类商品信息和网店促销方案。

2. 简答题

（1）什么是移动电子商务运营？

（2）简述移动网店的运营流程。

（3）什么是目标市场？

（4）什么是尾数定价法？

（5）简述售后服务的注意事项。

第 5 章
移动电子商务数据分析

目前,移动电子商务的发展势头迅猛,数据分析也成为一个非常有前景的领域。它能够自动预测客户的消费趋势和市场的走向,指导企业建设个性化智能平台,并提供个性化服务,为企业带来巨大的利润。

学习目标

(1)熟悉移动电子商务数据分析基础知识。
(2)掌握移动电子商务数据分析的指标与工具的使用。
(3)掌握移动电子商务数据分析方法。
(4)了解移动网店常用数据分析。

【思政讨论】

时间安排：5 分钟。

背景描述：《中华人民共和国数据安全法》《中华人民共和国个人信息保护法》《关键信息基础设施保护条例》等法律法规相继施行，将数据安全建设提上了日程。2020 年，有微博用户发现，5.38 亿条微博用户账号信息在"暗网"出售，其中 1.72 亿条有账号基本信息，包括用户 ID、账号发布的微博数、"粉丝"数、关注数、用户性别和地理位置等。对此，微博安全总监回应："泄露的手机号是 2019 年通过通信录上传接口被暴力匹配的，其余公开信息都是网上抓取的。"

讨论题目：你身边存在哪些数据不安全的现象？结合移动电子商务行业，说一说数据分析应该怎样进行，以及如何才能保证移动电子商务数据分析不违法。

课后总结：经过讨论，引导学生了解遵纪守法的重要性，帮助学生树立正确的三观，培养学生爱岗敬业的精神。

5.1 移动电子商务数据分析基础知识

【知识目标】

（1）了解移动电子商务数据分析的定义。

（2）熟悉移动电子商务数据分析的作用。

（3）理解移动电子商务数据分析的流程。

【技能目标】

（1）能够说出移动电子商务数据分析的作用。

（2）能够说出移动电子商务数据分析的流程。

5.1.1 移动电子商务数据分析的定义

数据分析是指用适当的统计分析方法对收集来的大量第一手数据资料进行分析，以求最大化地开发数据资料的功能，充分发挥数据资料的作用，是为了提取有用的信息和形成结论，从而详细研究和概括总结数据资料的过程。移动电子商务数据分析就是指通过数据分析得到有助于移动电子商务发展的相关资料。

5.1.2 移动电子商务数据分析的作用

移动电子商务数据分析在企业的日常经营分析中，具有以下 3 个方面的作用。

（1）现状分析。分析企业现阶段整体运营情况，以及企业各项业务的构成情况，包括各项业务的发展及变动情况。

（2）原因分析。发现企业现有问题的原因，并依据原因制定相应的解决方案。

（3）预测分析。对企业的发展趋势做出预测，以便企业制订运营计划。

5.1.3 移动电子商务数据分析的流程

1. 收集数据

在做数据分析之前,先要做的是收集数据,尽量获得完整、真实、准确的数据,并做好数据的预处理工作,以便开展量化分析工作。收集数据示例如表 5-1 所示。

表 5-1 收集数据示例

数 据 类 型	描 述
网站后台的数据	网站的注册用户数据(包括注册时间、用户性别、所属地域、来访次数、停留时间等) 订单数据(包括下单时间、订单数量、商品品类、订单金额、订购频次等) 反馈数据(包括客户评价、退货换货、客户投诉等)
搜索引擎的数据	网站在各个搜索引擎的收录量(Site) 网站在搜索引擎的更新频率 关键词在搜索引擎的竞价排名情况 网站取得的搜索引擎信任的权重(谷歌有 PR 值、搜狗有 SR 值)等
统计工具的数据	网站统计工具很多,基本都提供访客来自哪些地域、哪些网站、哪些搜索词,访客浏览了哪些页面等数据信息,并且根据需要进行广告跟踪等
调查问卷收集的数据	调查问卷是最常用的一种数据收集方法,以问题的形式收集用户的需求信息。设计问卷是调查的关键。问卷要能将问题传达给被访问者,同时使被访问者乐于回答,因此,在设计问卷时应当遵循一定的原则和程序,并运用一定的技巧

2. 量化分析

量化分析不是对数据的简单统计描述,而是从表面的数据中发现问题的本质,然后针对确定的主题进行归纳和总结。常用的量化分析方法有以下 4 种。

(1)趋势分析。趋势分析是将实际结果与不同时期报表中同类指标的历史数据进行比较,从而确定变化趋势和变化规律,具体包括定比和环比两种方法。定比是以某时期为基数,其他各时期均与该时期进行比较;环比是分别以上一时期为基数,下一时期与上一时期进行比较。

(2)对比分析。对比分析是把两个相互联系的指标数据进行比较,从数量上展示和说明研究对象规模的大小、水平的高低、速度的快慢,以及各种关系是否协调。在对比分析中,选择合适的对比标准是十分关键的步骤,只有选择合适,才能做出客观的评价,反之可能得出错误的结论。

(3)关联分析。如果两个或多个事物之间存在一定的关联,那么其中一个事物就能够通过其他事物进行预测。它的目的是挖掘隐藏在数据间的事物的相互关系。

(4)因果分析。因果分析是确定某现象变化的原因,主要解决"为什么"的问题。因果分析就是在研究对象的先行情况中,把作为它的原因的现象与其他现象区别开,或者在研究对象的后行情况中,把作为它的结果的现象与其他现象区别开。

3. 提出方案

汇总、诊断数据量化分析的结果,并提出最后的解决方案,其流程如图 5-1 所示。

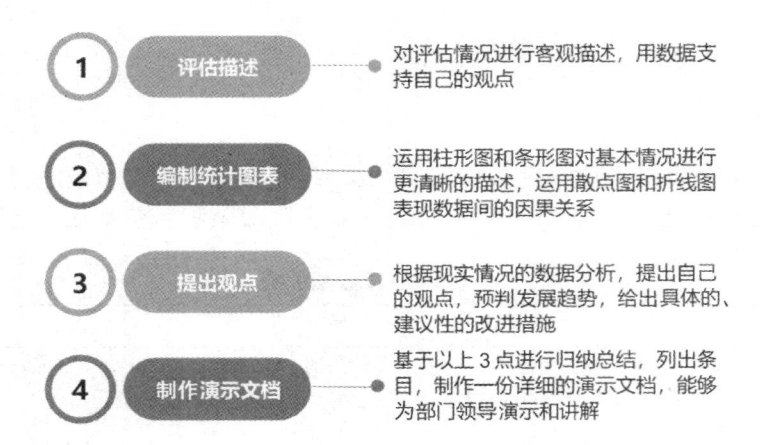

1	评估描述	对评估情况进行客观描述，用数据支持自己的观点
2	编制统计图表	运用柱形图和条形图对基本情况进行更清晰的描述，运用散点图和折线图表现数据间的因果关系
3	提出观点	根据现实情况的数据分析，提出自己的观点，预判发展趋势，给出具体的、建议性的改进措施
4	制作演示文档	基于以上3点进行归纳总结，列出条目，制作一份详细的演示文档，能够为部门领导演示和讲解

图 5-1 提出方案的流程

4．优化改进

实施解决方案，及时了解运营数据相应的变化，并不断优化和改进，不仅要治标，还要治本，使同类的问题不再出现；持续监控和反馈，不断寻找能从根本上解决问题的最优方案。

数据分析是一项长期的工作，也是一个循序渐进的过程，需要移动电子商务从业人员实时监测网站运行情况，及时发现问题、分析问题并解决问题，这样才能使网站健康、持续发展。

【要点梳理】

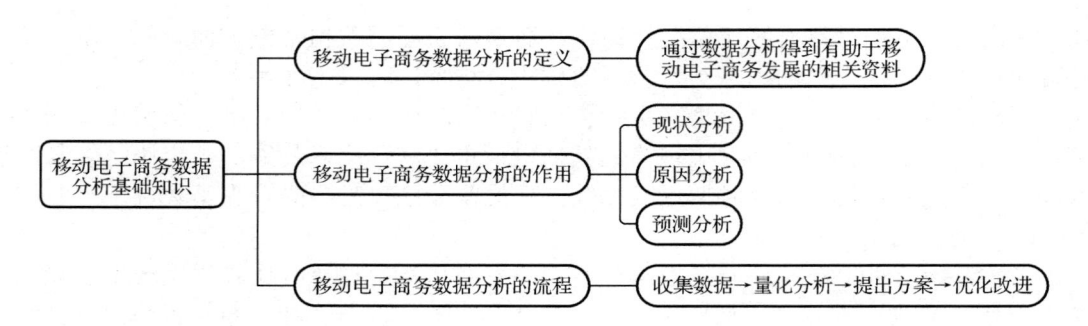

```
                                ┌─ 移动电子商务数据分析的定义 ── 通过数据分析得到有助于移动电子商务发展的相关资料
                                │
移动电子商务数据   ────────────┤                                  ┌─ 现状分析
分析基础知识                     ├─ 移动电子商务数据分析的作用 ──┤─ 原因分析
                                │                                  └─ 预测分析
                                │
                                └─ 移动电子商务数据分析的流程 ── 收集数据→量化分析→提出方案→优化改进
```

5.2 移动电子商务数据分析指标与工具

【知识目标】

（1）理解移动电子商务数据分析指标。

（2）掌握移动电子商务数据分析工具。

【技能目标】

（1）能够说出移动电子商务数据分析指标有哪些。

（2）能够使用移动电子商务数据分析工具进行数据分析。

5.2.1 移动电子商务数据分析指标

1. 流量指标

流量研究是电子商务研究的核心。用户在互联网上的每个动作都可以被记录下来，这也给流量研究提供了便利。常用的流量指标如下。

（1）浏览量。浏览量（Page View，PV）也称访问量，指用户访问页面的总数，用户每访问一个网页就算一个浏览量，同一个页面刷新一次也算一个浏览量。

（2）访客数。访客也称独立访客（Unique Visitor，UV），一台计算机为一个独立访客。一般以"天"为单位来统计 24 小时内的 UV 总数，一天之内重复访问的只算一次。淘宝对访客数的定义略有不同，它以卖家所选时间段（可能是 1 小时、1 天、1 周等）为统计标准，同一访客多次访问会进行去重处理。访客数又分为新访客数和回访客数。

（3）当前在线人数。当前在线人数指 15 分钟内在线的 UV 数。

（4）平均在线时间。平均在线时间指平均每个 UV 访问网页的停留时间长度，这个值越大越好。停留时间是用户打开网站最后一个页面的时间点减去打开第一个页面的时间点，由于只访问一个页面的用户停留时间无法获取，所以这种情况不统计在内。

（5）平均访问量。平均访问量也称平均访问深度，指用户每次浏览的页面平均值，即平均每个 UV 访问了多少 PV。

（6）日均流量。日均流量有时用到日均 UV 数和日均 PV 的概念，就是平均每天的流量。

（7）跳失率。跳失率也称跳出率（Bounce Rate），指只浏览了一个页面就离开的访问次数除以该页面的全部访问次数，分为首页跳失率、关键页面跳失率、具体商品页面跳失率等。这些指标用来反映页面内容受欢迎的程度，跳失率越大，说明页面内容越需要进行调整。

2. 转化指标

店铺有了流量之后，店铺经营者就希望用户能够按照自己设计好的流程进行动作，如注册、收藏、下单、付款、参与营销活动等，这些动作就是转化。常用的转化指标如下。

（1）转化率。它是电商运营的核心指标，也是用来判断营销效果的重要指标。计算公式为

转化率=（进行了相关动作的访问量÷总访问量）×100%

（2）注册转化率。它是一个过程指标。当目标是积累会员总数时，这个指标就很重要了。计算公式为

注册转化率=（注册用户数÷新访客总数）×100%

（3）客服转化率。它也是一个过程指标。这个指标类似于线下的试穿率。计算公式为

客服转化率=（咨询客服人员的用户数÷总访客数）×100%

（4）收藏转化率。每到"双十一"等大型促销活动前，用户都会大量收藏商品到自己的账户中，以便正式促销时下单购买。计算公式为

收藏转化率=（将商品添加收藏或关注到个人账户的用户数÷该商品的总访客数）×100%

（5）添加转化率。这个指标主要针对具体商品。和收藏商品不同，一般将商品添

到购物车不用先登录自己的账户。计算公式为

添加转化率=（将商品添加到购物车的用户数÷该商品的总访客数）×100%

（6）成交转化率。通常提到的转化率就是成交转化率。这个指标和传统零售的成交率是一个概念，它和注册转化率、收藏转化率不同，是一个结果指标。对于支持货到付款的电商，买家付款后才算完整的成交过程，不过一般货到付款有滞后期，所以可以将买家的下单视为成交。计算公式为

成交转化率=（成交用户数÷总访客数）×100%

为了更精细地分析，成交转化率还可以细分为全网转化率、类目转化率、品牌转化率、单品转化率、渠道转化率和事件转化率等。

3. 营运指标

线上和线下的营运指标差异不大。移动电子商务营运指标主要包括如图5-2所示的几种。

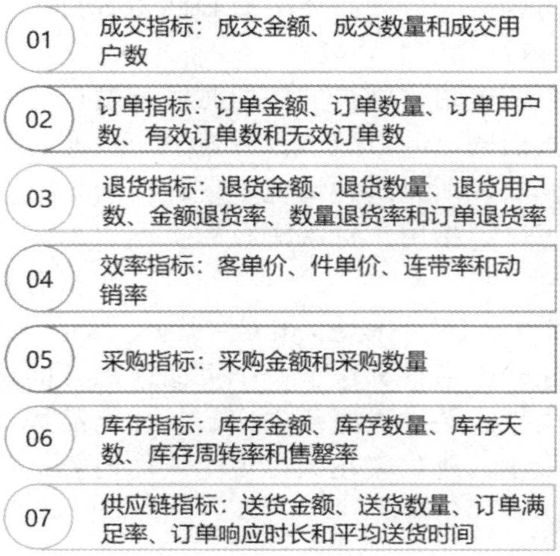

4. 会员指标

传统零售线下一般只有达到一定购买金额的客户才有资格成为会员，而电商线上一般注册过的用户就是会员。因此，线下的会员一定是客户，而线上的会员有可能只是潜在客户。

大部分传统零售的会员管理都有失效的规定，即如果会员不能在一定期限（一般是一年）内达到最低的购物消费标准，就会自动失去会员资格，也就不能享受会员权益了。而电商的会员则没有失效的规定，只是对不同的消费金额设定了不同的会员等级。

01 成交指标：成交金额、成交数量和成交用户数
02 订单指标：订单金额、订单数量、订单用户数、有效订单数和无效订单数
03 退货指标：退货金额、退货数量、退货用户数、金额退货率、数量退货率和订单退货率
04 效率指标：客单价、件单价、连带率和动销率
05 采购指标：采购金额和采购数量
06 库存指标：库存金额、库存数量、库存天数、库存周转率和售罄率
07 供应链指标：送货金额、送货数量、订单满足率、订单响应时长和平均送货时间

图5-2 移动电子商务营运指标

京东和唯品会对高级别的会员设定了等级一年有效的规定，一年后会根据会员的成长值重新确定会员等级。淘宝的会员级别是根据累计消费金额自动升级，而不是根据一年内的成长值。在电商数据分析中，常用的会员指标如下。

（1）注册会员数。注册会员数指曾经在网站上注册过的会员总数，很多电商网站公布的会员总数都是注册会员数。只看这个指标其实没有太大的意义，因为注册会员中有许多是从来没有购买过的用户，也有曾经购买过但现在已经流失的用户，所以就出现了有效会员数，即在一年内有过购买的会员数。

（2）活跃会员数。活跃会员数指在一定时期内有购物消费或登录行为的会员总数，时间周期可以设定为30天、60天、90天等。这个时间周期的确定和商品购买频率有关，快速消费品的时间周期比较短，不过这个时间周期确定后就不能轻易改变了。

（3）活跃会员比率。活跃会员比率指活跃会员数占会员总数的比例。当会员基数比较大时，即便活跃会员比率较低，也意味着活跃会员数较多。

（4）会员复购率。会员复购率指在某个时期内产生两次及两次以上购买的会员占购买会员的总数。

（5）平均购买次数。平均购买次数指在某个时期内每个会员平均购买的次数，即平

均购买次数=订单总数/购买用户总数。平均购买次数的最小值为 1,复购率高的电商网站平均购买次数也必定很高。

(6)会员回购率。会员回购率指上一期末活跃会员在下一期时间内有购买行为的比率,回购率和流失率是相对的概念。

(7)会员留存率。会员留存率指某时间节点的会员在某个特定时间周期内登录或购买过的比率,即有多少会员留存下来。统计依据可以是登录或消费数据,一般电商用消费数据,游戏和社交网络等用登录数据,时间周期可以是日、周、月、季度和半年等。会员留存率分为新会员留存率和活跃会员留存率。

5. 关键指标

移动电子商务数据分析指标很多,定义也很复杂。那么诸多指标中,哪些是关键指标呢?由于性质不同、所处阶段不同、行业不同、运营者的关注点不同,关键指标的选择可以概括如下。

(1)阶段不同,需求不同。对于新电商,积累数据、找准营运方向比卖多少商品、赚多少利润更重要。这个阶段的关键指标是流量指标,包括访客数、访客来源、注册用户数、浏览量、浏览深度、商品的浏览量排行、商品的跳失率、顾客评价指数等。

对于已经营运一段时间的电商,通过数据分析增加店铺销量就是首要任务。这个阶段的关键指标是流量和销售指标,包括访客数、浏览量、转化率、新增会员数、流失率、客单价、动销率、库存天数、ROI 和销售额等。

对于已经有一定规模的电商,通过数据分析提升整体营运水平非常关键。这个阶段的关键指标是访客数、浏览量、转化率、复购率、流失率、留存率、客单价、利润率、ROI、新客成本、库存天数、订单满足率和销售额等。会员复购率和会员留存率务必一起来看,因为复购率再高,如果会员留存率大幅下降,也是很危险的。

(2)时间不同,侧重不同。一个团队的销售额首先是追踪出来的,其次是分析出来的,最后才是绩效考核出来的。从这个角度出发,可以把数据指标分为追踪指标、分析指标和营运指标,营运指标就是绩效考核指标。销售追踪按天、按时段进行。分析时一般以"周"和"月"为单位。绩效考核常常以"月"为主,以"年"为辅。

① 每日追踪指标。每日追踪指标包括访客数、浏览量、浏览深度、跳失率、转化率、件单价、连带率、重点商品的库存天数、订单执行率。这里虽然没有提出单独的销售额指标,但其实是有的,只是被过程化了,因为"销售额=访客数×转化率×件单价×连带率"。

② 周分析指标。大部分指标都可以按周进行分析,不过可以把侧重点放在重点商品和重点流量的分析上,包括但不限于日均 UV 数、日均 PV、访问深度、复购率、Top 商品贡献率和 Top 库存天数等。

③ 月绩效考核指标。绩效考核指标在精而不在多,需要根据业务分工来差异化分析。店铺营运人员关键绩效指标(Key Performance Indicator,KPI)包括访客数、转化率、访问深度、件单价和连带率。店铺推广人员 KPI 包括新增访客数、新增购买用户数、新客成本、跳失率和 ROI。店铺活动策划人员 KPI 包括推广活动的点击率、转化率、活动商品销售比重和 ROI。店铺数据分析人员 KPI 包括报表准确率、报表及时率、需求满足率、报告数量和被投诉率等。

(3)职位不同,视角不同。执行层侧重过程指标,管理层侧重结果指标。例如,营运执行人员关心流量的来源指标、质量指标，而管理层关注的只是流量这个指标；营运执行人员必须关注转化率、客单价等过程指标，而管理层只需要关注销售额这个结果指标。数据分析人员一定要学会根据不同的受众群体来提供不同的数据。

5.2.2 移动电子商务数据分析工具

1. 数据分析常用工具

（1）数据思路类工具。常用工具：思维导图（MindManager）、XMind、FreeMind、Visio。作用：拓展和管理数据分析思路，便于记忆并组织思路。应用：项目分析思路、工作规划、头脑风暴、创意。

（2）数据存储与提取工具。常用数据存储工具：Access、MySQL、SQL Server、Oracle、DB2、Sybase。常用数据提取工具：数据库工具、Navicat（SQL 客户端）、Excel、数据分析与挖掘工具的数据接口。应用：在数据项目的起始阶段，用于原始数据或 ETL 数据的存储与提取，并进行初步计算和筛选，如计数、汇总、求和、排序、过滤等。常用数据库工具简介如表 5-2 所示。

表 5-2 常用数据库工具简介

工具	简介
Access	Access 是 Office 套件之一，是微软公司开发的关系型数据库 适用场合：个人及小规模数据量 优点：与 Office 产品结合好，界面化操作 缺点：数据文件不能突破 2G，结构化查询语言（JET SQL）能力有限，不适合大型数据库处理应用
MySQL	MySQL 是世界级开源数据库，是 Oracle（甲骨文）公司开发的关系型数据库 适用场合：中小型企业及部分大型企业 优点：体积小，速度快，成本低，开放源码，应用广泛 缺点：相比大型付费工具，稳定性和商业支持不足，缺乏存储程序功能等
SQL Server	SQL Server 是微软公司开发的关系型数据库 适用场合：大中型企业 优点：与微软产品结合紧密，支持大多数功能，界面友好，易于操作，具有丰富的接口，伸缩性好 缺点：只支持 Windows 系统，多用户时性能受限，图形界面执行效率低
Oracle	Oracle 是世界级数据库解决方案，是 Oracle 公司开发的关系型数据库 适用场合：大型企业 优点：兼容性好，多平台支持，效率高，稳定性强，可连接性广泛 缺点：功能复杂，多用户时性能受限，图形界面执行效率低

（3）数据分析与挖掘工具。入门基本工具：Excel（函数、数据分析模块）。专业应用工具：SPSS、Clementine、SAS。"骨灰级"工具：R、Python。作用：通过模型挖掘数据关系和深层数据价值。应用：在数据项目的核心阶段，用于数据挖掘处理。数据分析与挖掘工具简介如表 5-3 所示。

表 5-3　数据分析与挖掘工具简介

工具	简介
Excel	Excel 是 Office 套件之一，自带函数功能和数据分析模块 适用人群：入门数据分析师、经验丰富的 VBA 工程师 优点：属于基本工具，使用广泛，模块简单 缺点：功能简单，适用场景较少
SPSS	SPSS 是数据统计和分析的主要工具之一 适用人群：数据统计和基本挖掘的数据分析师 优点：基本数据统计和处理功能强大，可用模型较多，可与 Clementine 结合 缺点：数据挖掘的流程控制较弱
Clementine	Clementine 是专业的数据挖掘工具 适用人群：数据挖掘工程师、高级分析师 优点：具有丰富的数据挖掘模型和场景控制，具有自定义功能，可与 SPSS 结合 缺点：功能略复杂，需要操作者具备丰富的实践经验
SAS	SAS 是专业的数据挖掘工具 适用人群：数据挖掘工程师、高级分析师 优点：具有丰富的数据挖掘模型和场景控制，平台化，EM 模块整合 缺点：学习难度大
R	R 是免费、开源的专业数据统计、分析、挖掘和展现工具 适用人群：程序员、数据挖掘工程师 优点：免费，开源，功能丰富，应用广泛 缺点：学习难度大，需要编程能力
Python	Python 是免费、开源的编程语言，可应用于数据计算方向 适用人群：程序员、开发工程师、数据挖掘工程师 优点：免费，开源，容易上手，适合大数据应用 缺点：具有独特的语法，运行速度比 C 和 C++ 慢

（4）数据可视化工具。入门展示工具：Excel（PowerPivot）、PPT（PowerPoint）。专业可视化工具：Tableau、Qlik、水晶易表。其他工具：Google Chart。作用：展现数据结果。应用：在数据项目的结尾，通过数据展现提升沟通效果。以下简要介绍 Tableau 和水晶易表。

① Tableau。Tableau 是付费的商业可视化工具。适用人群：从事数据可视化工作的人群、分析师、BI 人员。优点：接口较丰富、美观，操作相对简单。缺点：侧重于可视化，缺少深入挖掘的功能。

② 水晶易表。水晶易表（Crystal Xcelsius）是全球领先的商务智能软件商 SAP Business Objects 的最新商品。适用人群：从事数据可视化工作的人群、分析师、BI 人员。优点：操作简单（Office 整合），美观且动态化。缺点：侧重于可视化，要付费。

（5）商业智能（Business Intelligence，BI）类工具。内涵：数据仓库、联机分析处理（Online Analytical Processing，OLAP）、数据挖掘。内容：数据仓库、数据抽取、OLAP、数据可视化、数据集成。常用工具：微软 SQL Server BI 系列、IBM Cognos、Oracle BIEE、SAP Business Intelligence、Informatica、Microstrategy、SAS。作用：数据综合处理和应用。应用：适用于数据工作的整个流程，尤其是智能应用。以下简要介绍几种常用工具的产品组成。

① 微软商业智能（SQL Server BI 系列）。产品组成如下：SSIS，即集成服务，包括数据抽取、转换和加载（Extract-Transform-Load，ETL）及整体 BI 的调度；SSAS，即分析服务，包括 Cube、OLAP 和数据挖掘；SSRS，即报表服务，包括订阅和发布等功能。另外，通过 Excel、SharePoint 可做数据门户和集成展示，通过 Performance Server 可做绩效管理应用。

② IBM Cognos。IBM Cognos 是世界级商用 BI 解决方案之一，具有广泛的易用性、稳定性、完整性。产品组成如下：Powerplay Transformation Server，用于数据连接、调度、ETL；Powerplay Enterprise Server，是第三方集成、OLAP、数据门户；ReportNet Server，用于数据展现和详细定义；Access Manager，是安全管理模块；Powerplay Client，是 ES 的客户端、OLAP 报表制作工具。

③ Oracle BIEE（Business Intelligence Enterprise Edition）。BIEE 的数据模型也是世界级商用 BI 解决方案之一。物理层（Physical）用于定义和连接各类异构数据源，逻辑层（Business Model and Mapping）定义逻辑模型与物理模型间的映射关系，展现层（Presentation）用于前端展现和应用。

④ SAP Business Intelligence。这是端到端的数据应用平台，产品组成如下：Business Objects Enterprise（BI 平台）、Crystal Report（企业及报表）、Web Intelligence（查询分析）、Crystal Xcelsius（水晶易表）等。

2. 网站分析常用工具

（1）Adobe Analytics。Adobe Analytics 是行业领先的解决方案，用于收集、整理、分析和报告客户所做的一切。Adobe Analytics 可整合所有营销数据，为用户提供个性化程度更高的体验；提供专为移动营销人员设计的仪表板和报告，并将应用程序数据与更广泛的营销指标整合起来；随着 Web 分析需求的增长，可将 Adobe Analytics 与全方位客户视图、强大的预测模型和跨渠道属性相结合。

（2）Webtrekk。Webtrekk 以原始数据为基础，提供从实时分析、社交媒体分析、App 应用追踪到线下电视广告效果追踪的全套分析工具和服务。其主要特点如下：①实时，即提供插件处理功能并展示实时数据；②原始数据，即所有分析过程基于原始数据进行；③快速，即提供预设置和缓存功能，提高使用效率。

（3）Google Analytics。Google Analytics 是 Google 的一款免费的网站分析工具，功能非常强大，只要在网站的页面上加入一段代码，就可以提供丰富、详尽的图表式报告，提高网站的 ROI、转换率，使其获取更多收益。

Google Analytics 可对整个网站的访客进行跟踪，并能持续跟踪营销广告效果，无论是电子邮件广告，还是任何其他广告计划。利用这些信息，可了解哪些关键词真正起作用、哪些广告词最有效、访客在转换过程中从何处退出等。

（4）IBM Coremetrics。IBM Coremetrics 网站分析和营销优化工具能帮助营销人员全面掌握网站访客的情况及行为，并可以提供一套综合、全面的网站会话指标，衡量其在线营销方案的效果，了解社交媒体战略对业务的影响，并自动实现交叉销售和追加销售。此外，网络行为分析洞察服务能够捕获访客在各个营销触点及渠道中的数字化轨迹，营销人员只需要点击数次，便可获得相关信息，并制定个性化的营销方案。

Coremetrics 数字营销优化方案能够将从访客档案和网站分析报告中获取的数据和洞

察力无缝整合到应用中,然后通过网络、社交和移动渠道轻松地展示广告,执行搜索活动,发送电子邮件,以及提供个性化建议等。

(5)Flurry。作为移动应用统计分析领域的标杆平台,Flurry 拥有非常全面的功能,不仅提供数据统计、分析功能,还提供 App Circle 广告、推广平台功能。可以说,Flurry 是目前最全面的移动应用统计分析产品之一,除了统计单个应用内的各类数据指标,还可以提供跨应用的转化统计等针对企业级用户的功能。其功能模块设置合理,分析维度全面,分析流程易于理解。单纯从移动应用的数据统计功能来看,Flurry 也处于领先地位。

(6)友盟。友盟是创新工场孵化的项目之一,是目前国内应用开发者最熟悉的移动应用数据统计分析平台之一。在某种层面上看,友盟与 Flurry 有很多相似之处。友盟目前支持 iOS、Android 等平台。

针对应用数据统计分析,友盟提供的功能比较全面。其模块设计思路,基本上是沿着基本情况、用户情况、设备情况、事件监控、转化分析这一流程不断深入的。统计概况包含基本统计和版本分布,帮助开发者了解基本的数据情况,主要是用户增加情况和应用启动次数等信息。在随后的用户分析中,友盟还加入了活跃用户和留存用户两个新参数。在活跃用户图表中,开发者不仅可以了解应用的日活跃、周活跃、月活跃用户数量趋势,还可以了解周活跃率和月活跃率。而留存用户则用于考察用户忠诚度,简单来说就是新增用户经过一段时间后,仍有多少用户继续使用应用。这个参数比较重要,一方面,可以体现出应用的质量;另一方面,也是考察运营动作、渠道推广、渠道质量的重要参数。例如,开发者可以通过考察某时间点的留存用户情况,对比自身应用推广获得的新增用户情况,用于评估活动推广效果、渠道用户质量等运营细节。

【要点梳理】

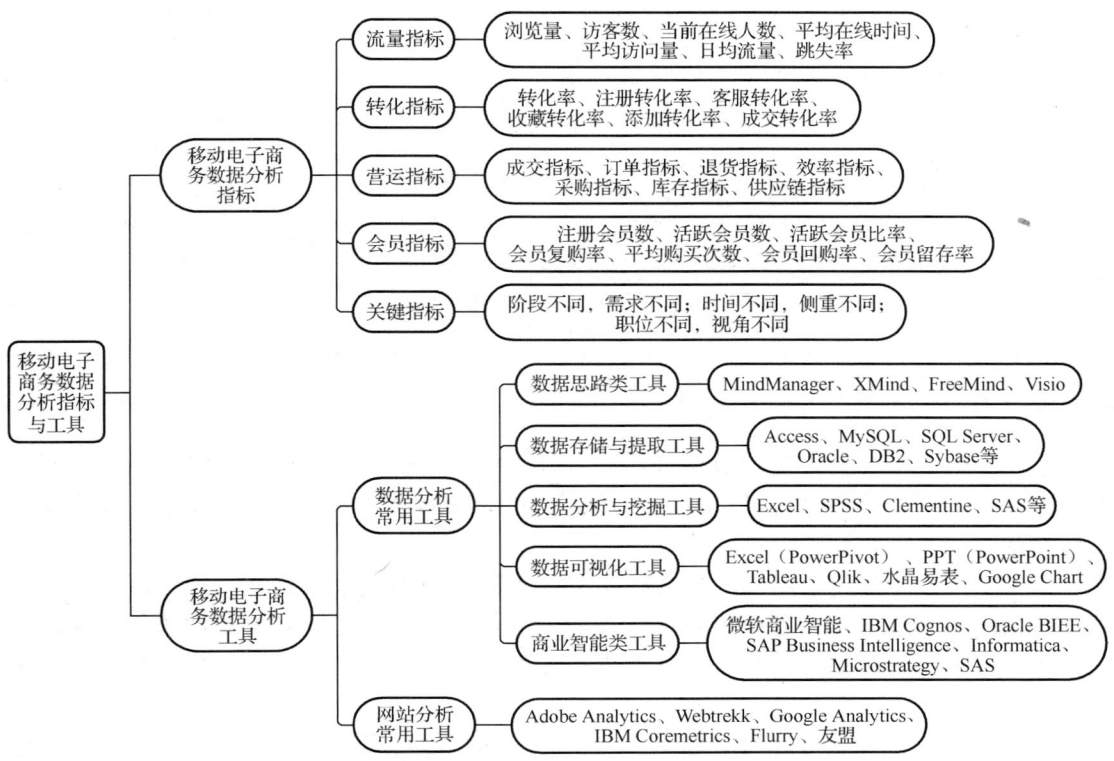

移动电子商务数据分析指标与工具
- 移动电子商务数据分析指标
  - 流量指标:浏览量、访客数、当前在线人数、平均在线时间、平均访问量、日均流量、跳失率
  - 转化指标:转化率、注册转化率、客服转化率、收藏转化率、添加转化率、成交转化率
  - 营运指标:成交指标、订单指标、退货指标、效率指标、采购指标、库存指标、供应链指标
  - 会员指标:注册会员数、活跃会员数、活跃会员比率、会员复购率、平均购买次数、会员回购率、会员留存率
  - 关键指标:阶段不同,需求不同;时间不同,侧重不同;职位不同,视角不同
- 移动电子商务数据分析工具
  - 数据分析常用工具
    - 数据思路类工具:MindManager、XMind、FreeMind、Visio
    - 数据存储与提取工具:Access、MySQL、SQL Server、Oracle、DB2、Sybase 等
    - 数据分析与挖掘工具:Excel、SPSS、Clementine、SAS 等
    - 数据可视化工具:Excel(PowerPivot)、PPT(PowerPoint)、Tableau、Qlik、水晶易表、Google Chart
    - 商业智能类工具:微软商业智能、IBM Cognos、Oracle BIEE、SAP Business Intelligence、Informatica、Microstrategy、SAS
  - 网站分析常用工具:Adobe Analytics、Webtrekk、Google Analytics、IBM Coremetrics、Flurry、友盟

5.3 移动电子商务数据分析方法

【知识目标】
(1) 掌握对比分析法。
(2) 掌握分组分析法和结构分析法。
(3) 熟悉平均分析法和矩阵关联分析法。
(4) 了解聚类分析法和时间序列分析法。
(5) 理解回归分析法和相关分析法。

【技能目标】
能够应用各种分析方法对移动电子商务数据进行分析。

5.3.1 对比分析法

对比分析法也称比较分析法，是指把客观事物加以比较，以认识事物的本质和规律，并做出正确的评价。对比分析法通常将两个或两个以上有关联的指标数据进行比较，从数量上展示和说明研究对象规模的大小、水平的高低、速度的快慢，以及各种关系是否协调。在对比分析中，选择合适的对比标准是十分关键的步骤，只有对比标准合适，才能做出客观评价，对比标准不合适，可能得出错误的结论。对比分析法可以选择不同的维度进行。对比分析法常用的维度如表5-4所示。

表5-4 对比分析法常用的维度

维度	描述
时间维度	时间维度是指以不同时间的指标数值作为对比标准，是一种很常见的对比方法。根据比较的时间标准不同，可分为同比和环比
空间维度	空间维度是指选择不同的空间指标数据进行对比，可以与同级部门、单位、地区进行对比，也可以与行业内的标杆企业、竞争对手或行业平均水平进行对比
计划目标标准维度	计划目标标准维度是指将实际完成值与目标、计划进度进行对比。这类对比在实际应用中是非常普遍的，如公司本季度完成的业绩与目标业绩对比、促销活动实际销售情况与原计划销售情况对比等
经验与理论标准维度	经验标准是通过大量历史资料的归纳总结而得到的标准；理论标准则是从已知理论出发经过推理得到的标准，如衡量生活质量的恩格尔系数等

5.3.2 分组分析法

分组分析法是一种重要的数据分析方法，是指根据数据分析对象的特征，并按照一定的标志（指标），把数据分析对象划分为不同的部分或类型进行研究，以揭示其内在的联系和规律性。

分组的目的就是便于对比，把总体中具有不同性质的对象区分开，把性质相同的对象全部合并在一起，保持各组内对象属性的一致性、组与组之间对象属性的差异性，以便进一步运用各种数据分析方法来解构内在的数量关系。因此，分组分析法必须与对比分析法结合运用。

分组分析法的关键是分组。选择不同的分组标志，可以有不同的分组方法。通常可以按属性标志和数量标志等进行分组。

1. 属性标志分组分析法

属性标志分组分析法是指按分析数据中的属性标志分组，以分析社会经济现象的各种类型特征，从而找出客观事物规律。

属性标志代表的数据不能进行运算，只用于说明事物的性质、特征，如人的姓名、所在部门、性别、文化程度等标志。

按属性标志分组一般较简单，分组标志一旦确定，组数、组名、组与组之间的界限也就确定了。例如，人口按性别分为男、女两组，具体到每个人应该分在哪组，是一目了然的。

对一些复杂问题的分组称为统计分类。统计分类是相对复杂的属性标志分组方法，需要根据数据分析的目的，统一规定分类标准和分类目录。例如，反映国民经济结构的国家工业部门分类，先把工业分为采掘业和制造业两大部分，再分为大类、中类、小类3个层次。

2. 数量标志分组分析法

数量标志分组分析法是指选择数量标志作为分组依据，将数据总体划分为若干个性质不同的部分，分析数据的分布特征和内部联系。

数量标志代表的数据能够进行加、减、乘、除运算，说明事物的数量特征，如人的年龄、工资水平或企业的资产等。根据分组数量特征，又可分为单项式分组和组距式分组。

（1）单项式分组。单项式分组一般适用于数据值不多、变动范围较小的离散型数据。每个标志值就是一个组，有多少个标志值就分成多少个组，如按商品产量、技术级别、员工工龄等标志分组。

（2）组距式分组。组距式分组是指在数据变化幅度较大的条件下，将数据总体划分为若干个区间，每个区间作为一组，组内数据性质相同，组与组之间的性质相异。分组的关键在于确定组数与组距。在数据分组中，各组之间的取值界限称为组限。一个组的最小值称为下限，最大值称为上限；上限与下限的差值称为组距；上限与下限的平均数称为组中值，它是一组变量值的代表值。组距式分组的步骤如图5-3所示。

图5-3中介绍的分组属于等距分组，当然也可以进行不等距分组。采用等距分组还是不等距分组，取决于分析研究对象的性质特点。在各单位数据变动比较均匀的情况下，比较适合采用等距分组；在各单位数据变动很不均匀的情况下，比较适合采用不等距分组，此时，不等距分组更能体现现象的本质特征。

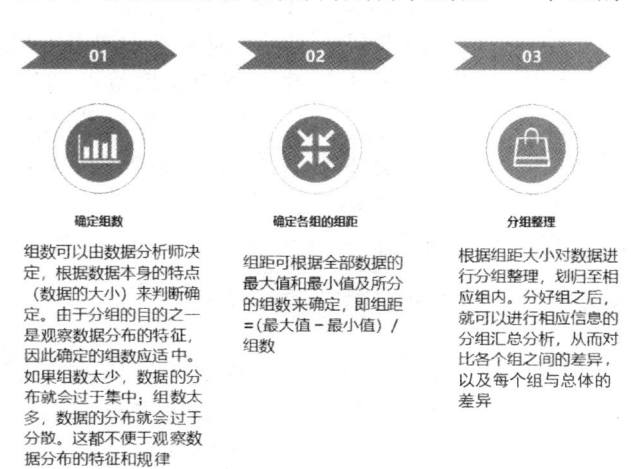

01 确定组数	02 确定各组的组距	03 分组整理
组数可以由数据分析师决定，根据数据本身的特点（数据的大小）来判断确定。由于分组的目的之一是观察数据分布的特征，因此确定的组数应适中。如果组数太少，数据的分布就会过于集中；组数太多，数据的分布就会过于分散。这都不便于观察数据分布的特征和规律	组距可根据全部数据的最大值和最小值及所分的组数来确定，即组距=（最大值−最小值）/组数	根据组距大小对数据进行分组整理，划归至相应组内。分好组之后，就可以进行相应信息的分组汇总分析，从而对比各个组之间的差异，以及每个组与总体的差异

图 5-3 组距式分组的步骤

5.3.3 结构分析法

结构分析法是指将分析研究的总体内各部分与总体进行对比的分析方法。总体内的各部分占总体的比例属于相对指标，一般某部分所占比例越大，说明其重要程度越高，对总体的影响也就越大。例如，分析国民经济的构成，可以得到生产、流通、分配和使用各环节占国民经济的比重或各部分的贡献比重，揭示各部分之间的相互联系及变化规律。

结构相对指标（比例）的计算公式为

结构相对指标（比例）=（总体某部分的数值÷总体总量）×100%

结构分析法的优点是简单、实用。在实际的企业运营分析中，市场占有率就是一个非常典型的结构分析法的应用。计算公式为

市场占有率=（某种商品销售量÷该种商品市场销售总量）×100%

市场占有率是分析企业在行业中竞争状况的重要指标，也是衡量企业运营状况的综合经济指标。市场占有率高，表明企业运营状况好，竞争能力强，在市场上占据有利地位；反之，则表明企业运营状况差，竞争能力弱，在市场上处于不利地位。

所以，要评价一个企业运营状况是否良好，不仅需要了解客户数、销售额等绝对数值指标是否增长，而且要了解其在行业中的比重是否稳定或增长。如果企业在行业中的市场占比下降，则说明企业自身经营活动出现问题或竞争对手的发展更为迅猛，相对来说，企业就在退步，对此，企业要提高警惕，出台相应的改进措施。

5.3.4 平均分析法

平均分析法是指运用计算平均数的方法反映总体在一定时间、地点、条件下某个数量特征的一般水平。平均指标可用于同类现象在不同地区、不同行业、不同类型单位间的对比，也可用于同一现象在不同历史时期的对比。平均分析法的主要作用有以下两点。

（1）利用平均指标对比同类现象在不同地区、不同行业、不同类型单位等之间的差异程度，比用总量指标对比更具有说服力。

（2）利用平均指标对比同一现象在不同历史时期的变化，更能说明其发展趋势和规律。

平均指标有算术平均数、调和平均数、几何平均数、众数和中位数等，其中最常用的是算术平均数，也就是日常所说的平均数或平均值。算术平均数的计算公式为

算术平均数=总体各单位数值的总和÷总体单位个数

平均数是综合指标，它的特点是将总体内各单位的数量差异抽象化，只能代表总体的一般水平，掩盖了平均数背后各单位的差异。

5.3.5 矩阵关联分析法

矩阵关联分析法是指将事物（如商品、服务等）的两个重要属性（指标）作为分析的依据，进行分类关联分析，以解决问题，也称矩阵分析法。

以属性 A 为横轴，以属性 B 为纵轴，形成一个坐标系，在两个坐标轴上分别按某标准（可取平均值、经验值、行业水平等）进行刻度划分，构成 4 个象限，将要分析的每个事物对应投射至这 4 个象限内，进行交叉分类分析，直观地将两个属性的关联性表现

出来，进而分析每个事物在这两个属性上的表现。因此，矩阵关联分析法也称象限图分析法。第一象限（高度关注区）属于重要性高、满意度也高的象限，第二象限（优先改进区）属于重要性高、满意度低的象限，第三象限（无关紧要区）属于重要性低、满意度也低的象限，第四象限（维持优势区）属于重要性低、满意度高的象限。

矩阵关联分析法在解决问题和分配资源时可为决策者提供重要的参考依据。该方法先解决主要矛盾，再解决次要矛盾，有利于提高工作效率，并将资源分配到最能产生绩效的部门、工作中，有利于管理决策者进行资源优化配置。

矩阵关联分析法非常直观、清晰，使用简便，所以在营销管理活动中应用广泛，对管理起到指导、促进、提高的作用，并且在战略定位、市场定位、商品定位、用户细分、满意度研究等方面都有较多应用。

5.3.6 聚类分析法

聚类分析法是指将物理对象或抽象对象的集合分组，形成由类似的对象组成的多个类。聚类分析法的目标就是在相似的基础上收集数据进行分类。聚类源于很多领域，包括数学、计算机科学、统计学、生物学和经济学等。在不同的应用领域，很多聚类技术都得到了发展，这些技术方法被用于描述数据、衡量不同数据源间的相似性，以及把数据源分到不同的簇中。

聚类分析是一种探索性的分析，在分类的过程中，人们不必事先给出一个分类的标准。聚类分析能够从样本数据出发，自动进行分类。聚类分析使用的方法不同，常常得到不同的结论。不同研究者对同一组数据进行聚类分析，所得到的聚类数未必一致。

聚类常常与分类在一起讨论。聚类与分类的不同之处在于，聚类要求划分的类是未知的。聚类是将数据分到不同的类或簇的过程。因此，同一个簇中的对象有很大的相似性，而不同簇间的对象有很大的相异性。

从统计学的观点来看，聚类分析法是通过数据建模简化数据的一种方法。传统的统计聚类分析法包括系统聚类法、分解法、加入法、动态聚类法、有序样品聚类法、有重叠聚类法和模糊聚类法等。采用 k-均值、k-中心点等算法的聚类分析工具已被加入许多著名的统计分析软件包中，如 SPSS、SAS 等。

从实际应用的角度来看，聚类分析是数据挖掘的主要任务之一。聚类分析法能够作为一个独立的工具获得数据的分布状况，观察每簇数据的特征，集中对特定的聚簇集合做进一步分析。聚类分析法还可以作为其他算法（如分类和定性归纳算法）的预处理步骤。

5.3.7 时间序列分析法

时间序列是指按时间顺序进行排列的一组数字序列。时间序列分析法是指应用数理统计方法对相关数列进行处理，以预测事物的发展。时间序列分析法是定量预测方法之一，它的基本原理如下：一是承认事物发展的延续性，应用过去的数据，就能推测事物的发展趋势；二是考虑到事物发展的随机性，任何事物发展都可能受偶然因素的影响，为此要利用统计分析中的加权平均法对历史数据进行处理。该方法简单易行，便于掌握，但准确性差，一般只适用于短期预测。时间序列预测一般反映 3 种实际变化规律：趋势变化、周期性变化、随机性变化。

一个时间序列通常由 4 种要素组成：趋势、季节变动、循环波动和不规则波动。

（1）趋势。这是指时间序列在一段较长的时期内呈现的持续向上或持续向下的变动状况。

（2）季节变动。这是指时间序列在一年内重复出现的周期性变动。它是受气候条件、生产条件、节假日或人们的风俗习惯等各种因素影响的结果。

（3）循环波动。这是指时间序列呈现的非固定长度的周期性波动。循环波动的周期可能持续一段时间，但与趋势不同，它不是朝着单一方向的持续变动，而是涨落相同的交替波动。

（4）不规则波动。这是指时间序列中除去趋势、季节变动和循环波动之外的随机波动。不规则波动通常夹杂在时间序列中，使时间序列产生一种波浪式或震荡式的波动。不含有不规则波动的序列也称平稳序列。

5.3.8 回归分析法

回归分析（Regression Analysis）法是指研究一个随机变量（Y）对另一个（X）或一组（X_1，X_2，…，X）变量的相依关系的统计分析方法，运用十分广泛。回归分析法按照涉及的自变量多少，可分为一元回归分析和多元回归分析；按照自变量和因变量之间的关系类型，可分为线性回归分析和非线性回归分析。

简单来说，回归分析法就是几个自变量加减乘除后就能得出因变量。例如，想知道活动覆盖率、商品价格、客户薪资水平、客户活跃度等指标与购买量存在何种关系，就可以运用回归分析法，把这些指标及购买量的数据输入系统，运算后即可分别得出这些指标与购买量存在何种关系的结论，以及通过进一步的运算得出相应的购买量。

回归分析工具是一种非常有用的预测工具，既可以对一元线性或多元线性问题进行预测分析，也可以对某些可以转化为线性问题的非线性问题预测其未来的发展趋势。线性回归分析主要有以下 5 个步骤：根据预测对象，确定自变量和因变量；制作散点图；确定回归模型类型；估计参数，建立回归模型；检验回归模型；利用回归模型进行预测。利用回归分析法进行预测时，常用的是一元线性回归分析，也称简单线性回归。

5.3.9 相关分析法

相关分析（Correlation Analysis）法是指研究现象之间是否存在某种依存关系，并对具体有依存关系的现象探讨其相关方向及相关程度的统计分析方法。

相关关系是一种非确定性的关系，具有随机性，因为影响现象发生变化的因素不止一个，并且总是围绕某些数值的平均数上下波动的。例如，以 X 和 Y 分别记录一个人的身高和体重，或者访客数与成交量，则 X 与 Y 显然有关系，而又没有确切到可由其中的一个精确地决定另一个，这就是相关关系。

相关分析类别中最常用的是直线相关，其中的相关系数是反映变量之间线性关系的强弱程度的指标，一般用 r 表示。当 $-1 \leq r < 0$ 时，线性负相关；当 $1 \geq r > 0$ 时，线性正相关；当 $r=0$ 时，变量之间无线性关系。

【要点梳理】

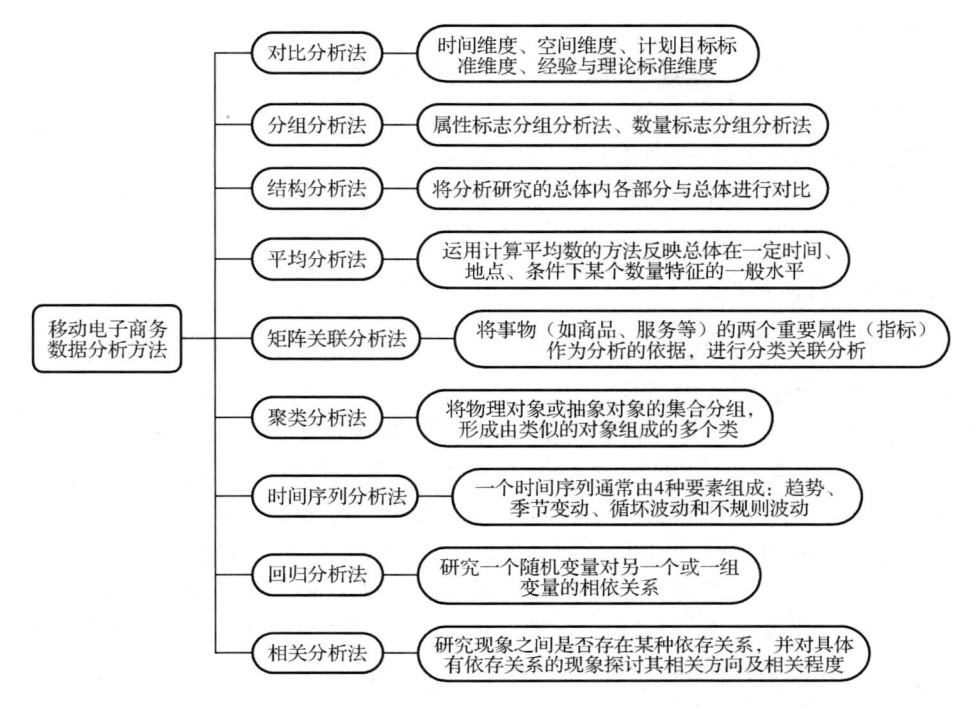

移动电子商务数据分析方法：

- 对比分析法：时间维度、空间维度、计划目标标准维度、经验与理论标准维度
- 分组分析法：属性标志分组分析法、数量标志分组分析法
- 结构分析法：将分析研究的总体内各部分与总体进行对比
- 平均分析法：运用计算平均数的方法反映总体在一定时间、地点、条件下某个数量特征的一般水平
- 矩阵关联分析法：将事物（如商品、服务等）的两个重要属性（指标）作为分析的依据，进行分类关联分析
- 聚类分析法：将物理对象或抽象对象的集合分组，形成由类似的对象组成的多个类
- 时间序列分析法：一个时间序列通常由4种要素组成：趋势、季节变动、循环波动和不规则波动
- 回归分析法：研究一个随机变量对另一个或一组变量的相依关系
- 相关分析法：研究现象之间是否存在某种依存关系，并对具体有依存关系的现象探讨其相关方向及相关程度

5.4 移动网店常用数据分析

【知识目标】

（1）熟悉商品销量分析。
（2）掌握商品关联分析。
（3）了解单品流量分析。
（4）掌握客户分析。

【技能目标】

能够进行移动网店的常用数据分析。

5.4.1 商品销量分析

商品销售是一个需要不断完善和优化的过程，商品在不同时期、不同位置、不同价格阶段，其销售量都不一样，经营者需要根据不同情况进行实时调整。

一般来说，网店商品销量主要与拍下件数、拍下笔数、拍下总金额、成交件数、成交笔数、成交金额、成交用户数、客单价、客单价均值、回头率、支付率、成交转化率等因素有关，经营者和客服人员需要针对不同的数据及时提出相应的对策。例如，拍下件数多，但支付率低，则说明客户可能对商品存在质疑，需要客服人员与客户进行沟通，以提高支付率；回头率低，则需要进行一些必要的会员关系管理，做好老客户营销。作为网店经营者，需要对每个商品的销售情况进行了解和跟踪，这样不仅可以持续完善销售计划，促进销量增长，还可以优化库存和供应链体系，提高供应周转效率，从而降低成本。

5.4.2 商品关联分析

商品的关联销售多体现为搭配销售，即让客户从只购买一件商品发展为购买多件商品，如通过促销组合、满减、清仓、买赠和满赠等活动刺激客户消费，从而提高销售额，最大限度地实现销售增长。特别在参加淘宝活动时，适当的关联营销不仅可以对店铺进行导流和分流，还可以提高客单价，充分利用有限的流量资源，实现流量利用的最大化，降低推广成本。

1. 商品关联分析内容

进行商品关联分析，实际上就是分析客单价和销售额的最大化，有效的商品关联营销可以极大地促进网店的持续发展。

（1）推出促销活动。针对关联商品推出相应的促销方案或优惠方案，可以快速提高销售额。不同类目的商品，其促销方式也不一样，需要经营者自己进行合理选择。例如，对于食品类商品，一般以"食品+食品""食品+用具"等形式推出促销活动；对于日化类商品，可对不同类型的商品进行组合，如"洗发露+沐浴露"等形式。

（2）网店商品搭配和摆放。通过商品关联程度大小对商品进行搭配只是关联营销的一部分，商品的摆放也是十分重要的环节。一般来说，商品的摆放以方便客户为基础，也可以进行相关商品推荐，或者通过部分关联商品进行精准营销。例如，在服装类目的网店中，若当前页为某款热销上衣，则可在该页面下方的推荐商品中适当展示一些与该上衣进行搭配的其他商品，不仅给出了搭配建议，还实现了商品的关联营销。

（3）发现潜在目标客户。关联商品主要由主商品和被关联商品组成。一般来说，主商品和被关联商品的目标客户存在一定的差异性和共性，即购买主商品的目标客户可能不会购买被关联商品，也可能同时购买，目标客户的重合就是存在潜在客户的一种体现。不会购买被关联商品的客户，可能对被关联商品兴趣不高，因此经营者可以适当地控制和调整针对该类客户的推广方案。在购买主商品的同时购买被关联商品的客户就是被关联商品的潜在目标客户，再出售与被关联商品类似的商品，则可面向该类客户进行适当推广。

2. 商品关联分析技巧

在监测商品销售情况的基础上对商品进行组合和关联，可以有效提高网店的整体销售额。商品关联分析一般需要建立在一定的数据基础上，基本数据量越大，分析准确率就越高，做出的决策也越有利。

（1）进行商品梳理，区分商品等级和层次。商品关联并不是盲目和随意的，必须选择合适的商品梳理规范，以提高商品关联分析结果的精准程度。商品梳理一般包括名称、品牌、价格、规格、档次、等级、属性等内容。一般来说，关联推荐主要应用于重购、升级和交叉销售3个方面。重购是指继续购买原来的商品，升级是指购买规格和档次更高的商品，交叉销售是指购买相关商品。应用于不同方面的关联推荐，应该有不同的推荐方式。例如，推荐同类型商品交叉销售时，建议推荐规格、价格等相似的商品，否则若为客户推荐了低档次的商品，则有可能降低销售额。

（2）合理搭配商品。商品的搭配和位置对商品的关联销售会产生很大的影响。商品关联分析可以为客户推荐合适的搭配商品，方便客户快速找到所需商品，购买更多关联商品。需要注意的是，将关联性比较大和关联性比较好的商品进行关联，才有不错的效果。在进行商品关联分析时，还应该学会发现和寻找更多的关联销售机会，搭配出更多新颖且受客户欢迎的商品。

5.4.3 单品流量分析

分析网店数据可以实时对店铺经营状况进行调整。在策划营销活动时，分析单品流量可以起到非常重要的作用，通过大量的数据信息获取更精准的单品引流效果，打造出更适合市场的"爆款"。单品流量分析一般包括来源去向分析、销售分析、访客特征分析、促销分析等内容。

1. 来源去向分析

通过来源去向分析，可以看出引流来源的访客质量、关键词的转化效果、来源商品贡献等，让经营者清楚地看到引流的来源效果。

2. 销售分析

通过销售分析，可以清楚商品的变化趋势，从而掌握规律，迎合变化，提高店铺转化率。

3. 访客特征分析

通过访客特征分析，可以了解商品访客的潜在需求，从而迎合需求，达到提高销售额的目的。

4. 促销分析

通过促销分析，可以量化搭配商品效果，开发和激活店铺流量，增加销售量，提高单价。

5.4.4 客户分析

客户分析可以从不同角度发现不同客户的属性特征和消费行为，帮助经营者了解目标客户群，从而为维护客户和刺激客户回购提供有利的决策依据和实施建议。以下以淘宝网为例简述客户分析。

1. 客户购物体验分析

对淘宝网而言，客户购物体验主要体现为卖家服务评价系统（Detail Seller Rating，DSR）评分，即店铺动态评分。店铺动态评分是自然搜索权重的重要影响因素之一，它不仅是店铺形象和综合实力的一种体现，更是获取客户信任的重要依据。如果店铺动态评分高于同行业其他店铺，则更容易获取客户的信任，反之则容易引起客户的质疑和流失。同时，店铺动态评分也是淘宝网官方活动要求的基本指标之一，如果店铺动态评分不达标，则淘宝网提供的很多推广活动都无法参与。

要提高店铺动态评分，需要严格把控商品质量和店铺服务质量，在此基础上再进行一些个性化服务，才可以获得更好的效果。

（1）保证商品质量。商品质量是客户对商品最基本的要求，质量好的商品才能得到客户的一致认可。同时，价格作为客户偏重的购物因素之一，也是卖家需要重视的问题。店铺商品必须定价合理，保持较高的性价比，不为性价比较低的商品设置虚高价格。

（2）保持良好的服务态度。无论是在售前、售中还是在售后，都必须保持良好的服务态度。要做到这一点，需要对客服人员进行培训，避免客户因对店铺服务态度产生不满而给出差评和低分。

（3）提高发货速度。物流速度是客户网上购物非常看重的一个指标，物流速度慢，容易导致中差评和低分。卖家要尽量选择速度快、服务好的物流公司。

（4）设置个性化提醒。为了给客户留下良好的服务体验，卖家可以设置一些个性化的物流发货提醒、物流信息提醒等，免去客户反复登录淘宝网查询物流信息的麻烦。

（5）提供个性化包装和赠品。在商品外包装盒上添加贴心提示，是获取客户好感的有效方式，如"快递小哥，这位客户对我们非常重要，请您加快配送速度哟！"，可以给予客户被重视的感觉。此外，在寄送商品时，可以赠送一些个性化的小礼品，如方便打开包裹的小物件、方便商品使用的小物件等。

（6）进行售后跟踪。在商品质量、服务质量、个性化服务均表现良好的基础上，卖家需要实时对售后服务进行跟进，如评价跟进、物流跟进等，可通过给予一些优惠的形式请求客户给予好评和高分。

2. 客户数据分析

客户是网店销售额的来源，客户数据也是销售数据的一种直接体现。在分析网店客户数据时，销售额、销售额与新客户比率、销售额与老客户比率、新老客户比例等都是需要重点关注的数据类型。

根据淘宝网的定义，半年内在某店铺仅有一次购买行为的买家为该店铺的新客户，半年内在该店铺有两次及以上购买行为的买家则是老客户。对网店经营者而言，针对新老客户的不同需求，需要提供不同的网站服务和运营策略，以加强客户关系管理。当然，影响客户购物行为的因素很多，我们首先需要对主要因素进行分析。

在分析销售额与新客户比率时，如果新客户在销售额中的占比较大，则在很大程度上说明店铺流量和转化率等存在问题。如果流量低，则需要通过营销推广、完善关键词、参加活动等方式为店铺引入流量，发展新客户。如果转化率低，则需要对店铺动态评分、商品描述页内容、商品图片等进行优化。此外，服务质量、商品性价比、目标客户群定位是否准确也是影响该比率的重要因素。

在分析销售额与老客户比率时，如果老客户在销售额中的占比较小，则说明客户关系管理效果不明显，需要对老客户营销推广方案的合理性进行分析。一般来说，相比新客户在商品图片和质量、信用保障、售后服务等方面的需求，老客户更关注商品的深层信息，如商品规格、参数、功能等。

在资源相同的前提下，当新客户所占比例更大但回购率较低时，经营者如果想将新客户发展为老客户，则可以适当降低引入新客户的流量成本，通过商品质量、保障措施、售后支持、信用承诺等形式稳固新客户，促进他们的重复购买；当老客户所占比例更大时，经营者应该加强商品的全面介绍，增加商品比较信息，完善和优化购物流程，从而帮助老客户以最有效、最便捷的方式完成购买。

3. 客户特征分析

网店的经营范围和经营对象比较广泛，客户通常分布于不同地域、不同职业和不同阶层，但很多商品都有较固定的目标客户群。即使相同的商品、相同的营销手段，在针对同一地域的不同职业或同一职业的不同地域时，都会呈现不同的营销效果。因此，需要对不同地域、不同职业的客户特征进行分析，制定不同的营销方案。

（1）地域分析。对客户进行地域分析主要是指对不同地域的客户数量、回购率、销售额、客单价、市场规模等进行分析，然后根据分析结果制定不同的营销策略。图 5-4 所示为某网店不同地域的客户销售额分布情况。

针对分析结果，经营者需要制定不同的营销方案。对于销售额、回购率均高且市场规模大的地域，可以加大推广力度，继续投资，保持市场活跃度；对于市场规模大但回购率不高的地域，应该找出低回购率的原因，可根据该部分客户的特殊情况或需求进行适当改进；对于市场规模小但回购率高的地域，应该仔细评估，维护好这部分老客户，在成本允许的情况下，也可适当加大推广力度；对于回购率低且市场规模小的地域，建议减小推广力度或直接放弃推广。

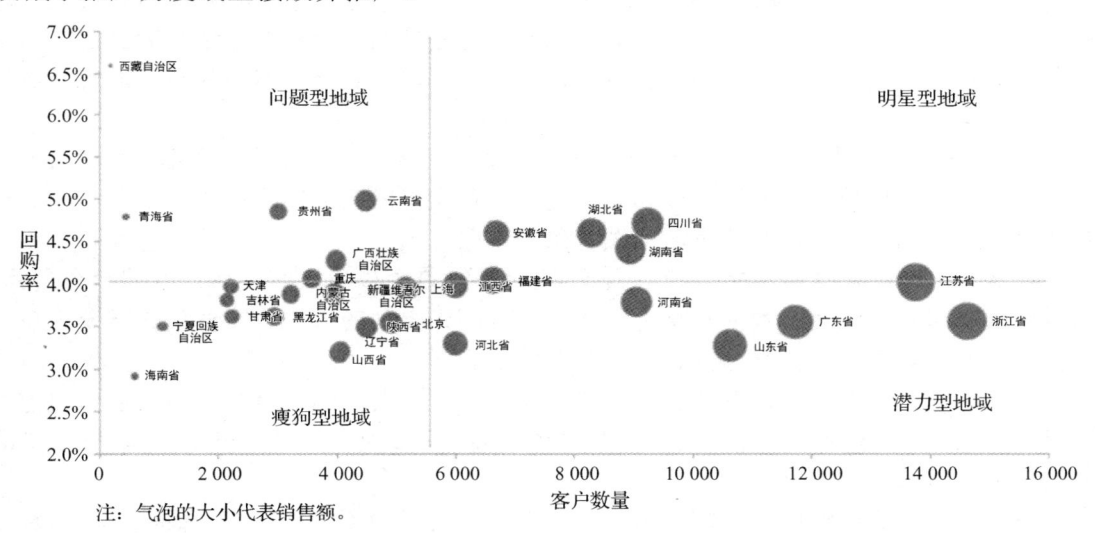

图 5-4 某网店不同地域的客户销售额分布情况

（2）职业分析。很多商品都具有一定的职业趋向性，即主要适用于某个职业或某部分职业。如果是职业趋向性比较明显的商品，则应该对客户职业进行简单分析，如图 5-5 所示。

客户职业分析主要对客户职业、客户数量、消费水平和回购率等进行分析。客户职业情况的获取主要以问卷调查、客服交流、地址推导等形式为主。客单价高、消费金额高、回购率高的职业是商品的主要推广对象；消费金额高、回购率低的职业是需要经营者进行维护和改善的对象；回购率高、消费金额低的职业则是需要经营者努力发展的对象。此外，根据不同职业的客户群，也可采取差异化营销策略，分别满足不同职业的不同需要，从而扩大客户范围，提高客户回购率。

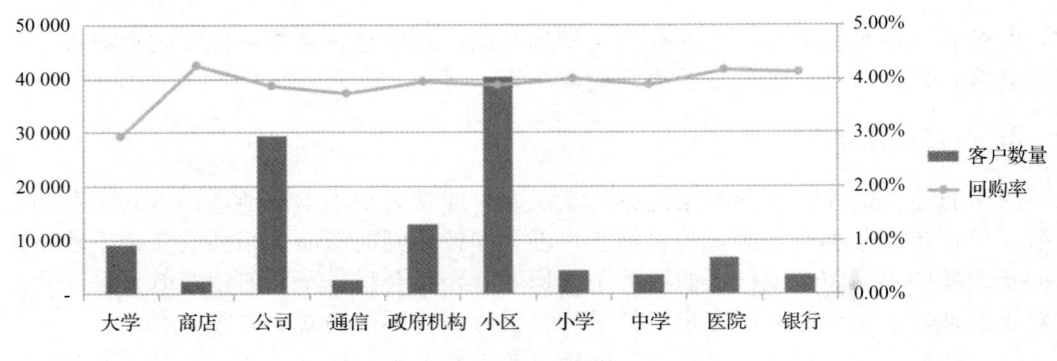

图 5-5　客户职业分析

4. 客户行为分析

客户的购物行为通常受多方面因素的影响，如需求、时间、商品、动机、爱好、地域等。以时间为例，购物时间不同，产生购物行为的客户数量、客单价等都存在一些差异。

（1）RFM 分析。RFM 分析是一种比较简单的客户行为分析方法，包含最近一次消费（Recency）、消费频率（Frequency）和消费金额（Monetary）3 个指标，用于对客户购物行为进行综合分析。

① 最近一次消费。最近一次消费指最近购买日，可以反映客户的回购率。最近一次消费等级越高，表示客户购买时间越近。购买时间较近的客户，对店铺和商品还有购买印象，回购倾向更高，此时店铺对其进行推广时，可以得到比购买时间较远的客户更好的营销效果。

② 消费频率。消费频率指购买频度，是可以反映客户亲密度的一个指标。通过消费频率可以有效分析出客户的满意度和忠诚度。消费频率值高的客户属于店铺常客；对于消费频率值低的客户，则需要重新策划有效的推广方法。

③ 消费金额。消费金额指客户的累计购买金额，是可以反映客户忠诚度的一个指标。消费金额等级高，说明客户的购买力很强，可以制定专门的营销方案留住这部分客户。但仅凭消费金额等级，无法正确判断客户的回购倾向。

综上所述，最近一次消费越近，回购倾向越高；消费金额等级高，但最近一次消费较远，说明客户的回购倾向变低；消费频率值高，但最近一次消费较远，说明客户的回购倾向也变低。

最近一次消费比较近，消费频率值高，则客户的回购倾向也较高；最近一次消费比较远，即使曾经消费频率值很高，客户的回购倾向也变低；消费金额等级高，但消费频率值低，最近一次消费较远，客户的回购倾向也变低。

消费金额等级高，说明客户的购买力强，但无法推断客户的回购倾向，必须通过最近一次消费和消费频率值依次进行分析和比较。先判断最近一次消费等级，分析客户的最近到店日期，再通过消费频率值分析客户的购买频度。

（2）购物时间分析。分析客户的购物时间，主要是指根据商品的特性分析目标客户群的常见购物时间段，从而更准确地制定相应的推广方案，如根据客户购物时间安排商品上架时间、按照客户购物时间加大推广投放力度等。图 5-6 所示为某商品的客户购物时间段分析。

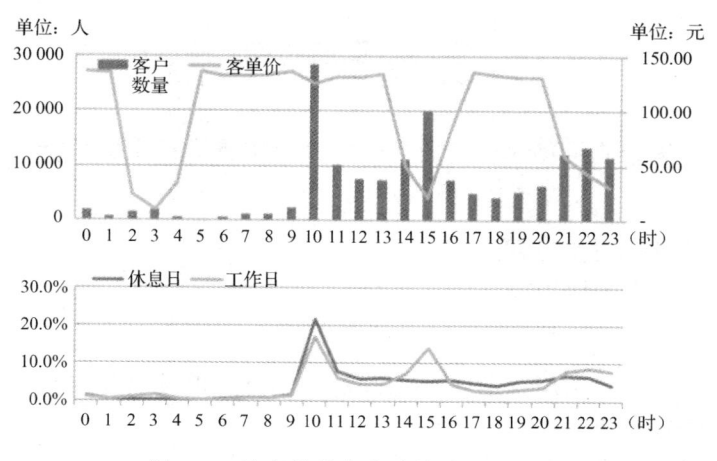

图 5-6 某商品的客户购物时间段分析

根据图 5-6 可推断出，该商品的消费高峰时间段为上午 10 时和下午 3 时，其次为 11—14 时、21—23 时。一般来说，这个时间段就是商品上架的最好时间和加大推广力度的最佳时间。同时，经营者还可以周为单位分析客户的消费习惯，通过对分析数据进行总结，推断出举办促销活动的最佳日期。不同地域的客户，其购物时间段也存在差异，可以适当针对消费潜力较强的区域进行专门营销。

【要点梳理】

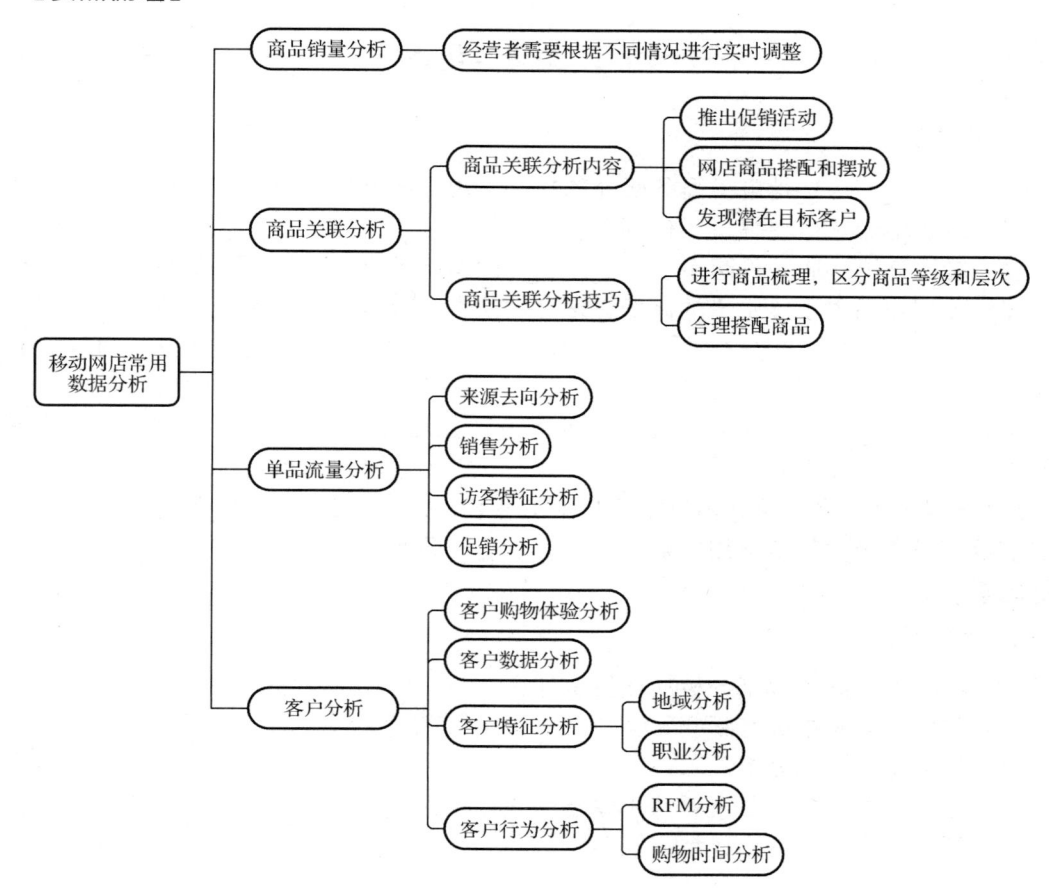

移动网店常用数据分析
- 商品销量分析 — 经营者需要根据不同情况进行实时调整
- 商品关联分析
  - 商品关联分析内容
    - 推出促销活动
    - 网店商品搭配和摆放
    - 发现潜在目标客户
  - 商品关联分析技巧
    - 进行商品梳理，区分商品等级和层次
    - 合理搭配商品
- 单品流量分析
  - 来源去向分析
  - 销售分析
  - 访客特征分析
  - 促销分析
- 客户分析
  - 客户购物体验分析
  - 客户数据分析
  - 客户特征分析
    - 地域分析
    - 职业分析
  - 客户行为分析
    - RFM分析
    - 购物时间分析

课后实训

学会使用移动电子商务数据分析工具进行相关分析

实训目的

（1）掌握阿里指数的使用方法。

（2）掌握生意参谋的使用方法。

实训内容

（1）登录阿里指数，利用行业指数功能对白酒行业的搜索词排行、热门类目、买家概况和卖家概况进行分析。

（2）利用生意参谋工具查看流量和品类数据，并进行分析。

实训步骤

（1）进入阿里指数的行业指数页面后，选择白酒行业，查看搜索词的排行情况，并说明不同搜索词搜索量上涨和下降的原因；然后说明热卖、热买地区，买家性别占比、年龄阶段占比，卖家的经营阶段等数据表明的行业状态。

（2）登录生意参谋工具，查看流量和品类数据，根据流量和品类的分析数据，结合生意参谋首页的实施情况，说明目前店铺的大体经营状况。

思考与练习

1. 填空题

（1）_____是电子商务研究的核心。用户在互联网上的每个动作都可以被记录下来，这也给流量研究提供了便利。

（2）对比分析法通常将两个_____的指标数据进行比较，从数量上展示和说明研究对象规模的大小、水平的高低、速度的快慢，以及各种关系是否协调。

（3）_____分析法是指将分析研究的总体内各部分与总体进行对比的分析方法。

（4）_____分析法是指应用数理统计方法对相关数列进行处理，以预测事物的发展。

（5）一般来说，网店商品销量主要与拍下件数、拍下笔数、拍下总金额、_____、成交笔数、成交金额、成交用户数、客单价、客单价均值、回头率、支付率、成交转化率等因素有关。

2. 简答题

（1）移动电子商务数据分析的作用是什么？

（2）常用的流量指标有哪些？

（3）什么是组距式分组？

（4）一个时间序列通常由哪几种要素组成？

（5）商品关联分析内容包括哪些？

第 6 章

移动电子商务营销

移动电子商务营销是移动电子商务时代企业利用移动互联网进行的营销活动。近几年，移动互联网业务成为当今世界发展最快、市场潜力最大、前景最诱人的业务领域之一，其主要呈现形式就是移动电子商务，而移动电子商务的成功取决于移动电子商务营销的成功。

学习目标

（1）了解移动电子商务营销基础知识。
（2）掌握微信营销的相关知识。
（3）掌握微博营销的知识与技能。
（4）掌握社群营销的知识与技能。
（5）掌握直播营销的知识与技能。
（6）掌握二维码营销、H5 营销、LBS 营销、短视频营销的方法。

【思政讨论】

时间安排：5分钟。

背景描述：近几年，中华人民共和国国务院办公厅先后颁布了《关于促进移动互联网健康有序发展的意见》《中华人民共和国广告法》《中华人民共和国电子商务法》等法律法规，这一系列法律法规的出台，对移动电子商务行业的发展起到了促进作用。

讨论题目：各种法律法规和政策的颁布对整个移动电子商务行业的发展有怎样的影响？想一想，《中华人民共和国电子商务法》为我国电子商务的规范发展提供了哪些有力保障？浏览各个电子商务网站，看一看有没有营销活动违反了《中华人民共和国电子商务法》？

课后总结：经过讨论，引导学生养成遵守行业规范和法律法规的习惯，并敢于对一些违法乱纪行为说"不"。

6.1 移动电子商务营销基础知识

【知识目标】
（1）了解移动电子商务营销的概念。
（2）了解移动电子商务营销的特点。
（3）熟悉移动电子商务营销的模式。

【技能目标】
（1）能够说出移动电子商务营销的特点。
（2）能够识别移动电子商务营销的模式。

6.1.1 移动电子商务营销的概念

移动电子商务营销是指在移动互联网环境下，基于智能手机、平板电脑等移动终端设备，借助各种营销工具（如微信、微博等）或平台，完成企业和消费者之间商品和服务交换的过程。总体来说，它包含如下4个方面的含义。

（1）移动电子商务营销的产生和发展是基于移动互联网的，这是网络通信的基础。
（2）移动电子商务营销需要通过一些终端设备来完成，这些移动终端设备包括智能手机、平板电脑等。
（3）在进行移动电子商务营销时，需要借助一些营销工具或平台。
（4）移动电子商务营销的目的是完成企业和消费者之间商品和服务的交换。

6.1.2 移动电子商务营销的特点

综合来看，移动电子商务营销具有如图6-1所示的几个特点。

1. 全球性

移动电子商务营销是基于互联网技术的，而互联网的共享性和开放性决定了互联网信息无区域、无时间限制，可在全球范围内传播。因此，移动电子商务营销具有全球性的特点。

2. 精准性

移动电子商务营销可以实现精确的个性化传播。可量化的、精确的、市场定位技术突破了传统营销定位只能定性的局限,借助先进的数据库技术、网络通信技术及现代高度分散物流等手段,保证与客户进行长期个性化沟通,从而摆脱了传统沟通的高成本约束,使营销达到可度量、可调控等精准要求,不断地满足客户个性化需求,建立稳定的忠实客户群。

3. 互动性

移动电子商务营销的互动性表现在,在移动电子商务环境下,传受双方可以相互施加影响。例如,企

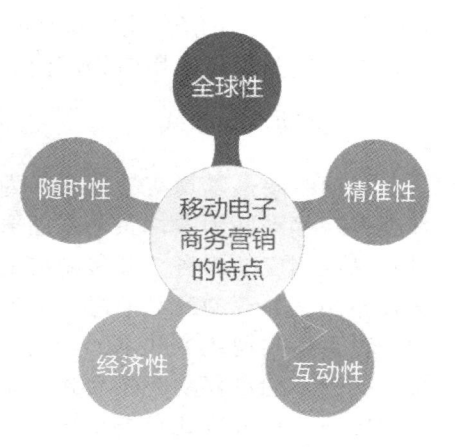

图 6-1 移动电子商务营销的特点

业可以通过广告向消费者传递信息,消费者也可以通过各种方式向企业做出回应,甚至可以利用一些平台将广告转发给自己的朋友,形成所谓的"病毒式营销"。在移动电子商务营销活动中,企业可以即时、便捷地向消费者收集信息,消费者也可以对商品从设计到定价和服务等一系列问题发表意见。这种双向互动的沟通方式提高了消费者的参与积极性,更重要的是,它能使企业的营销决策有的放矢,从根本上提高了消费者的满意度。

4. 经济性

在经济全球化的背景下,移动电子商务营销的成本相对较低,是企业用来扩展销售渠道和吸引客户的一种手段。移动终端客户群体庞大,不受时间和地域的限制;移动电子商务营销快捷、覆盖面广,也满足了客户的使用需求。通过移动电子商务营销进行信息的交流和传递,也减少了传统营销中实物的费用。

5. 随时性

由于移动电子商务营销便捷、可互动,因此具有随时性特点,即通过移动应用,消费者可以随时随地了解商品,也可以随时随地下单购买商品。

6.1.3 移动电子商务营销的模式

1. 移动二维码模式

二维码是近年来随着移动信息技术的发展而流行起来的编码方式。相比于传统的条码,二维码包含了更多的商品信息,而且具有较高的保密性和可追踪性,在移动电子商务互动营销中被广泛使用。通过移动二维码模式,能够实现商品和企业信息的快速传递,以及网络交易的快速支付;移动二维码可作为生产消费凭证,从而满足客户交易中的多方面需求;通过移动二维码模式,可以直接进入企业的网站,增加消费者对企业和商品的了解。

2. 服务地址搜索模式

通过企业服务地址进行搜索是移动电子商务互动模式中的一种,再将信息以短信形式发送到消费者手机等移动终端设备。通过对信息的读取,消费者可以通过网址进入企

业的服务界面，了解企业的商品或服务。在一些服务型企业与消费者进行的交易活动中，服务地址搜索模式应用较为广泛。

3. 移动商圈模式

移动商圈是以真实的商圈作为原型，在互联网移动电子商务平台上构建的虚拟商业环境。在移动商圈中，企业或商家可以发挥真实商圈的品牌效应，在网络上为消费者提供商品或相应的服务，开展精准的互动营销。在移动商圈模式下，企业能够通过移动终端发布图文并茂的商品信息，并通过文字和图像信息等对商品进行更加详尽的介绍和说明，也可以实现线上线下的互动，让消费者了解商品价格，并愿意接受企业的优惠和折扣。此外，通过移动商圈模式，企业或商家能够接收到消费者的预订信息，实现网上全天候服务。这种方式获得了第三方移动支付的支持，让交易变得更加快捷和安全。

4. 无线网站营销模式

无线网站营销模式通过企业的 WAP 网站完成企业与消费者的互动交流，企业通过无线网站向消费者提供商品相关的信息咨询服务，推广商品和宣传商品，并在与消费者的互动中收集市场信息并采集客户数据，进而实现企业的移动办公。通过无线网站营销模式，消费者能够了解更多的市场行情相关信息，随时随地掌握商品信息和相关服务，购买到需要的商品。

5. 蓝牙互动营销模式

蓝牙互动营销模式通过蓝牙技术实现终端设备的无线连接，进行企业信息和商品信息的宣传和推广，并通过对消费者需求信息的收集和整理，了解市场的动态信息，明确消费者的需求。这种营销模式具有速度更快、成本相对较低等特点，但是受到蓝牙技术的限制，使用的范围相对较小，不适合大范围的商品宣传和推广活动。

【要点梳理】

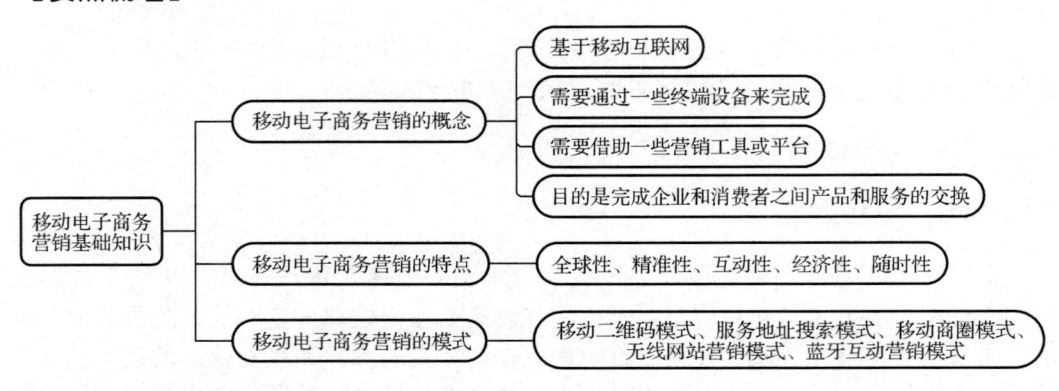

```
                                    ┌─ 基于移动互联网
                    ┌─ 移动电子商务营销的概念 ─┼─ 需要通过一些终端设备来完成
                    │                        ├─ 需要借助一些营销工具或平台
移动电子商务         │                        └─ 目的是完成企业和消费者之间产品和服务的交换
营销基础知识 ───────┼─ 移动电子商务营销的特点 ── 全球性、精准性、互动性、经济性、随时性
                    │
                    └─ 移动电子商务营销的模式 ── 移动二维码模式、服务地址搜索模式、移动商圈模式、
                                                无线网站营销模式、蓝牙互动营销模式
```

6.2 微信营销

【知识目标】

（1）了解微信营销的概念与特点。

（2）掌握微信营销的步骤与策略。
（3）理解微信营销的渠道与模式。
【技能目标】
（1）能够按照微信营销的步骤进行微信营销活动。
（2）能够按照要求制定微信营销策略。

6.2.1 微信营销的概念与特点

1. 微信营销的概念

微信营销是以微信为传播媒介的营销方式，主要目标群体是广大微信用户，是伴随微信的发展而兴起的一种移动互联网领域的新型网络营销模式，结合了线上的病毒式营销和线下的广播式营销。微信不存在距离的限制，用户注册微信后，可与周围同样注册微信的"朋友"形成一种联系，用户订阅自己所需的信息，商家通过提供用户需要的信息推广自己的商品，从而实现点对点的营销。这种营销方式针对性强、定位准、节约时间，可以有效地扩大宣传。

微信营销主要体现在通过Android、iOS系统的手机或平板电脑中的移动客户端进行的区域定位营销。商家通过微信公众平台，展示商家微官网、微会员、微推送、微支付、微活动，已经形成了一种主流的线上线下微信互动营销方式。

2. 微信营销的特点

（1）信息投放更精准。不同于其他媒体大范围的信息传递，微信由于其通信属性，投放到用户微信的信息一般能100%到达并准确传递。此外，借助微信提供的位置服务，还可以分区域投放信息，特别适合开展基于地理位置服务的营销。

（2）病毒式营销。病毒式营销也称口碑营销，是一种建立在用户关系上的利用口口相传来实现品牌传播目的的一种营销模式。微信用户数量急剧增加，形成了规模庞大的朋友圈。利用这一特点，营销人员可以在自己的公众平台上为关注的用户提供有价值的资讯和服务，在关注者中形成良好的口碑，塑造良好的品牌形象。关注者会成为所关注品牌忠实的"粉丝"，并在自己的朋友圈里推荐品牌，以帮助营销人员实现营销的目的。

（3）用户黏性较强。微信的交流方式主要是点对点的，这使商家可以和关注自己的用户建立更强、更有黏性的关系，可以通过一对一聊天等形式为用户提供电话式的服务。

（4）营销方式灵活多变。微信具有丰富的功能，朋友圈、附近、二维码、公众平台和视频号都可以成为微信营销的途径。图6-2和图6-3展示了微信朋友圈营销示例和视频号营销示例。

对于微信营销，企业需要一步一步地建立稳固的"粉丝"群体。只有用心对待微信营销，才能获得巨大的商业空间。企业微信的"粉丝"都是企业最忠实的拥护者，他们关注企业就是希望企业能够为其提供最具价值的商品，而得到这样的"粉丝"，传统营销是很难做到的，这就是微信营销的价值所在。

图 6-2　微信朋友圈营销示例　　　　图 6-3　视频号营销示例

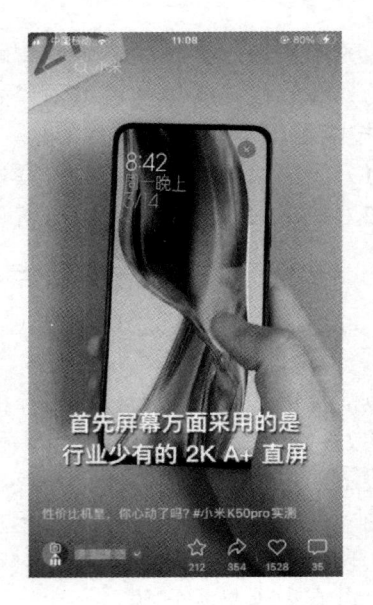

6.2.2　微信营销的步骤与策略

1. 微信营销的步骤

（1）调整心态，明确目标客户群。企业要做微信营销，先就要了解微信公众平台能为企业带来什么，又能为目标客户群提供哪些服务，最好能实现互惠互利的目的，而不是单方面的或强制性推荐。

（2）明确定位，建立公众平台。根据自己的商品确定需要发布的内容，建立公众平台，精准推送信息，为用户提供深度服务。

公众平台是一个综合性的平台，企业通过它可以完成市场调研、商品咨询及后期销售等一系列工作，而通过公众平台给用户发送图片、视频、音频等展开运营工作，把线上流量导入线下，促进消费的转化，便是微信营销的最终目的。

（3）确定营销重点。根据自己的商品确定营销重点，即确定企业的微信公众平台上要有哪些功能、有哪些内容的展示、展示方式是什么。

在功能方面，如学校的公众平台可提供翻译功能，旅游网站的公众平台可提供机票预订的功能，一些制造企业的微信公众平台有股票查询功能，美容院的公众平台有星座运势和皮肤指数查询功能。

在内容方面，"粉丝"想看什么内容就给他们看什么内容，输入命令即可给予相应的内容。例如，"粉丝"输入"你好"可以看到企业的介绍，输入"联系方式"可以查看企业的联系方式和地址，输入企业的一些部门可以查看相关部门的介绍，还有获奖、资质等命令和对应的内容页面。

这些功能和内容的重点是：目标客户群需要什么？怎么能让他们依赖企业？

（4）让老客户带来新"粉丝"。微信公众平台最大的一个好处就是能够经营客户，或者说经营"粉丝"。用微信经营老客户是微信营销重要的工作，而且老客户进行企业公众平台的推荐是具有极高转换率的，带来的新客户也是极为精准的目标客户群。

（5）全面推广。微信公众平台的推广一定是全面的推广。微信营销不是单一的推广工具，而是一个综合性极强的营销利器。微信能替企业完成从市场调研到售后客服的所有工作，企业要全面推广自己的微信公众平台，能展示二维码就展示二维码，能进行账号域名推荐就进行账号域名推荐，总之越全面越好。推广越全面，吸引的"粉丝"就越多，后期的工作就越顺利，而微信营销的效果也会越明显。

2. 微信营销的策略

（1）完善公众平台。企业要不断打磨微信公众平台中的细节，让用户在使用微信公众平台时更加便利，还能节省更多流量。企业还要突出二维码的实用性，积极扩大二维码的覆盖率，并举行相应的活动来达到引流的目的。

（2）多种媒体协调配合。

① 适当营销，防止用户出现反感情绪。打好微信营销战的第一步就是要正确认识营销的概念。大众是被动接受传统媒体中的广告的，受众接受程度低，这种途径的广告转化率就相对低。然而，进入微信时代之后，系统会根据用户的喜好推送相关的内容，用户可以自己选择偏好并主动屏蔽质量差、自身不感兴趣的广告。因此，微信营销就必须抓住用户的具体需求和消费痛点。企业公共平台必须符合大众的审美品位，而且在推送消息时，要注重内容的精简。不能用数量多且质量低的广告轰炸用户，这容易让用户产生审美疲劳，并产生排斥和厌恶的心理。因此，企业要精准掌控营销宣传的重点、力度和数量，不断优化推送内容，提升转化率，并不断寻找微信营销效益与受众品牌好感度之间的平衡。

② 与其他媒体渠道取长补短、协调配合。任何一种媒体的表现形式都有其自身的优点和可取之处。微信最初是一款以通信为基础的应用，而不是企业营销的主要渠道。因此，着手微信营销时要注重结合多种平台和渠道的优势，利用其他媒体渠道为微信营销引流，吸引流量。例如，企业可以通过在电视节目中增添自己的微信二维码和公众平台来吸引电视节目受众。

③ 循序渐进，重视后续跟进服务。企业在通过微信进行营销的同时，也将微信公众平台塑造成企业的隐形资产。企业应该用经营隐形资产的模式经营微信营销项目，并制定长期营销规划，保持初心，做好后续服务。

④ 互动聊天，将普通用户转化为忠诚客户。有时，简简单单却情谊满满的一句话就能打动用户，增进企业与用户之间的感情，培养企业的忠诚客户。因此，陪聊环节应该提前做好用户调查，找准目标客户群的消费心理。

⑤ 跟上新技术，支撑未来发展。微信的技术和功能都是不断优化的。企业应该看到微信的发展，并有效地利用这种资源。

6.2.3 微信营销的渠道与模式

1. 微信营销的渠道

（1）微信公众平台。微信公众平台是各种企业移动官网信息的载体，微信商城的创办、公众平台的基本装饰、微信官网的展现，都可以帮助企业保留忠实"粉丝"，打造属于自己的品牌。虽然本身的定位并不是销售工具，但是微信公众平台一上线，就受到了广大商家、用户和企业的重视。微信公众平台始终依靠服务价值，并且已经实现了各种支付安全设置和商家的实名认证，这也使用户对公众平台产生了信任。同时，在微信公众平台上，个人与企业都可以申请并实现后台开发，进而设置运营团队。通过短时间的学习，微信公众平台操作人员就可以熟练掌握申请、平台设置、装修、内容优化等一整套的基础操作，再引入流量、留存客户、裂变，最终实现微信公众平台的规范化运营。图 6-4 展示了微信公众平台营销示例。

（2）微信群。社交媒体使每个成员都具有创作和传递内容的能力，每个用户都可以创作和分享，其内容的真实性让人们更加信任社交平台上其他用户对某个商品或服务的评价，进而影响了人们的购物活动。通过以兴趣相同为基础的微信群可以快速获得好友，并且适度互动以增加黏性，还可以增加群体情感，从而达到营销的目的。图 6-5 展示了微信群营销示例。

图 6-4　微信公众平台营销示例　　　　图 6-5　微信群营销示例

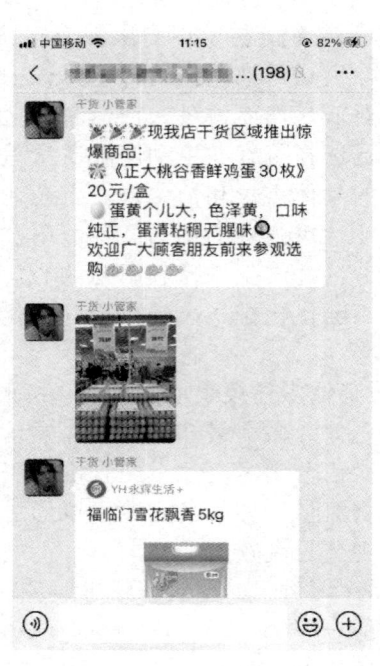

（3）微信朋友圈。微信朋友圈是一种基于联系人关系的社交平台。随着用户规模的扩大，其功能也更加丰富，联系强度比较弱的社交关系也在渐渐融入其中，成就了许多个平行、自成系统的圈子。因为朋友圈的根本目的就是便于朋友间互相交流与沟通，所以各种微信电商在朋友圈中展现商品时，可能因得不到朋友的喜欢而被屏蔽。因此，微信朋友圈营销具有局限性，消费者主动关注微信电商并且和微信电商成为好友需要缓慢的积累。

2. 微信营销的模式

（1）推广工具。使用推广工具，可以引起用户的关注，并且分析微信平台上的销售推广工具。在推出各种新品和进行促销的时候，可以利用分销商将链接发送给各种朋友，同时这些销售工具充分进行引流和推广，使其在推广过程中吸收一大批"粉丝"。同时在宣传中，各位商家能够在第三方平台上的商城中清楚地得到各种浏览数据与交易数据，并且能够对每次活动实现掌控和对比研究，这些数据研究的成果能够帮助商家顺利进行下一次活动。

（2）内容营销。在微信平台上，内容营销一般是指使用文字、声音、画面、视频等内容来进行宣传推广。商家可以通过提升内容的观赏性和趣味性，编写、发布各种有趣且与内容有关的文案吸引用户参与，最好有专业的美工团队制作、分享美图和精美文案，充分展现经营理念和品牌的形象，并且通过各种评论、回复与互动增强消费者的黏性。

（3）自媒体化。自媒体是普通人分享其自身经历和想法的平台。自媒体传播有明显的人格化传播的特征，用户能够与被关注者实现更深层的沟通。在社交媒体的时代背景下，微信营销的自媒体化也渐渐成了其发展的必然趋势。从资源的整理再到线下的宣传活动，自媒体化的营销理念，促进了微信营销的创新与进步。

【要点梳理】

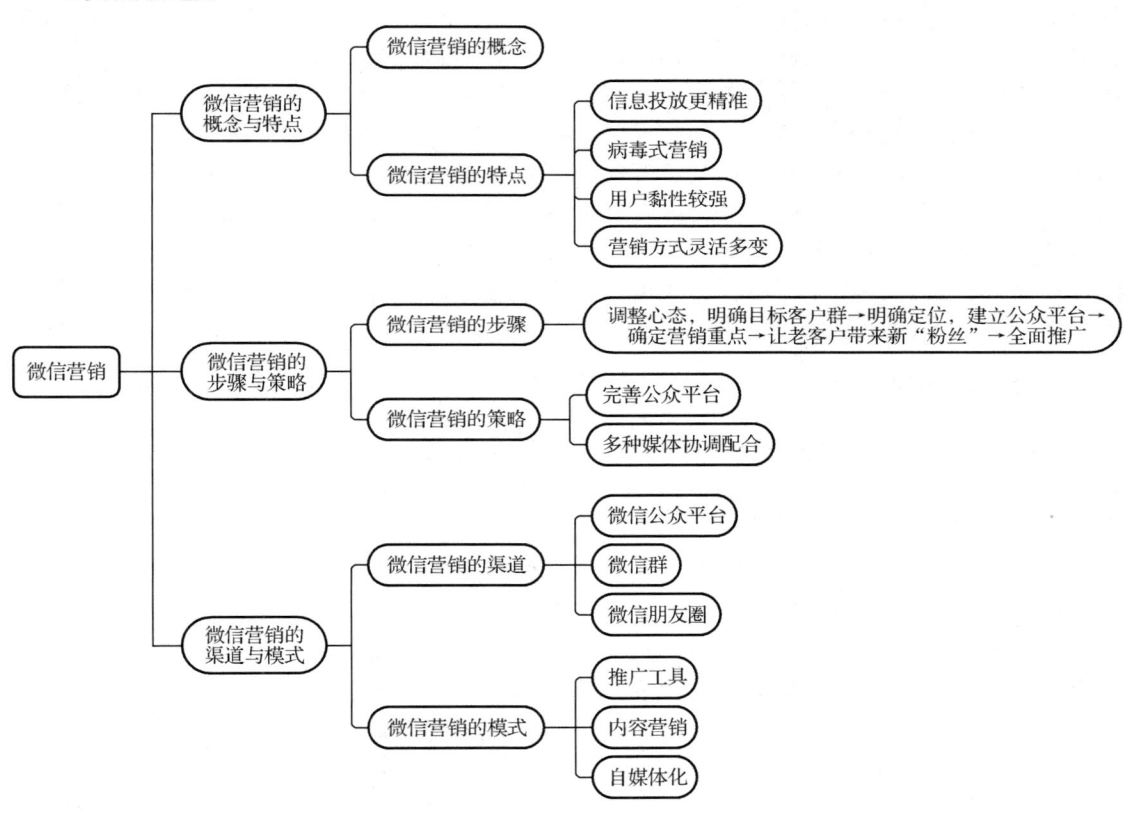

```
微信营销 ─┬─ 微信营销的概念与特点 ─┬─ 微信营销的概念
          │                        └─ 微信营销的特点 ─┬─ 信息投放更精准
          │                                          ├─ 病毒式营销
          │                                          ├─ 用户黏性较强
          │                                          └─ 营销方式灵活多变
          ├─ 微信营销的步骤与策略 ─┬─ 微信营销的步骤：调整心态，明确目标客户群→明确定位，建立公众平台→确定营销重点→让老客户带来新"粉丝"→全面推广
          │                      └─ 微信营销的策略 ─┬─ 完善公众平台
          │                                        └─ 多种媒体协调配合
          └─ 微信营销的渠道与模式 ─┬─ 微信营销的渠道 ─┬─ 微信公众平台
                                  │                  ├─ 微信群
                                  │                  └─ 微信朋友圈
                                  └─ 微信营销的模式 ─┬─ 推广工具
                                                    ├─ 内容营销
                                                    └─ 自媒体化
```

6.3 微博营销

【知识目标】

（1）了解微博营销的概念与特点。

（2）了解微博营销的功能。

（3）熟悉微博营销的优势。

(4)熟悉微博营销对消费者购买行为的影响。
(5)掌握企业微博营销策略。

【技能目标】
(1)能够说出微博营销对消费者购买行为有哪些影响。
(2)能够针对企业微博营销制定相应的策略。

6.3.1 微博营销的概念与特点

1. 微博营销的概念

微博营销是指通过微博平台为商家、个人等创造价值的一种营销方式,也是指商家或个人通过微博平台发现并满足用户的各类需求的商业行为方式。相对于强调版面布置的博客,微博内容由简单的语言组成,对用户的技术门槛很低,而且在语言组织编辑的要求上也没有博客高。这样便捷、快速的信息分享方式使企业与商家纷纷开始抢占微博营销平台,利用微博"微营销"开辟网络营销市场的新天地。

在微博营销平台上,每个用户("粉丝")都是潜在的营销对象,企业可以利用微博发布消息向用户传播企业信息、商品信息,以此树立良好的企业形象和商品形象。企业每天更新消息内容就可以与用户交流互动,还可以通过发布用户感兴趣的话题达到营销的目的。微博营销注重价值传递、内容互动、系统布局和准确定位,是基于"粉丝"进行的营销,效果尤为显著。微博营销包括认证、有效"粉丝"、话题、名博、开放平台、整体运营等。2012 年 12 月,新浪微博推出企业服务商平台,为企业在微博上进行营销提供了一定的帮助。

2. 微博营销的特点

微博是从一个单纯的社交和信息分享平台转化而来的。在网络营销时代,微博凭借巨大的商业价值成为企业重要的移动电子商务营销推广工具。微博营销的特点主要体现在以下 5 个方面。

(1)立体化。从商品的角度来说,商品不仅同质化严重,而且新商品层出不穷。在传递商品信息时,谁能做到信息立体呈现,谁就可能激发消费者的购买欲望,进而使消费者坚定购买信心并采取购买行动。从品牌的角度来说,要提高品牌的知名度、美誉度和忠诚度,离不开对品牌定位、品牌形象、品牌文化等内容的宣传,渠道的选择更是宣传工作的重中之重。微博营销可以借助先进的多媒体技术手段(如文字、图片、视频)对商品进行全方位的描述,使消费者更直接地了解到商品的更多信息。因此,微博营销不仅具备传统媒体的广告特征,而且具有数字化、立体化的特征,更具有视觉上的直观性和冲击力。

(2)低成本。营销策划中的资金预算非常重要,与传统媒体的广告营销相比,微博营销不需要冗杂的行政审批程序,也省去了企业支付给广告刊播平台的费用,不仅帮助企业节省了推广费用,还大大节约了人力成本和时间成本。在微博上,企业可以发布与企业品牌相关的文稿、图片、视频或网站链接,免费进行企业宣传。

(3)便捷性。微博操作简单,信息发布便捷。一条微博通常字数较少,发布者只需要进行简单的构思,就可以完成一条信息的发布。这比发布博客方便得多,毕竟构思一篇好博文要花费很多的时间与精力。

（4）精准度高。企业利用微博实时、畅通的沟通和反馈功能，能准确、快速地与消费者建立起紧密的互动关系，从而更好地以消费者为中心。一方面，企业可以更好地向消费者传达自己的品牌理念和企业文化，深入了解消费者的想法和需求；另一方面，企业也可以及时针对目标消费群体进行预期管理和认知管理，避免消费者产生不恰当的心理预期和错误估计。

（5）互动性强。微博营销的互动性首先体现在给消费者提供发言的机会，其次体现在可以直接为特定的潜在目标消费者量身定制个性化的反馈信息，使企业的网络营销活动更富有针对性和人情味。微博具有社交网络的开放性特征，用户可以对企业微博进行评论、转发等，企业则可以针对特定的潜在消费者进行互动回复，通过对用户的回馈，让用户感受到企业的人情味和趣味性，增强营销效果。

6.3.2 微博营销的功能

微博营销最注重的是价值的传递与内容的互动，正是因为这两点，微博营销才快速发展，以显著的营销效果创造了巨大的商业价值。通过微博，企业可以获取更加全面的潜在用户信息，了解用户的消费心理与消费习惯，并根据其特点制定准确的营销方案。微博营销的功能，简单来说就是"微博"这个工具能在营销行为中发挥的作用。微博营销的功能可以总结为4点：品牌营销、市场调查与商品开发推广、危机公关和客户关系管理。

1. 品牌营销

品牌营销（Brand Marketing）是指通过各种营销策略使目标消费者形成对企业品牌、商品和服务的认知，从而满足消费者的品牌需求的过程。微博的品牌营销功能包括以下两点。

（1）品牌的塑造和展示。与消费者相关的一般都是企业的商品或服务，企业往往需要通过媒体进行宣传，结合这些商品和服务，达到品牌形象塑造和传播的目的。在社会化营销中，企业开始以一个生动的形象同消费者接触，这个形象如何控制、如何有效表达，在企业品牌的传播方面尤为重要。微博作为社会化营销的重要平台和工具，成为企业和消费者直接接触的桥梁。在沟通和交互过程中，无论是表达的内容还是表达的方式，都可以体现企业的品牌内涵。有的企业微博目标用户是年轻人，则通过以各种年轻人喜欢的方式"卖萌"，体现品牌亲和力，塑造年轻的形象；有的企业微博将自己塑造成行业内的专家，为用户解答问题，体现出严谨、专业的内涵；有的企业微博把自己定位成一个普通的"白领"女性，与用户交流和沟通，体现出企业的时尚和活力……这些都潜移默化地影响和改变着用户对品牌的认知。

热点事件一直都是微博用户最关注的。顺应热点，企业选择适合自身形象的切入点展开营销，通过用户的参与及用户由此形成的观点，巧妙地完成品牌形象的塑造，这才是效果最好的方式。例如，某男装品牌利用父亲节这个节日热点，在微博上举行"父爱如山"的有奖征文活动，不仅展示了男人勇于担当的形象，也与自身品牌形象非常契合。

（2）品牌的对内传播。通常来说，提到品牌的传播，传统思维只考虑品牌对外部的宣传和推广，这个传播方向固然重要，但同时忽视了另一个重要的部分：品牌的对内传播。品牌是一个企业整体一致形象的体现，企业员工往往比用户更能体会企业品牌对自己的巨大影响力。因此，企业内部员工理解、认同、践行企业的品牌价值观显得尤其重要，甚至成为企业品牌营销取得成功的关键。

走在微博营销前列的戴尔公司鼓励员工开通微博，并且通过成立微博群加强员工之间非正式的交流，这实际上是一种利用微博加强企业品牌的内传播的应用。通过这种形式，员工以一种非正式的方式参与公司的各项事务的讨论，同时也不断学习、理解公司的品牌定位和品牌文化，形成一个"参与—理解—再参与"的良性循环。

公司员工的微博及他们的朋友、家人的微博，往往是营销活动传播初期的重要助力。让他们积极地参与这些活动，也需要平时通过微博平台的活动利益吸引、频繁交流等方式，向内传播企业的品牌，充分形成员工积极参与的惯性。那些拥有不同地区分公司、不同部门的大型企业往往有很多微博账号，在这些账号中，统一形象、统一背景、统一称号，其实也是一种品牌整体形象的内部梳理，这些账号相互之间能形成良好的互动关系。这些账号之间的评论、转发，在活动中的"一呼百应"，也是企业品牌的对内持续传播。

2. 市场调查与商品开发推广

市场调查是企业开展营销不可缺少的一个环节。通常情况下，企业可以通过问卷调查、人工调研、数据购买等方式调查消费者的需求，获取企业希望了解的分散化需求偏好信息。然而，这些调查方式耗费的财力和人力都较大，对于不同行业的效果也参差不齐。然而，微博为企业提供了一个低成本、高效率的创新工具。

从微博的运作方式来看，企业积累一定数量的"粉丝"后，通过微博进行营销和市场调查，成本是极低的。企业只需要注册用户，通过实名制认证，给账号加上"V"字。企业以自媒体的形式发布信息不会被收取任何费用，这样，企业只需投入极少的人力，就可以与相当大范围的受众进行交流。甚至企业员工也可以注册普通的微博账户，直接以消费者的身份进行讨论，对用户反馈的有关商品的评论进行分析和总结，从而获得普通潜在消费者的意见和需求信息。

商品开发是企业在进行营销活动之前面对的最重要的问题之一。企业进行营销，与消费者有直接、深入接触的归根结底是企业的商品。如何真正了解消费者的偏爱、满足消费者的需求、创造出能够在市场上得到广泛认同的商品，一直是企业力求解决的难题。企业完全可以通过微博这种天生带有年轻和活力特质的媒介，获得最具消费潜力的用户，迎合大众的心理，从而掌握商品开发的主动权。

企业通过微博获取了一批目标受众"粉丝"后，可直接做引流销售，带来直接的收益。例如，很多企业借助企业微博发布与自己商品相关的信息，在内容中植入商品的购买链接，目标受众在看到微博后，如果喜欢企业的商品，便可直接购买。此外，有的企业还配合微博的营销工具——微博"粉丝"通、微博橱窗等功能进行精准投放，为商品带来更多的曝光，从而让更多的目标消费群体看到并产生购买行为。

除了微博自身的推广平台，企业还可与微博的营销"大V"或"网红"微博合作，推广自己的商品。近年来，"网红"越发火爆，"网红"搭乘微直播的东风，成为时下最热话题之一。

3. 危机公关

微博既是品牌推手，又可能成为扼杀品牌的快刀和利剑。从我国微博的发展现状来看，知名企业的商品质量、信用出现问题等公众事件，一般都会迅速登上微博的热门词汇、热门转发、热门评论排行榜。

很多企业都在利用危机公关这一功能，最多的情形就是通过官方微博发表对某些企业负面消息的直接公告。这种公告很容易随着危机相关的话题得到迅速传播，而且从评论中，企业也很容易看到用户的态度、倾向及反映的问题。在实际操作中，企业往往忽视微博信息交互性的特点，还把它当成企业的免费公告板，发布一些语言生硬、态度傲慢、推脱责任的公告，这样的"官腔"发布，在企业官网造成的影响可能有限，但在微博上，不仅用户往往不买账，还可能引来更大的反对和抵制的浪潮。企业在发布公告信息的同时能够迅速收到用户密集的反馈，这种信息交互机制对企业来说是一把双刃剑。企业若把握得好，可以从反馈中不断自查，改正自己的不足，及时做出反应，以减少负面影响。

营销团队可通过微博平台实时监测受众对品牌或商品的评论及相关疑问。例如，遇到企业危机事件，可通过微博对负面口碑进行及时的正面引导，使搜索引擎中负面的消息尽快被淹没，将企业的损失降至最低。

当然，微博在危机公关方面的作用不仅仅体现在传播力上，如何面对和解决危机，关键还在于企业的态度。通常来说，发展到在微博上进行危机公关这一步，实际上意味着企业之前就出现了问题，并且问题没有得到及时的控制和解决。因此，通过微博的信息收集，使用微博检索工具、检索组件，时刻对企业品牌、商品和相关的话题进行监控，可以建立日常的监督预警机制。一旦在微博上发现和企业相关的负面信息，应及时向涉及的具体部门和人员反应，找出问题的根源，快速检索相关留言，了解情况后迅速通过私信等私下单独沟通的方式联系相关用户，力求找到信息最初的发布源头，直接解决问题。

4. 客户关系管理

客户关系管理（Customer Relationship Management，CRM）可以说既是一种理念，也是一种经营管理模式。在战略层面，企业遵循以客户为导向的原则，意味着企业进行客户管理的首要任务是对客户的信息进行系统化分析，同客户建立起个人化的关系。

（1）客户信息梳理与关系维护。通常来说，获取用户的信息需要花费很多精力和成本，收集用户的某些涉及隐私的资料还会引起用户的反感，甚至涉嫌违法违规。而微博作为一个带有社交功能的平台，个人信息展示是很普遍的现象，用户通常能够在微博中主动提供他们的地域、年龄、学历、行业、兴趣爱好等多种信息。企业通过微博可以在不打扰用户的情况下收集必要的信息。在拥有一定的用户基数后，可以使用组建群组、应用标签分类、第三方"粉丝"分析软件等多种方式，灵活地进行客户归类。这种归类可以按照地域、年龄、学历进行，甚至细分到使用的企业商品线中具体某个商品的不同，对企业复杂的用户群体进行清晰的梳理。

在以客户为核心的商业模式中，客户关系管理强调时刻与用户保持和谐的关系，不断地将企业的商品与服务信息及时地传递给用户，同时全面、及时地收集用户的反馈信息，并快速予以处理。微博以其高效的传输方式，很好地做到了这一点。智能手机拍照上传配简短文字的微博模式极大地降低了沟通门槛，而且图文并茂，相比电话、邮件等传统方式，这种客户沟通模式优势明显。同时，基于这种"微"模式，企业在进行日常正式沟通活动的同时，可以将一些生活中的"碎碎念"发布出来，从而使企业不再以冷冰冰的经济人形象示人，而成为一个人性化的、可以作为朋友的"邻居"。

微博的转发功能使企业或用户发出的信息能够快速传播给第三方。信息宛如一条线，将各自的"粉丝"串联在一起，而非传统的相互独立。这种彼此互动的关系更能够让人产生共鸣，进一步使企业、用户、潜在用户之间的关系得到巩固。通过在微博上进行信息的传播、分享、反馈，企业和用户之间的关系可以升华到互利互惠的高度。

（2）在线客服。对大部分消费者来说，过去寻找企业客服的直接感受就是一个字——难。消费者在通过企业的网络主页上提供的客服联系方式寻求帮助的时候，存在等待时间长、只在日常工作时间回复或干脆无回复的情况。微博这个时候就能够发挥很好的客服功能，它具备24小时随时联系、客服人员通过移动客户端可方便接收信息并及时反馈、可同时一对多进行沟通等特点。当然，这只是在线客服功能的一部分，企业微博可以通过内容的构建，主动帮助用户解决问题，宣传自己的服务信息。很多企业专门开设这样的账号，帮助用户迅速处理遇到的难题。对于一些专业类别的服务商，建立微博客服就更有必要了。

6.3.3 微博营销的优势

1. 用户群体广泛

微博的开放性、内容的精简性都大大降低了用户门槛。在微博用户群体中，有名人也有普通人，有大型跨国公司也有中小企业，这些用户分布广泛，覆盖了各个领域。公众在微博上获取信息并进行传播，对企业口碑的传播起重要作用。

2. 二次传播效果好

在微博营销中，二次传播的效果优于其他平台，这主要是由于微博的传播速度快和本身的社交属性造成的。在微博用户中，好友之间相互评论、转发是很普遍的事情。企业微博发布一条优质内容，该条微博可能多次出现在"粉丝"屏幕上，就是因为产生了二次传播。如此反复的传播使营销内容被不断强化，最后可能"引爆"整个网络。

3. 在线客户服务便捷

由于微博的即时性和互动性，微博在线客户服务赢得了不少"粉丝"的热捧。企业微博一般提供售前咨询、商品调查、售后维护这三类客户服务。用户只要在微博上@企业官方微博，都会很快收到回复。当"粉丝"遇到相似的问题，可以查看相关微博，这些互动记录保存在网络上，还可以被检索。相比传统客户服务渠道，微博在线客户服务在成本、响应速度、口碑宣传上都有很大优势。例如，中国电信开通了电话、宽带等业务咨询、受理、投诉等微博在线客户服务。

4. 利于病毒式营销

微博的转发功能天然具有病毒式传播的特点,这使微博成为新的病毒式营销传播方式。早期的病毒式营销以电子邮件作为载体,却因为受众对垃圾邮件的抵触,到达率并不理想。移动互联网帮助微博将信息迅速且及时地传递到每位受众眼前,有人用一对多的裂变公式形容微博的传播速度。一条有趣的微博在几分钟内就可以吸引数千人次参与转发和评论,发起一个投票可以轻松获得上万人次参与,一个话题阅读量很容易超过几亿人次。微博实现人际互联,为病毒式营销创造了绝佳场所。

5. 便于舆情监测和危机公关

微博早已成为监测企业负面信息的重要平台。微博的搜索功能或第三方工具,可以让用户方便地查询企业或商品的关键词,看搜索结果中有没有不利信息。微博上出现负面信息后,容易引起网民强烈的关注、转发,继而传统媒体也开始跟进报道,声讨的战场从线上转移到线下,事件的发展很可能毁掉一个企业。要想切断这个恶性连锁反应链,最好的办法就是在事态扩大前,通过有效的微博公关手段,快速、合理地解决危机源头。微博公关需要在及时监测信息的同时,根据具体情况采取不同的对策。对于误会要及时澄清,对于诽谤则要表明态度,将其对企业的危害降到最低。

6.3.4 微博营销对消费者购买行为的影响

1. 微博社区信息对消费者购买行为的影响

作为一个信息交流平台,社区是微博的核心模块,用户通过社区可以获得商品信息,企业也可以从社区中了解用户的详细状态。其中,用户十分注重平台上其他用户的评价,甚至其他用户的评价比企业自身的介绍更有影响力。对于销售,用户对商品评价的作用大大超过企业对商品评价的作用,同类型用户更容易获取消费者的信任。如果某个商品的微博"粉丝"推荐越来越多,消费者就会认为这个商品是相对较好的,商品的购买率自然随之提升。

2. 微博活动信息对消费者购买行为的影响

目前,大多数企业通过微博公布其商品的信息及折扣或促销活动。消费者可以通过企业微博及时了解企业相关商品的活动资讯。当消费者看到微博活动信息,对其产生兴趣时,他们会去参观线上商店或线下门店,然后决定是否购买。商品对消费者的吸引程度随着微博上活动信息的增多而增强,消费者对商品的信任度也会提高,随之而来的是购买欲的增强。

3. 转发评论数量对消费者购买行为的影响

作为一个开放性的社交平台,微博信息的评论数和转发数是公开透明的,用户可以清楚看到微博营销活动中的相关数据,消费者可以通过观察这些评论来考察此商品是否值得购买。对企业而言,它既要学会收集整理消费者的评论,从而进行适当的调整,还要研究和开发具有商业价值并能增强竞争力的新商品。商品的评论越好,转发数量越多,便越容易引起消费者的购买欲望,增强消费者对商品的信任度和了解度。

4. 微博软文广告对消费者购买行为的影响

微博软文广告是微博营销及新媒体营销的重要组成部分。企业通过软文传播商品信息和企业文化,并且在微博这个平台将信息传达给广大潜在消费者,消费者在不知不觉中被企业的软文广告影响,接收商品信息,完成由潜在消费者到实际消费者的转换。

6.3.5 企业微博营销策略

1. 微博营销模式多元化

多元化既是多方面的发展,又是多方面的整合。一是商品宣传,不要进行传统意义上的单方面传播,要学会植入式营销。二是互动营销,在微博上时不时发起与消费者的互动,这对他们而言是十分具有吸引力的。三是线上客户服务质量必须提升,应注意发布内容的时间、数量和目标的分配,使消费者养成浏览习惯。四是保持与消费者良好的关系。

2. 微博营销内容设计优化

微博作为一个社交平台,拥有无数用户,每天发布的微博达百万条。企业想要在如此多的信息中脱颖而出,吸引消费者的注意,博取他们的关注,少不了对微博营销的内容进行细加工和优化。部分企业没有抓住新媒体营销的重点,依然停留在硬性广告的输出上,但消费者已经对这类广告产生了厌恶感。微博可以合理地使用多媒体影音、文字等,达到吸引消费者的目的。同时,企业要在网上进行相应的推广活动,跟踪报道优惠活动的信息,以及与消费者进行互动,更好地吸引消费者参与,提高他们的积极性。此外,企业还要多关注热点,找出该热点与自身的联系,创造更多的热点,然后利用微博进行推广。

3. 企业利用微博充分互动

在新媒体营销中,企业更多地采用软性销售,即更重视与用户之间的交互。这对微博营销的有效性起着直接的作用。微博用户偏爱易读懂、简洁、突出重点的微博营销信息。想要增强品牌影响力,企业应该增加与用户互动的频率,从而提升活跃度,可以通过转发、评论用户微博的方式实现。

4. 企业充分利用口碑营销

在微博营销中,直接销售是次要的,企业的首要任务是引导消费者了解和相信企业,从而建立消费者和企业间的联系。随着企业"粉丝"的数量增加,这种微博营销的方式将为企业传递更多信息,并且通过不断转发,能够将这些信息传递给更多隐形的消费者。大多数消费者都存在从众心态,这种营销方式更容易产生口碑效应。利用口碑传播已经成为企业在微博营销中采取的主要手段。

一个商品或服务的评价会影响消费者的购买行为。消费者在购买商品时,会优先考虑其他用户或其他使用过该商品的朋友的评价,并且会因为他们的评价衡量是否值得购买该商品或服务。在微博平台上进行的这种口碑营销是具有一定意义和价值的,它对企业产生的影响很大。一个人的作用在口碑营销的影响下可能放大很多倍，带来意想不到的效果。企业要十分注意舆论对商品的影响力，需及时、正确引导舆论的方向。值得一提的是，微博中产生的负面口碑也是不能忽视的，负面口碑对一个企业的影响往往更深、更广。企业应该重视消费者的意见和需求，并且及时解决问题，尽量满足消费者的需要和诉求。

【要点梳理】

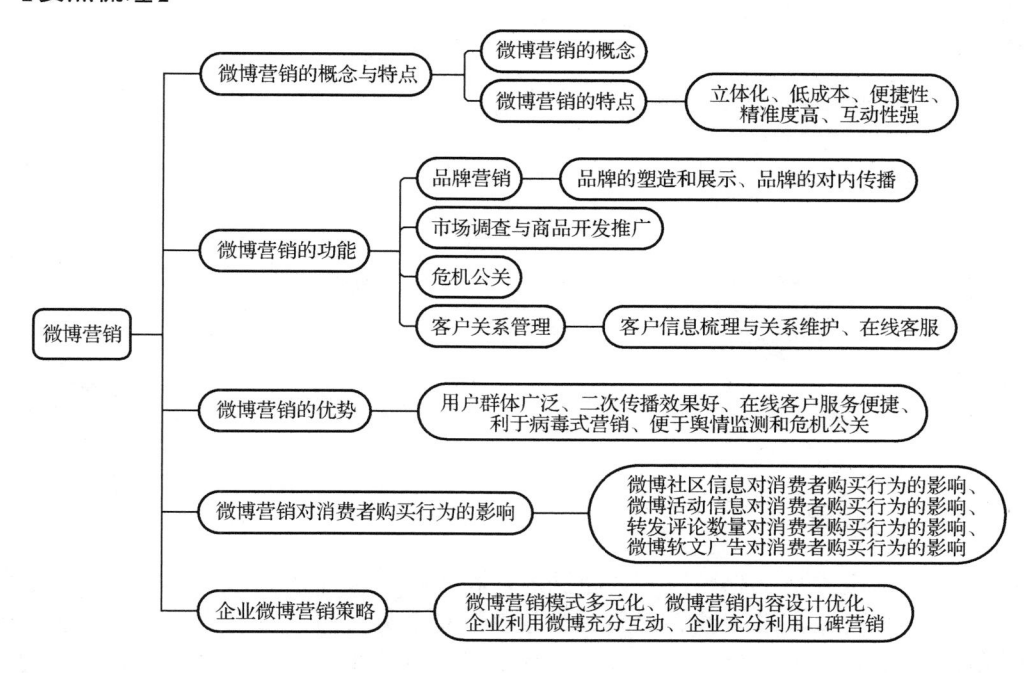

```
                    ┌─ 微博营销的概念与特点 ─┬─ 微博营销的概念
                    │                        └─ 微博营销的特点 ── 立体化、低成本、便捷性、精准度高、互动性强
                    │
                    │                        ┌─ 品牌营销 ── 品牌的塑造和展示、品牌的对内传播
                    │                        ├─ 市场调查与商品开发推广
                    ├─ 微博营销的功能 ───────┤
                    │                        ├─ 危机公关
        微博营销 ───┤                        └─ 客户关系管理 ── 客户信息梳理与关系维护、在线客服
                    │
                    ├─ 微博营销的优势 ── 用户群体广泛、二次传播效果好、在线客户服务便捷、
                    │                    利于病毒式营销、便于舆情监测和危机公关
                    │
                    │                                        ┌─ 微博社区信息对消费者购买行为的影响、
                    ├─ 微博营销对消费者购买行为的影响 ──────┤  微博活动信息对消费者购买行为的影响、
                    │                                        │  转发评论数量对消费者购买行为的影响、
                    │                                        └─ 微博软文广告对消费者购买行为的影响
                    │
                    └─ 企业微博营销策略 ── 微博营销模式多元化、微博营销内容设计优化、
                                          企业利用微博充分互动、企业充分利用口碑营销
```

6.4 社群营销

【知识目标】

（1）了解社群营销的概念。

（2）熟悉社群营销的模式。

（3）掌握企业社群营销的价值与实施策略。

【技能目标】

能够实施社群营销。

6.4.1 社群营销的概念

社群营销是基于社群而产生的一种新型营销模式，基于互联网的强连接，借助社群成员的强烈认同感和归属感，打造良好的互动体验，形成强大的凝聚力，让社群成员自觉维护品牌形象，传播品牌认知，直至销售商品，从而达到营销的目的。

6.4.2 社群营销的模式

1. 体验营销模式

体验营销模式是基于消费者的感官、情感、思考、行动、关联5个模块重新定义和设计的营销模式,这种模式不再将消费者定义为"理性消费者",而是认为消费者的消费行为"感性"与"理性"并重,研究消费者行为的关键是了解消费者在消费过程中的体验感受。

一般企业都会选择几种体验模块结合使用,很少单一使用,如果企业能够为客户提供所有体验模块,则称全面体验。通常,企业营销人员为了达到体验营销的目的,会利用一些工具来创造体验,这些工具被称为体验媒介。5 种体验模块使用时的自然顺序如图 6-6 所示。

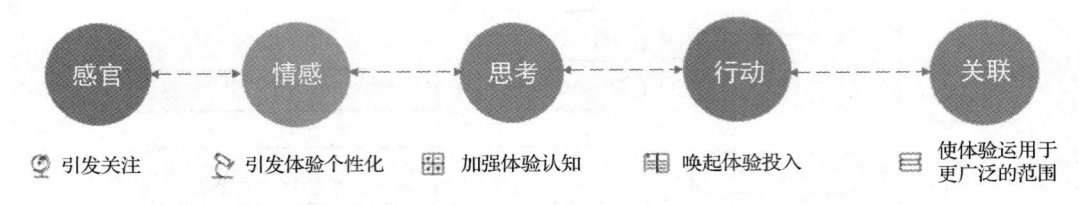

感官	情感	思考	行动	关联
引发关注	引发体验个性化	加强体验认知	唤起体验投入	使体验运用于更广泛的范围

图 6-6　5 种体验模块使用时的自然顺序

2. 一对一营销模式

一对一营销模式是企业营销人员通过识别和跟踪的方式获取客户资源并逐个与客户对话,维系客户关系,进而做到商品或服务"量身定做"的营销模式。一对一营销模式的核心是以"客户份额"为中心,通过与客户互动对话实现"定制化"。

企业实施"定制化",可基于现有商品和生产模式的现状,结合客户需求适当调整,以达到"定制化"要求,如个性化包装、灵活的配送方式、个性化的售后服务、捆绑销售等。企业采用一对一营销模式,一般针对利润空间较大的商品,以平衡定制化所需的高成本投入,这对企业的营销部、研究与开发部、制造部、采购部和财务部等各部门的沟通与合作要求更高。

3. 关系营销模式

关系营销模式是将营销活动视为企业与供应商、分销商、消费者、竞争者及政府机构或其他部门互动的全过程。关系营销模式的核心思想是与各部门建立良好的关系,以满足客户需求为第一准则,紧盯竞争者动态,在企业可承担的成本范围内适度领先竞争者。

采用关系营销模式,要求企业坚持长期研究客户的感受和行为模式,其中有两种模式,如图 6-7 所示。

4. 品牌营销模式

品牌营销模式是利用企业品牌的属性、名称、价格、包装、历史美誉、广告等无形内容,结合消费者对该品牌的印象,进行品牌推广的模式。

```
                关系营销模式
               ┌────────┴────────┐
          内部因素模式          外部因素模式
```

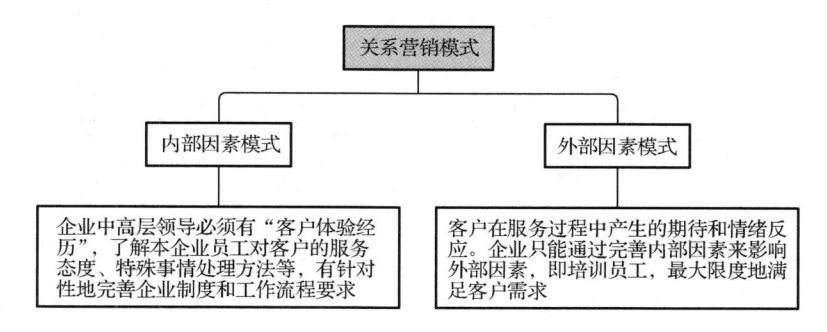

企业中高层领导必须有"客户体验经历",了解本企业员工对客户的服务态度、特殊事情处理方法等,有针对性地完善企业制度和工作流程要求

客户在服务过程中产生的期待和情绪反应。企业只能通过完善内部因素来影响外部因素,即培训员工,最大限度地满足客户需求

图 6-7 关系营销模式

品牌营销模式最常见的就是利用信息不对称营销。在对商品信息的占有上,与生产者相比,消费者一般处于弱势,因信息不完整而对交易缺乏信心。对交易来说,这种成本是高昂的,解决方法就是品牌。

当市场从卖方市场向买方市场转变时,产业增长从数量规模向质量效益转变。在这种转变中,品牌成为重要力量,一个影响力更大的品牌可吸引更多的消费者,获取更大的市场份额。品牌营销模式的核心就是品牌形象和价值的竞争。

5. 深度营销模式

深度营销模式就是以企业和客户之间的深度沟通、认同为目标,从关心人的显性需求转向关心人的隐性需求的一种新型的、互动的、更加人性化的营销新模式。

深度营销模式要求客户参与企业的营销管理过程,为客户提供无限的关心,并与客户建立长期合作伙伴关系,通过大量人性化沟通,取得使本企业的商品品牌无声地植入客户内心的效果,维系客户长久的品牌忠诚。

6. 直销模式

直销模式是通过简化、消除中间商角色来降低商品成本,并满足客户利益最大化的需求。在非直销模式中,从制造商到客户,一般存在经销商,经销商会分享该供应链产生的利润。

直销模式的三要素是公众存在消费意识、建立一对一关系、现场展示与焦点促销。由于直销直面客户,减少了仓储面积,并杜绝了呆账,削减了经销商和相应的库存带来的额外成本,因而可以保障企业及客户利益,加速企业成长步伐。

直销模式以客户需求为首要研究对象,而非竞争对手,利用细分市场和提供异质化商品切入市场。目前采用直销模式最成功的是安利公司和戴尔公司。

7. 文化营销模式

广义的文化指人类社会历史实践过程中创造的物质财富和精神财富的总和。狭义的文化指社会意识形态和组织结构。营销中的文化营销模式指的是企业(或组织)以文化为主体进行营销的行为方式。

文化营销模式下企业营销活动的三大原则如图 6-8 所示。

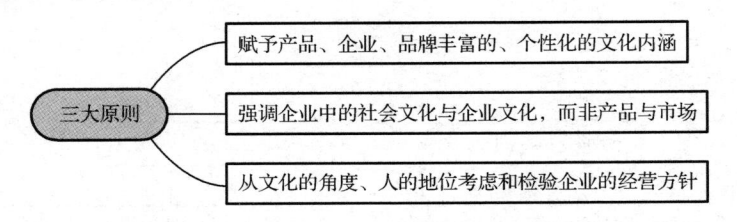

```
                    ┌─ 赋予产品、企业、品牌丰富的、个性化的文化内涵
        ┌───────┐   │
        │三大原则├───┼─ 强调企业中的社会文化与企业文化，而非产品与市场
        └───────┘   │
                    └─ 从文化的角度、人的地位考虑和检验企业的经营方针
```

图 6-8　文化营销模式下企业营销活动的三大原则

6.4.3　企业社群营销的价值与实施策略

1．企业社群营销的价值

（1）获得创新动力。通过社群营销，企业可以与客户在价值链各环节协同创新，提高自身创新研发能力和营销能力。虚拟品牌社群海量的信息流动是企业实现精准营销的大数据库和创新源泉。通过分析大量交互信息，企业可以获取消费者的需求信息和最新的创意构思，这些信息有助于进一步提升企业的创新能力，帮助企业打造出符合更多消费者个性化、差异化需求的商品和服务。

（2）降低成本。对于很多企业，尤其互联网企业，网络品牌社群营销优于传统营销。网络媒介的发达、极快的传播速度、信息的大范围覆盖、受众的庞大数量，使网络营销的效果成倍放大。网络品牌社群可以为企业培育核心客户，挖掘潜在客户，利用社群影响力和核心客户实现口碑传播，从而降低营销成本。此外，企业通过虚拟品牌社群与客户互动交流，获得了关于客户需求和偏好的大数据，降低了市场调研成本，相比耗时较长的传统的市场调查和客户调查，能更快地获得客户资料。同时，与客户交流关于商品研发的创意和意见，把客户纳入研发创新，等于降低了研发成本，低成本地开发出更多创新性商品。

（3）赢得品牌声誉。作为与客户互动交流、推动价值共创的平台，企业可以在品牌社群发布关于企业的商品和服务信息，组织各种丰富多彩的社群活动，传递品牌价值理念和品牌文化，使客户在群体活动和互动交流中获得极大满足，更容易产生群体认同感，进而深化为品牌认同和品牌忠诚，增进了企业与客户的关系。企业利用品牌社群培育了自己的核心客户和意见领袖，使他们自愿充当企业品牌的宣传大使和企业声誉的维护者。现在的消费者喜欢分享，喜欢在社交网络或现实生活中推荐、评价自己钟爱的品牌，通过口碑传播，企业品牌声誉得到传播，获得了更多品牌"粉丝"，赢得了更多的客户。

（4）维持客户忠诚。企业通过网络品牌社群和消费者广泛地交流互动，深入了解消费者的个性化、差异化需求，为消费者提供定制商品和更周到的服务，可以增加客户黏性，维持并提升客户的品牌忠诚。近年的市场营销调查显示，大众化的标准商品日渐失势，消费者对个性化商品和服务的需求越来越高，并且更加重视商品带来的体验和感受。虚拟品牌社群的出现，使企业可以为消费者打造一个互动交流、体验群体活动、参与群体协作的平台。这个平台让客户的体验需求和情感需求得到极大的满足，使他们对品牌更加信任和忠诚，成为品牌的忠实"粉丝"，并且主动担任品牌的宣传大使和营销员，带动身边的群体加入品牌体验和品牌维护中。

2. 企业实施社群营销的策略

（1）转变经营观念，重视价值共创。在商品导向时代，企业通常认为品牌价值存在于物理商品当中，只有当商品被销售出去的时候，价值才会产生，品牌的价值是通过交换创造的。企业品牌管理者的营销逻辑是客户只用提出对商品和服务的需求，然后企业通过对商品和服务的生产和交换来提取经济价值。企业扮演着生产价值的角色，并通过市场上的交换把价值转移到客户手中。当品牌关系时代来临时，客户与企业、客户与品牌、客户与商品、企业与品牌等一系列关系得到重视，人们开始认可客户是价值共同创造者，企业与客户及其他利益相关者共同创造了品牌价值。品牌价值创造过程就是企业与客户及其他利益相关者不断持续交互的过程。同时，互联网的出现赋予了消费者更多的信息主权，他们可以通过网络更深地参与到企业的生产经营管理活动中。新媒体时代的企业只有重视消费者参与，重视网络赋予消费者的信息主权，充分发挥消费者的潜能和创造力，重视品牌价值的共同创造，才能赢得客户，获得竞争优势。

因此，对于企业管理者，面对新的形势，要转变自身的经营观念，以客户为主导，重视品牌价值的共同创造，把消费者和其他利益相关者纳入企业品牌价值创造系统，充分发挥他们的主观能动性，为企业提升竞争力创造新来源、新途径。

（2）重视品牌社群的构建。随着通信技术的迅速发展和市场全球化的加剧，不同于以往孤立、封闭、单个的消费者，如今的消费者日益倾向于聚集起来，形成一个个消费者群体，他们围绕共同喜爱的品牌组成品牌社群。随着互联网的迅猛发展，新媒体时代来临，品牌社群日益虚拟化，出现了越来越多的虚拟品牌社群。虚拟品牌社群是典型的价值共创平台，在这个平台上，客户与客户、客户与企业、客户与品牌之间存在大量的交流互动，这为企业的品牌创建和传播提供了一个新的途径和平台，即企业可以通过品牌社群与客户沟通交流，了解客户的需求和想法，给予他们充分发挥主观能动性的空间，满足其参与体验需求，进一步提升品牌忠诚。

企业要重视品牌社群的构建，打造多种不同形式的品牌社群，尤其是在新媒体环境下的虚拟品牌社群。只有搭建好价值共创的平台和载体，才有更多与消费者和利益相关者交流互动的机会，才能获得更多有利于企业发展的资源和条件，才能更加了解消费者的想法和需求，创造出更多符合消费者个性化需求的商品和服务，进而赢得更多消费者，提升企业竞争力。

由于新媒体环境下的网络品牌社群和现实品牌社群融合度高，现实品牌社群向线上转移，线上品牌社群向线下延伸，二者交叉融合，连为一体。因此，企业还要重视品牌社群O2O运营，重视线上线下的协同，充分发挥不同形式社群的优势，创造最大的协同效应。

（3）重视品牌社群的投入和支持。互联网的出现使品牌社群的构建更加容易、成本更低。在人人都是自媒体的移动互联网时代，在网络上发起建立一个品牌社群很容易，关于品牌的社群越来越多，不仅有企业官方创建的社群，还有品牌爱好者和第三方创建的社群。对于品牌企业，创建品牌社群容易，要运营好品牌社群，使其发挥最大的效果，却不简单。

近年来，越来越多的企业意识到创建品牌社群的重要性，尤其是创建虚拟品牌社群的重要性，也因此建立了很多虚拟品牌社群，如开设企业官网、论坛、官方微博、微信公众平台、QQ空间等。在社群建设早期，企业通过一些营销活动吸引更多的品牌"粉丝"，但是很多企业由于没有虚拟品牌社群的运营经验，加上对品牌社群后期的投入和支持不足，导致品牌社群处于荒废的状态，甚至对企业造成了一些负面影响，失去了消费者的信任，更谈不上发挥品牌社群应有的价值共创作用。

可见，在新媒体环境下的品牌社群创建容易，后期的投入和支持也很重要，不仅包括人才投入、资金投入，还包括技术投入。不是品牌社群平台创建好了，把消费者吸引来就可以了，只有投入大量的技术资源，支持完善社群，投入大量的人力资源和网络用户互动，才能发挥出价值共创的作用。需要注意的是，在新媒体环境下的企业品牌社群通常也是企业自媒体，面对大多数年轻网络受众和全新的营销环境，必须有互联网思维和内容制作意识，熟悉网络受众的特点和网络语言的特点，才能更好地与网络用户进行沟通，打造优质社群内容，运营好虚拟品牌社群。

（4）塑造品牌社群文化。仪式和传统是构成品牌社群的必要条件之一，文化是品牌社群的灵魂。传统的仪式可以构建社群成员的共同意识，形成社群文化。仪式与传统并不是用强制的方式将思想、观念等植入社群成员脑中，而是利用长期的、有规律的刺激传递与强化社群认同的价值观，加深社群成员对社群的印象，产生联想。

新媒体环境下的品牌社群不仅是营销创新的平台，在某种程度上也具有媒体属性。社会化媒体的发展，为企业经营者塑造品牌文化、传播品牌故事创造了更加有力的条件。

【要点梳理】

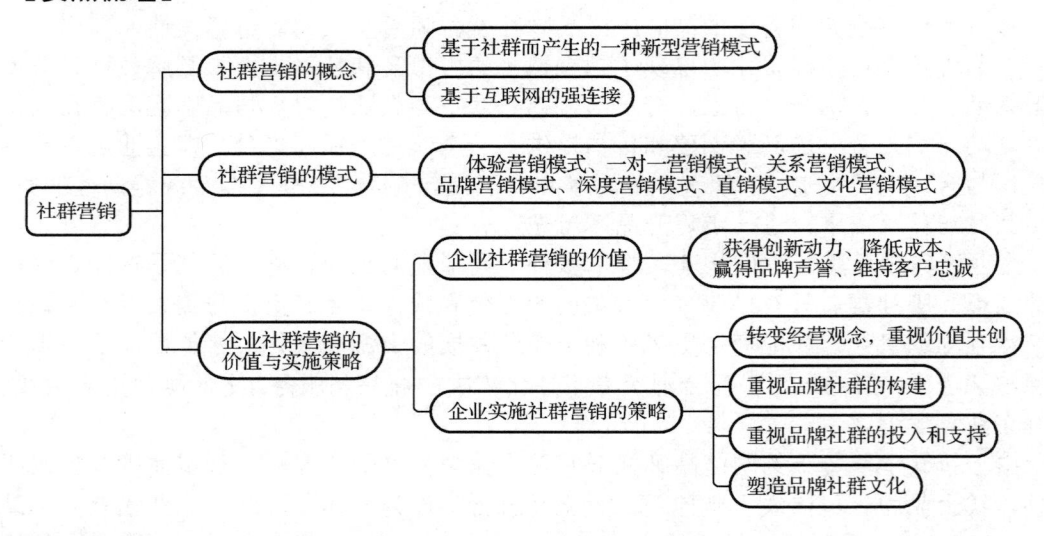

- 社群营销
  - 社群营销的概念
    - 基于社群而产生的一种新型营销模式
    - 基于互联网的强连接
  - 社群营销的模式
    - 体验营销模式、一对一营销模式、关系营销模式、品牌营销模式、深度营销模式、直销模式、文化营销模式
  - 企业社群营销的价值与实施策略
    - 企业社群营销的价值
      - 获得创新动力、降低成本、赢得品牌声誉、维持客户忠诚
    - 企业实施社群营销的策略
      - 转变经营观念，重视价值共创
      - 重视品牌社群的构建
      - 重视品牌社群的投入和支持
      - 塑造品牌社群文化

6.5 直播营销

【知识目标】
（1）了解直播营销的概念与特点。
（2）了解直播营销的模式与价值。

【技能目标】
（1）能够区分直播营销的模式。
（2）能够说出直播营销的价值。

6.5.1 直播营销的概念与特点

1. 直播营销的概念

直播营销是指在现场随着事件的发生和发展进程,同时制作和播出节目的营销方式。它通常以直播平台为载体,达到企业宣传品牌或增加销量的目的。作为数字时代背景下的创新性营销策略,直播营销与传统营销目的一致,即改变消费者对品牌的态度,激起消费者的购买欲。商家通过直播平台,利用宣传造势等手段,将用户分散在各处的注意力转移到直播平台上,聚焦某个特定的时间段,通过吸引更多注意力的方式强化用户黏性,提升品牌信任度,形成"粉丝效应",进而实现营销的最终目标。

2. 直播营销的特点

直播营销具备以下 4 个特点,如图 6-9 所示。

图 6-9 直播营销的特点

(1)准确捕捉好奇心。面对一些行业性质较为高端的企业,如 B2B 医疗企业,用户对其运作流程抱有一定的好奇心。这时候,文字描述虽然可以答疑解惑,但难免显得有点冰冷;图片虽然美观,却也只是一个定格的瞬间;视频虽然生动,但与直播相比,还是少了让人身临其境的感觉。企业若想激发和满足用户对商品的好奇心,大可试试直播营销,运用同步/全方位详细展示互动实时信息的特性,实现和用户时间、空间、信息的同步,为用户带来更真实、详尽的体验。

(2)消除品牌与用户的距离感。直播营销全方位、实时向用户展示最直观的品牌,包括部分生产流程、企业文化交流等,让用户全面了解品牌的理念和细节,这样就能让他们直观地感受到商品和商品蕴含的文化,企业也就拉近了与潜在购买者之间的距离,消除了距离感。

(3)身临其境,制造沉浸感。营销宣传环节的用户契合问题一直是企业头疼的问题。直播营销恰恰能解决这个问题,利用其特有的信息实时共享性,具体直播服务流程、商品、硬件设置(如酒店房间、景区实景等),让用户感受到具体的细节,为用户提供身临其境的场景化体验,从而制造沉浸感,实现辐射范围的最大化。

(4)发出转型信号。企业可以运用直播营销新颖、美观、时尚的直播界面,丰富、有趣的打赏方式,加上别出心裁的直播内容,使宣传方式焕然一新,消除用户心目中的刻板印象,发出营销传播转型信号。

6.5.2 直播营销的模式与价值

1. 直播营销的模式

（1）"明星"营销模式。众所周知，"明星效应"在新媒体时代，具有非常强大的效用。当前直播已经进入全民直播阶段，明星的加入无疑会吸引受众"粉丝"的注意，产生一系列的轰动效应。由于明星影响力强、关注度高，可为品牌带来颇为可观的流量。

（2）现场营销模式。将活动现场呈现给受众已经成为企业营销的一种新形式。企业通过直播软件平台将商品发布会、晚会及各种活动现场全程实时呈现给受众，加深受众的参与度，仿佛身临其境。它区别于单向的视频直播，是一种融入度较高的体验式营销。

（3）企业形象宣传营销模式。在全民直播背景下，企业开始通过直播平台宣传企业形象。与传统的企业商品和活动营销不同，企业利用消费者对企业的好奇心理，通过对企业内部的工作环境、工作流程、工作内容进行全程直播，吸引消费者加入直播间，进而深入了解企业形象，领会企业内涵，最终达到宣传企业品牌形象的目的。相比企业精心包装而成的宣传大片，消费者反而对企业日常，即企业"隐私"更感兴趣。直播让消费者了解企业的日常生产、销售活动直观，也有助于充分展示企业的形象与品牌，调动消费者参与的积极性。例如，万达集团在花椒平台开通集团内部的账号进行直播，向消费者展现别样的企业文化。这一举措体现了万达集团的营销目的与营销策略——他们的商品正如他们所处的环境一样整洁与透明。

（4）电商营销模式。在网络直播出现以前，我国网络购物主要有两种。一是 C2C 购物网站，这类网络购物使用商家对商家、个人对个人的模式，消费者借助 C2C 平台进行商品购置，如淘宝网、拍拍网等。二是 B2C 购物网站，这类网络购物通常是拥有合格的营业执照、以公司运营的专业网站，如当当网、京东网等。网络直播平台的出现，为网络电商带来新的发展机遇。"直播+电商"营销模式以其独特的魅力吸引消费者，给消费者带来一种前所未有的购物体验。

① 消费者能够全面了解商品与服务。直播平台中的视频远比图片与文字更丰富，能够更直接、更有效地展现商品信息与企业形象。

② 消费者通过直播平台，能与电商实时互动，及时了解商品细节，同时实时对商品提出反馈意见。

③ 相比传统的购物方式，直播购物能够提高购买决策效率。商家直接将商品链接放置在直播画面中，方便消费者"随看随消费"，部分直播中"网红"、明星的加入，将直播购物转变为娱乐性的生活方式，既能节省购物时间，又能达到刺激冲动消费的目的。

（5）深互动营销模式。通过网络直播平台与公众建立更密切的关系，是直播营销的一种模式。网络直播作为媒介，为主播与受众打造了一个虚拟的"朋友圈"，相比 QQ、微信等社交软件，网络直播具有更强的亲密感、熟悉感及真实感。在直播中，主播会与受众实时互动，通过亲密互动、分享生活隐私等方式满足受众对主播的好奇心，拉近主播和"粉丝"之间的距离，进而建立互相信任的朋友关系，以平等的社交地位在无形之中引领受众消费。

2. 直播营销的价值

直播营销的价值如图 6-10 所示。

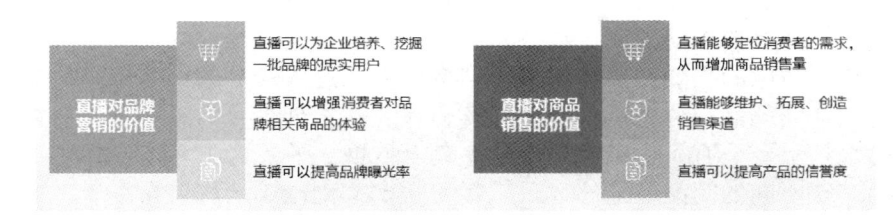

图 6-10 直播营销的价值

（1）直播对品牌营销的价值。品牌是企业的无形资产，树立一个良好的品牌形象，才能让消费者愿意与企业合作，愿意购买企业商品。所谓品牌营销，就是让品牌根植于消费者的心中，让消费者对品牌产生依赖，这些有黏性的消费者还会带动周围的人购买相关商品。也就是说，品牌营销是通过建立品牌与消费者的关系，在提高消费者忠诚度的同时，扩大销售市场的。然而，企业树立品牌形象需要极为漫长的建设过程，甚至需要花费数十年才能让品牌形象深入人心。然而，企业千辛万苦建立的品牌形象也不是绝对屹立不倒的，企业后期的运营问题、商品瑕疵、营销手段不当等都会使品牌在消费者心目中"跌价"。伴随移动互联网诞生的直播，帮助企业维护和创造品牌价值，具体如下。

① 直播可以为企业培养、挖掘一批品牌的忠实用户。随着经济的发展、人民生活水平的不断提高，购买不再仅是满足生理需求而产生的行为了。现在有一半以上的消费，都是消费者为了满足心理需求而产生的行为。因此，当今社会中，消费者在购物时时常带有强烈的情感，而品牌就是抓住消费者情感的最佳道具。使消费者对品牌变得更加"忠诚"，是直播为品牌营销创造的重要价值之一。

② 直播可以增强消费者对品牌相关商品的体验。大多数企业在线上推销中，最常采用的方式是通过一整页的"文字+图片"进行商品描述。虽然也有部分企业穿插短视频，但是这种方式其实和微博、微信等社交门户的广告极为类似，让大多数消费者难以完整、仔细地看完。然而，商品所有的使用方法、使用过程、使用细节及注意事项都可以通过直播直观地展现在消费者眼前，消费者还可以通过直播平台对商品进行提问。当直播中的商品在消费者心中留下了良好印象时，品牌的形象自然也会获得一定的提升。

③ 直播可以提高品牌曝光率。品牌曝光率是品牌营销中最重要的部分，企业建立品牌形象的过程几乎都是围绕"品牌曝光"进行的。只有让品牌尽可能多地被消费者了解、熟知，才能真正达到品牌营销的目的。直播平台汇聚了互联网中的流量，流量是人群，是消费者，把品牌丢入直播平台这种"流量池"中，自然会掀起传播的"涟漪"。然而，在品牌参与直播的过程中，企业必须不断地做直播内容上的创新，向消费者展示最新颖、最有趣的品牌文化内涵，才能在"流量池"中不断地吸收流量。否则，即使直播为品牌带来了价值，这种价值也是短暂的，因为消费者在无法获得新颖、有趣的内容的时候，就会在心理上产生厌倦，最终造成品牌价值流失。

（2）直播对商品销售的价值。直播营销不仅可以创造品牌营销价值，还可以增加商品销售量。在企业拥有足够商品的前提下，直播主要在以下 3 个方面影响企业商品的销售量。

① 直播能够定位消费者的需求，从而增加商品销售量。消费者的需求是影响商品销售的主要因素，消费者会根据自身的购买力、消费动机及需求数量，决定是否购买商品或购买多少商品。消费者的需求是影响商品销售量的绝对因素，商品的需求量大，销售量自然就会增加。在传统的营销方式中，企业往往需要花费极高的成本才能开发出一小块消费者市场。直播的出现改变了以往企业费尽心思开发市场的局面，直播不仅可以轻松地为商品找到相应的市场，甚至可以让消费者主动进入商品的销售市场。同时，直播的精细化能够帮助商品定位精确的消费者群体，观众根据自己的兴趣选择直播内容，从而在细分的直播平台中有了更准确的定位，使互联网中的流量在各个领域中的分化、汇聚更加明确，让不同的商品都能够通过直播平台定位到准确的流量市场。

② 直播能够维护、拓展、创造销售渠道。目前企业的销售渠道主要有成熟渠道、成长渠道、空白渠道3种，直播在这3种渠道中都能够发挥巨大的作用。

企业已有的成熟销售渠道是企业目前商品销售量的主要来源。企业需要对这种渠道进行维护，防止消费者流失，导致销售量下降。维护成熟销售渠道最好的方式就是社交，而直播平台作为当下最时尚的社交平台，自然可以维护好这种销售渠道。

企业正在发展的成长渠道是未来企业商品销售量的重要来源。这是一种充满潜在商品销售价值的渠道，大多数企业在采用传统营销模式的时候都无法顾及这种渠道。而企业通过直播就能够在成长渠道上进行有效的投入，通过拓展成长渠道，使商品销售量大幅增加。

企业还未开发的空白渠道是企业未来销售量的战略根据地。空白渠道相对于成长渠道更难开发，因为企业在使用传统模式开发空白渠道的时候，需要先对市场进行准确的评估，断定空白渠道确实拥有销售潜在价值，才能进行营销活动。这一过程往往需要消耗大量成本，所以大多数中小型企业会选择放弃开发新的空白销售渠道。然而，企业利用直播进行营销，就完全不用担心开发空白渠道造成的成本浪费。"直播+"本身就包含许多销售渠道的营销模式，不同的"直播+"与不同的内容相结合，只要内容能够满足消费者，都可以创造出巨大的流量。有了流量，就等于为商品销售量的增加奠定了基础。

③ 直播可以提高商品的信任度。商品质量好是商品信任度形成的前提，而测评商品质量的是消费者。消费者在选择商品的时候，一般情况下都会选择信任度高的商品，有时候商品信任度甚至在品牌影响力之上。消费者可以通过直播直接看到商品的来源，对于商品的信任度自然就会上升。

【要点梳理】

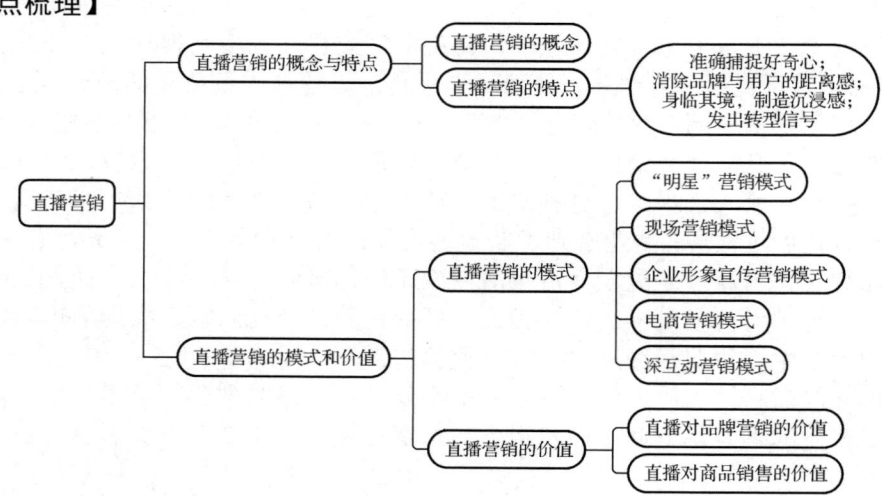

```
                              ┌─ 直播营销的概念
         ┌─ 直播营销的概念与特点 ─┤
         │                    └─ 直播营销的特点 ─ 准确捕捉好奇心；
         │                                      消除品牌与用户的距离感；
         │                                      身临其境，制造沉浸感；
         │                                      发出转型信号
直播营销 ─┤
         │                    ┌─ 直播营销的模式 ─┬─ "明星"营销模式
         │                    │                 ├─ 现场营销模式
         └─ 直播营销的模式和价值 ┤                 ├─ 企业形象宣传营销模式
                              │                 ├─ 电商营销模式
                              │                 └─ 深互动营销模式
                              │
                              └─ 直播营销的价值 ─┬─ 直播对品牌营销的价值
                                                └─ 直播对商品销售的价值
```

6.6 其他营销

【知识目标】
(1) 了解二维码营销的概念和优势。
(2) 了解二维码营销的渠道。
(3) 了解 H5 的概念和 H5 营销的优势。
(4) 熟悉 LBS 营销的概念、特点和模式。
(5) 了解短视频营销的概念、特点和趋势。

【技能目标】
(1) 能够进行二维码营销。
(2) 能够进行 H5 营销。
(3) 能够进行短视频营销。

6.6.1 二维码营销

1. 二维码营销的概念

二维码也称二维条码,是用按一定规律在平面上(二维方向上)分布的黑白相间的图形记录数据符号信息的。随着智能手机的普及和移动互联网应用的飞速发展,二维码已成为普通媒体与互联网媒体交互的最佳桥梁,一个网址、一张名片、一串优惠码、一段新闻等信息都可以用二维码记录。二维码已成为互联网时代最好的商用载体,以及企业热捧的营销手段。

二维码营销是指通过传播二维码图片,引导消费者扫描二维码,从而传递相关的商品资讯、商家推广活动等,刺激消费者进行购买的新型营销方式。二维码常见的营销互动类型有视频、购物页面、资讯、网店地址、社交媒体链接等。使用二维码营销的常见行业包括美容护肤、健康、家居日用、时尚、汽车等。

二维码营销蓬勃发展,无处不在,无论是名片、纸袋、报纸,还是杂志、商品、广告,甚至是传单、海报(见图 6-11)、手册(见图 6-12)、衣服(见图 6-13),都有二维码的踪影。二维码的特点就是方便、简单,无论是图片、视频还是文件,都可以通过二维码生成器生成,而客户想要获取这些信息,只要扫描就能轻松实现。目前微信用户量巨大,微信公众平台、微商城、微店也在迅速发展,用户扫描后直接成为商家的"粉丝",商家对于用户的广告推送也变成永久性的,这些优势都是其他营销方式做不到的。

图 6-11 海报二维码营销

2. 二维码营销的优势

(1) 运营成本低,效果好。与传统广告相比,二维码营销可以节省大量运营成本,效果也比其他广告好。

图 6-12　手册上的二维码营销 　　　　　图 6-13　衣服上的二维码营销

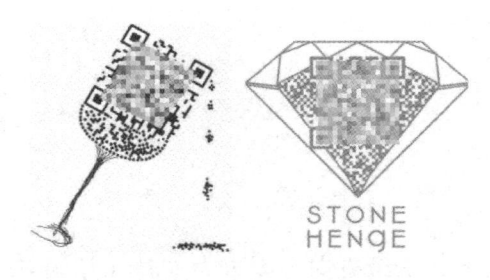

（2）有创意，可实现精准营销。二维码营销属于新型的营销方式，容易被消费者认同和接受。有意愿扫描的人群都是对商家营销内容比较感兴趣的，这样可以实现精准投放。现在，二维码不仅仅是黑白的色块，其中也会加入很多创意元素，这些创意元素有利于吸引用户，如图 6-14 所示。

（3）跨越线上线下，立体营销。商家鼓励用户扫描二维码并关注店铺公众平台，而通过流量

图 6-14　二维码的创意元素

转化，其中一部分潜在消费者就会变成线下的实际消费者。

（4）能够与传统的广告、企业活动完美结合。现在很多广告都附有二维码，企业在举办活动的时候也将二维码展示在明显的地方。这样，二维码就与传统的广告及企业活动完美结合起来了。

3. 二维码营销的渠道

通常来说，二维码营销的渠道可以分为线上营销渠道和线下营销渠道两种。

（1）线上营销渠道。这是二维码营销最常见的营销渠道，而且种类较多，如微信、微博、抖音短视频等，这些都可以归结为基于社交平台的渠道类型。将制作好的二维码植入社交平台中，利用社交平台的强社交关系和分享功能，可以实现二维码的快速、广泛传播。图 6-15 展示了将二维码植入微信公众平台推送的文章中。

（2）线下营销渠道。与其他营销方式相比，二维码的线下传播具有非常高的适应性。随着二维码在人们生活中的渗透程度越来越高，二维码的线下应用场所变得越来越多。例如，在商品包装（见图 6-16）、宣传单（见图 6-17）上都可以印上二维码。

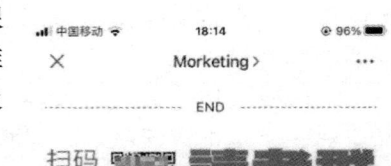

图 6-15　将二维码植入微信公众平台推送的文章中

图 6-16　商品包装上的二维码　　　　图 6-17　宣传单上的二维码

6.6.2　H5 营销

1．H5 的概念

H5 是 HTML5 的简称。H5 是 HTML 最新的修订版本，是一种超文本标记语言。H5 有两大特点：首先，强化了 Web 网页的表现性能；其次，追加了本地数据库等 Web 应用的功能。

支持 H5 的浏览器包括 Firefox（火狐浏览器）、IE9 及更高版本、Chrome（谷歌浏览器）、Safari、Opera 等；傲游浏览器（Maxthon），以及基于 IE 或 Chromium（Chrome 的工程版或实验版）的 360 浏览器、搜狗浏览器、QQ 浏览器、猎豹浏览器等国产浏览器同样具备支持 H5 的能力。

2．H5 营销的优势

（1）应用形式更加简单。H5 营销是基于网页的营销方式，用户无须下载，不占用手机内存，可即点即用，方便快捷。可以说，只要能打开网页，就能进行 H5 营销。相对来说，H5 营销门槛较低，用户的使用代价也较小。

（2）内容更加聚焦。从内容的颗粒度来说，H5 营销的内容更加具体、细致，一般一个 H5 针对一个专门的活动，内容一般是会议邀请、组织招聘、商品推广、品牌传播等。从某种程度上来说，App 营销是功能性营销，H5 营销是场景性营销。

（3）传播方式更加灵活。目前，H5 营销主要依赖微信平台进行传播，具体包括在微信群、公众平台、朋友圈分享消息，通常运用发红包、分享有奖等激励措施促进 H5 的二次推广，从而达到病毒传播的效果。

（4）传播更加迅速。由于微信具有即时、高效的特点，因此依赖微信平台的 H5 传播的速度非常快，经常出现一个 H5 页面在几小时内传遍朋友圈的情况。伴随 H5 的快速传播，营销范围也会非常广泛。

（5）版本升级更加便捷。由于 H5 本身就是网页创建的，因此版本升级只需要在网页上直接调试和修改，无须用户做任何更新，并且兼容性极强，制作人员几乎不用考虑用户的机型与适配性问题。更重要的是，H5 的版本升级成本很低，可以随时视情况做出相应调整。

6.6.3 LBS营销

1. LBS营销的概念

LBS是基于位置的服务（Location Based Service），它是通过各运营商的无线网络或外部定位方式获取移动终端用户的位置信息，在地理信息系统（Geographic Information System，GIS）平台的支持下，为用户提供相应服务的一种增值业务。

LBS营销就是企业借助互联网或无线网络，在固定用户或移动用户之间完成定位和服务销售的一种营销方式。这种方式可以让目标客户更加深入地了解企业的商品和服务，最终达到企业宣传品牌、提升市场认知度的目的。

2. LBS营销的特点

（1）精准性。LBS营销是基于LBS进行的，可以将虚拟化社会网络和实际地理位置相结合。运营商可以通过用户的签到、点评等获取用户的消费行为轨迹，包括时间、地点和频率等信息。企业可以通过用户使用的LBS服务分析出其签到商家数量等LBS数据，掌握用户的生活方式和消费习惯，从而能够有针对性地为用户推送更精准的营销广告信息，还可以根据用户的消费特征制定更加准确、有效的市场细分策略和营销方案。

（2）安全性。LBS营销在为用户提供服务便利的同时，必须保护好用户的隐私信息，否则就会造成用户信息泄露，甚至导致用户被跟踪、被攻击等严重后果。

（3）注重用户习惯培养。LBS营销需要满足两个前提条件，一个是用户必须主动分享自己的地理位置信息，另一个是用户必须允许设备接收企业的营销信息。在进行LBS营销时，需要注重用户习惯的培养，要让用户愿意接收营销信息，只有这样，才能更好地发挥LBS营销的价值。

3. LBS营销的模式

（1）基于LBS的签到营销模式。这种模式源于美国Foursquare网站，被引入中国后成为国内LBS商业模式的最初形式。用户通过在LBS服务平台上签到，分享个人位置、照片和个人状态实现社交互动，获得积分、勋章和优惠券等奖励。国内用户对这种签到模式的认可度并没有预想的那样高，企业在吸引新用户并维护老用户方面存在较大困难，加之商家没有找到切实可行的盈利模式，因此这种模式并没有形成较大的市场规模。

用户认可度低的主要原因是没有签到动力及对个人隐私的考虑。经常使用签到服务的用户，动机都来自获得折扣，特别是餐饮行业如餐馆、咖啡厅、酒吧的优惠活动。我国在移动互联网基础设施、商业环境及文化价值观等方面都与国外存在较大差异，复制而来的仅仅是签到这一表现形式，属于盲目照搬商业模式的外壳；对于Foursquare网站的核心商业模式并没有进行深入研究，对其内在商业价值的开发还处于较低水平。另外，国内平台的开放性不够，限制了LBS相关应用的广泛传播，因此国内基于签到营销模式的商品仅停留在小众层面。

（2）基于LBS的生活服务模式。

① LBS+手机地图。基于LBS的手机地图应用是目前最具代表性的生活服务模式之一。手机地图最常用的功能包括地点查找、路线导航和定位。随着人们对交通出行及本

地生活服务需求的不断增加，手机地图中各类生活服务功能也在逐渐丰富。手机地图在地图服务的基础上提供了大量生活服务信息，如附近银行、ATM、商铺、餐馆及休闲娱乐场所等的查询。目前，LBS+手机地图已经成为众多手机的标准配置，手机地图逐步实现了从应用工具到基于 LBS 的移动位置服务平台的转型。LBS+手机地图这一生活服务类营销模式基于消费者对位置信息的依赖，具备良好的发展前景。

② LBS+O2O。O2O 是指线上与线下相结合的商业模式。O2O 将线上的互联网营销与线下的商务机会结合在一起，让互联网成为线下交易的前台。近年来，移动支付的不断成熟使 O2O 的产业链变得更加完善，线上线下资源得到了进一步的整合。LBS+O2O 模式将位置服务与生活服务紧密结合，在生活服务方面具有广阔的应用空间。以大众点评网为代表的餐饮行业、以去哪儿网为代表的旅游行业及以滴滴打车、快的打车为代表的打车行业形成了 LBS+O2O 商业模式发展的主要动力集群。

基于 LBS 的生活服务模式打破了传统交易方式中信息不对称的壁垒，注重在特定时间和地点的信息匹配，满足了供需双方的共同需求。手机地图、手机打车等移动应用与本地化服务相结合，成为连接线上与线下的重要平台，给人们的交通出行、娱乐餐饮及购物等带来较大便利，不仅增加了用户黏性，还加大了移动电子商务的渗透力度。

(3) 基于 LBS 的社交营销模式。LBSNS 是 LBS 和社交网络服务（Social Networking Services，SNS）的结合，LBS 负责提供信息，SNS 负责满足用户需求，二者结合实现了技术服务与社交功能的有机组合。Foursquare 网站就是典型的 LBSNS 模式，Foursquare 网站借助该商业模式用户保有量大、盈利模式清晰的特点创造了巨大的商业价值。目前，国内外均已在此基础上出现 LBS+O2O+SNS 模式，力求实现移动社交与线下消费的完美组合。国内的互联网企业如腾讯、新浪微博等纷纷推出基于 LBS 功能的手机客户端应用，其中最热门的应用当属腾讯公司推出的微信，集成了文字、图片、视频、语音短信、查找附近好友、二维码扫描等多重功能。

基于 LBS 的社交类应用以用户的个人位置信息展示和生活状态分享作为切入点，极大地提升了用户的关联度和黏性。社交类应用引入位置服务后突破了时间和空间的限制，基于朋友圈的口碑传播更给营销活动增加了外部驱动力。总之，基于 LBS 的社交营销模式将成为未来移动电子商务营销的主流力量。

(4) 基于 LBS 的商业营销模式。基于 LBS 的商业营销模式主要以商业信息和广告推送为主。目前较常见的商业模式是基于 LBS 的定位功能，根据用户的喜好实现精准投递，为用户推送所在位置周边的购物、餐饮、休闲娱乐活动等信息和资讯。例如，给机场附近的用户推送休闲娱乐方面的内容，给商场附近的用户推送各种折扣信息，给电影院附近的用户推送影讯等。

6.6.4　短视频营销

1. 短视频营销的概念

新媒体时代，随着社交视频应用的快速发展，短视频正从一种简单的信息载体转变为一种非常流行的在线销售和交流方式。短视频营销是指企业利用短视频作为分销载体，将商品信息传递给现有和潜在的消费者，影响公众的感知、态度和行为，最终实现消费转化。传统媒体时代，广告和营销主要围绕信息到达的程度和重复的频率加深公众的记忆，提高品牌的知名度。而新媒体时代，短视频营销可以纵向、深入地覆盖商品与消费者的联系节点，促进消费转化。通过短视频平台，企业可以整合互联网的海量数据，照顾不同用户的观看习惯和喜好，精准地推送用户喜欢观看的短视频内容，将商品向消费者进行病毒式传播，进而提高转化效率。

2. 短视频营销的特点

（1）病毒式的传播速度及难以复制的原创优势。从当前各种热门的短视频平台可以看出，相比传统营销模式，短视频营销的传播速度将互联网的优势发挥得淋漓尽致。重要的是，短视频"短"的特点，在快节奏的生活下尤其受到用户青睐。只要内容好，就能大范围传播。

（2）低成本简单营销。相比传统广告营销的大量投入，短视频营销入驻门槛低，成本也相对较低，这也是短视频营销的优势之一。短视频内容的创作者可以是企业，也可以是个人，内容制作、用户自发传播及"粉丝"维护的成本相对较低，但是制作短视频需要好的内容创意。

（3）数据效果可视化。相比传统营销，短视频营销的一个明显特点就是可以对短视频的传播范围及效果进行数据分析，如多少人关注、多少人浏览、转载多少次、评论多少次、多少人互动等，都可以直观地看到各项数据。同时，可以通过数据分析、观察，掌握行业风向，做出调整，并及时优化短视频内容。

（4）可持续性发展的传播。短视频一旦受到了用户的关注和喜欢，系统就会持续不断地将视频推送给更多的人，有效地提高短视频的展现频次。

（5）高互动性。网络营销具有高互动性的特点，而短视频营销则很好地利用了这一特点，几乎所有的短视频都可以进行单向、双向甚至多向的互动交流，从而提升短视频传播速度和范围。

（6）指向明确，用户精准。做短视频运营之前，首先要先做一件事：账号定位。根据账号的垂直定位，针对垂直领域的目标用户制作短视频，指向明确。

3. 短视频营销的趋势

（1）内容营销仍为核心力量，优质短视频产能增强。随着近两年的高速发展，短视频行业的人口红利已经到达瓶颈，用户使用习惯渐趋稳定，行业竞争却愈发激烈，越来越多的平台参与进来，多元化的内容使用户注意力更加稀缺，优质内容生产仍是短视频营销的发展需要和社会期望。为此，快手平台上线快手课堂项目，积极创作优质的乡村内容，大力推广非遗文化；腾讯称将投入 50 多亿元为内容创作和发展提供基金；抖音、快手等短视频平台相继推出青少年模式，约束青少年使用行为，抵制劣质视频产出；抖音头号英雄答题呈现出内容的多元化特征，包含知识技能类、科学辟谣类、常识学习类、诗词音乐类等。新型主流媒体也持续进入短视频行业，提高优质短视频产能，丰富短视频内部生态，引发内容革命，推进短视频营销升级。

（2）突出短视频场景营销，增加用户体验价值。以用户需求为导向，基于短视频载体的场景为用户提供精准的服务，便能在品牌方建立场景的同时巧妙融入商品信息，使营销趋于无形。

目前，短视频场景营销的一些有益尝试颇有启发价值。"记录美好生活"是抖音发展的核心理念，抖音积极构建线上线下场景，全方位地为用户创造持久的感官体验。例如，创办"美好映像志"，与品牌商合作，将多个城市的热门地标作为视频拍摄地，以短视频的形式体现人们的日常活动，快节奏地呈现多视角的生活场景，充满时尚感和艺术感；线下与高德地图合作，发起"不可思议发现官"，邀请明星出席，与用户一起打卡大街小巷的美好地标，在提升用户体验感、增强用户参与感的同时，提高了抖音与高德地图的知名度，宣传了城市旅游文化。场景融入使短视频营销不再是简单的娱乐消遣，更是能够融合现代技术，与用户产生共鸣的生活方式。今后，短视频营销需积极探索如何为用户创造更加"有用"和"有趣"的场景，更深地挖掘用户体验价值，才能创造美好明天。

（3）发展"短视频+"新生态方式，短视频营销向跨平台发展。通过"短视频+"在已有平台创建和嵌入新的短视频功能，探索出有针对性的"短视频+"新生态方式，进行跨平台联动合作，寻找营销新模式，将是未来短视频发展的一个基本方向。例如，淘宝推出"短视频+电商"，以短视频形式为消费者提供更好的商品挑选体验；知乎推出"短视频+知识问答"，增加视频专区，使用户可以更直观地分享和交流意见；大众点评推出"短视频+美食推荐"，增设"+号"功能和视频专区，满足用户美食、出行需求；途家推出"短视频+在线租赁"，方便用户通过短视频在线看房、租房，更加直观便捷；唱吧上线"短视频+音乐"，增设录制功能，添加内容板块；陌陌在苹果应用商店推出"短视频+社交"软件，上线短视频交友商品"对眼"。短视频平台也积极与传媒方展开合作，2020年1月24日，字节跳动以6.3亿元与欢喜传媒合作，于大年初一在今日头条、西瓜视频、抖音火山版等在线平台免费播放《囧妈》；快手投入30亿元，成为中央电视台2020年春节联欢晚会独家互动合作伙伴。5G、人工智能、物联网、虚拟现实等技术相互渗透，将带来更多的"短视频+"新生态，跨平台联动发展成为未来短视频营销的必然趋势。

【要点梳理】

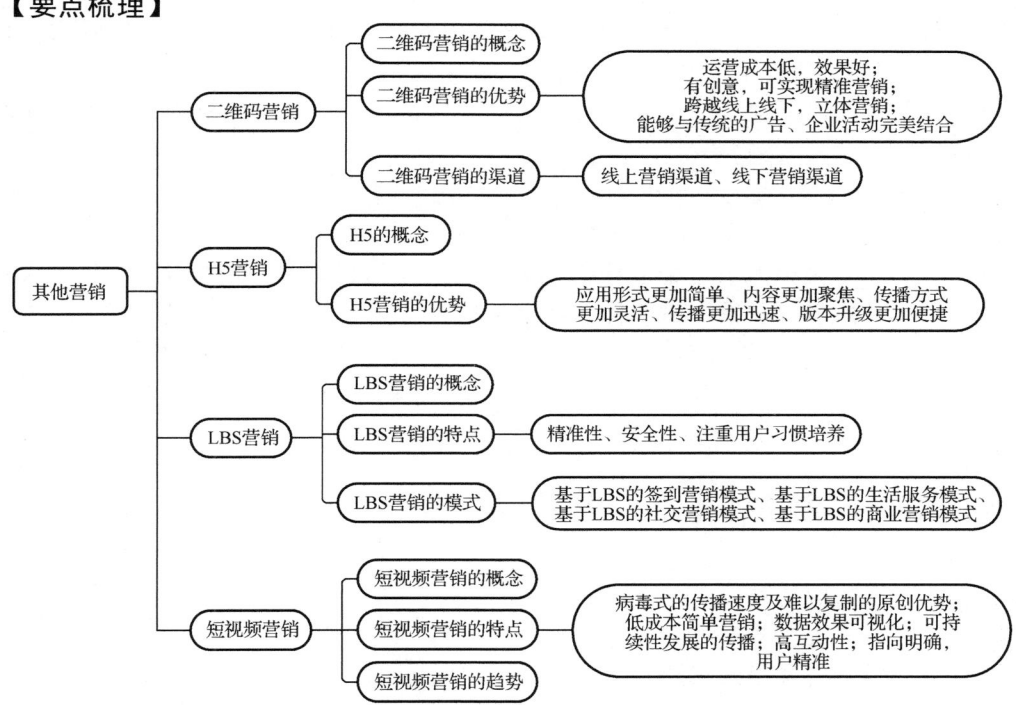

课后实训

分析小米手机的营销模式

实训目的

（1）了解移动电子商务的营销模式。
（2）学会分析某商品的营销模式和营销效果。

实训内容

多渠道收集、整理小米手机的营销模式，并对其整个营销体系进行分析，总结出其网络营销模式有哪些，并分析这些营销模式的优势和劣势。

实训步骤

（1）登录微信、微博、论坛等，收集有关小米手机的营销广告，分析其营销模式。
（2）总结小米手机的营销模式及营销效果，写成报告。

思考与练习

1. 填空题

（1）移动电子商务营销的互动性表现在，在移动电子商务环境下，传受双方可以_____。
（2）病毒式营销也称_____，是一种建立在用户关系上的利用口口相传来实现品牌传播目的的一种营销模式。
（3）微博营销最注重的是价值的_____与内容的_____，正是因为这两点，微博营销才快速发展，以显著的营销效果创造了巨大的商业价值。
（4）_____营销模式是企业营销人员通过识别和跟踪的方式获取客户资源并逐个与客户对话，维系客户关系，进而做到商品或服务"量身定做"的营销模式。
（5）_____是指通过传播二维码图片，引导消费者扫描二维码，从而传递相关的商品资讯、商家推广活动等，刺激消费者进行购买的新型营销方式。

2. 简答题

（1）简述微信营销的步骤。
（2）简述微博营销的功能。
（3）什么是社群营销？
（4）直播营销有哪些特点？
（5）二维码营销有哪些优势？

第 7 章 移动电子商务支付

如今,移动电子商务支付无时不在,无处不在。人们的衣食住行都与移动电子商务支付联系得越来越紧密。可以预见的是,移动电子商务支付将继续发展,并更加深入地影响和改变人们传统的消费习惯。

学习目标

(1)了解移动电子商务支付基础知识。
(2)熟悉移动支付系统的组成和系统架构。
(3)了解移动支付模式。
(4)掌握第三方支付的相关知识。
(5)了解移动电子商务支付安全与风险防范。

【思政讨论】

时间安排：5 分钟。

背景描述：CNNIC 发布的第 49 次《中国互联网络发展状况统计报告》显示，2019 年以来，数字人民币试点测试规模有序扩大，应用领域逐步拓展，促进了我国数字经济规模扩张与质量提升。截至 2021 年 12 月 31 日，数字人民币试点场景已超 808.51 万个，累计开立个人钱包 2.61 亿个，交易金额 875.65 亿元。试点有效验证了数字人民币业务技术设计及系统稳定性、商品易用性和场景适用性，增进了社会公众对数字人民币设计理念的理解。未来将进一步深化在零售交易、生活缴费、政务服务等场景试点使用数字人民币，将数字人民币研发试点落脚到服务实体经济和百姓生活中去。

讨论题目：数字人民币的发行对我国数字经济的发展有怎样的促进作用？我国发行数字人民币的重要意义是什么？数字人民币的发行会对我国的第三方支付产生怎样的影响？

课后总结：经过讨论，使学生感受我国发展的成就，并进一步理解我国对数字经济的重视。

7.1 移动电子商务支付基础知识

【知识目标】
（1）了解移动电子商务支付的概念与特点。
（2）了解移动电子商务支付的类型。
（3）掌握移动电子商务支付的流程。

【技能目标】
（1）能够区分移动电子商务支付的类型。
（2）能够画出移动电子商务支付的流程。

7.1.1 移动电子商务支付的概念与特点

1. 移动电子商务支付的概念

移动电子商务支付即移动支付，也称手机支付，是指用户通过手机、智能终端等移动设备，依托移动通信网络或借助智能终端与支付受理终端之间的信息交互技术发起支付指令，完成货币资金转移的行为。与传统电子商务支付相比，移动电子商务支付增加了移动性和终端的多样性，无线系统允许用户访问移动网络覆盖范围内任何地方的服务，通过对话交谈和文本文件直接沟通。个人手持移动设备使用广泛，使移动支付比传统支付的基础资源更加雄厚。

2. 移动电子商务支付的特点

移动支付是电子支付方式的一种，因而具有电子支付的特征，但因其与移动通信技术、无线射频技术、互联网技术相互融合，又具有自己的特征。

（1）移动性。随身携带的移动性，消除了距离和地域的限制。移动支付结合了先进的移动通信技术，用户可以随时随地获取需要的服务、应用、信息和娱乐。

（2）及时性。移动支付不受时间、地点的限制，信息获取更及时，用户可随时查询、转账或消费。

（3）定制化。基于先进的移动通信技术和简易的手机操作界面，用户可定制自己的消费方式和个性化服务，账户交易变得更加简便。

（4）集成性。以手机为载体，通过与终端读写器近距离识别进行的信息交互，运营商可以将移动通信卡、公交卡、地铁卡、银行卡等各类信息整合到以手机为平台的载体中进行集成管理，并搭建与之配套的网络体系，从而为用户提供更加方便的支付及身份认证渠道。

7.1.2 移动电子商务支付的类型

根据不同的分类标准，移动电子商务支付可以有不同的类型，具体如下。

1. 按获得商品的渠道分类

根据获得商品的渠道不同，移动支付可分为移动服务支付、移动远程支付、移动现场支付 3 种类型。

（1）移动服务支付。移动服务支付是指用户购买的是基于手机的内容或应用（如手机铃声、手机游戏等），应用服务的平台与支付费用的平台相同，皆为手机，以小额支付为主。

（2）移动远程支付。移动远程支付有两种方式：一种是支付渠道与购物渠道不同，如通过有线网络购买商品或服务，而通过手机支付费用；另一种是支付渠道与购物渠道相同，都通过手机完成，如通过手机远程购买彩票等。

（3）移动现场支付。移动现场支付是指在购物现场选购商品或服务，通过手机或移动 POS 机等支付。移动现场支付有两种方式：一种是利用移动终端，通过移动通信网络与银行及商家进行通信，完成交易；另一种是只将手机作为 IC 卡的承载平台及与 POS 机的通信工具完成交易。

2. 按交易金额分类

根据交易金额的大小不同，移动支付可分为微支付和宏支付两种类型。

（1）微支付。微支付是指交易金额少于 10 美元的支付，通常是指购买移动内容业务，如游戏、视频下载等。

（2）宏支付。宏支付是指交易金额较大、通常不少于 10 美元的支付，如在线购物。

3. 按业务模式分类

根据业务模式的区别，移动支付可分为手机代缴费、手机钱包、手机银行、手机信用平台、手机支付 5 种类型。

（1）手机代缴费。手机代缴费的特点是代缴费的额度较小且支付时间、额度固定，用户缴纳的费用在移动通信费用的账单中统一结算，如个人用户的电子邮箱服务费代收等。

（2）手机钱包。

① 手机钱包的定义。手机钱包是指装有电子现金、电子零钱、电子信用卡、数字现

金等电子货币,常用于在网上进行小额购物的一种电子支付手段。

手机钱包是一种新式钱包,实际上是一个用来携带电子货币的可独立运行的软件,其作用与我们日常生活中所用的钱包类似。电子商务活动中的电子钱包通常都是免费提供的,国际上有 VISA Cash 和 Mondex 两大手机钱包服务系统,中国银行也推出了中银电子钱包等。

② 手机钱包的特点。虽然手机钱包的功能与日常生活中所用的钱包功能类似,但是手机钱包在应用和表现上具有很多优势。手机钱包的特点如图 7-1 所示。

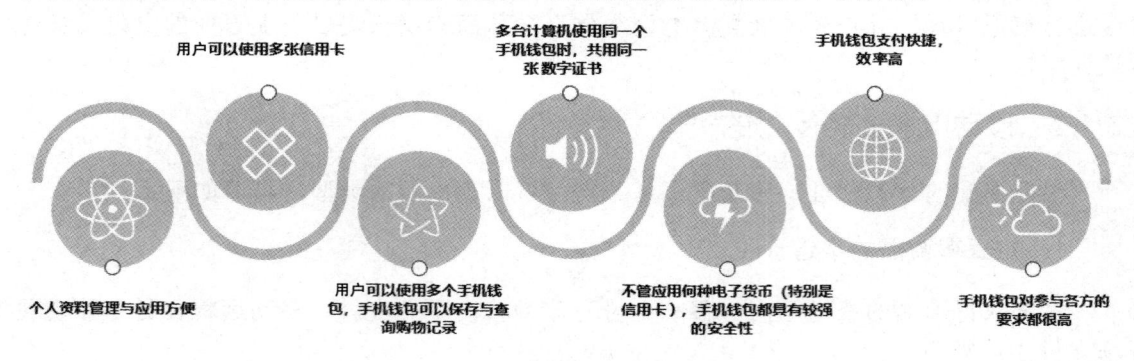

图 7-1　手机钱包的特点

③ 手机钱包的分类。手机钱包的分类如表 7-1 所示。

表 7-1　手机钱包的分类

分类方式	内容
根据存储位置不同分类	根据存储位置不同,可将手机钱包分为服务器端手机钱包和客户端手机钱包。服务器端手机钱包是在商家服务器或手机钱包软件公司的服务器上存储消费者的信息,客户端手机钱包是在用户自己的计算机上存储自己的信息
根据发行机构不同分类	根据发行机构不同,可将手机钱包分为通用手机钱包和行业手机钱包。通用手机钱包是银行发行的,行业手机钱包是由行业卡演变而成的,目前公交行业是行业卡应用最多的领域之一

(3) 手机银行。手机银行也称移动银行,是一种比较典型的移动电子商务应用。简单来说,移动银行就是以手机、平板电脑等移动终端作为银行业平台中的客户端来完成某些银行业务的。用户能够在任何时间、任何地点,通过移动终端以安全的方式完成诸如转账、交费等业务,而不需要亲自去银行或向银行打电话咨询。

当前,在互联网金融和利率市场化改革的双重压力下,商业银行传统业务的盈利空间变得越来越狭窄。为了适应互联网时代的市场需求,各银行必须在传统业务之外开展电子银行业务(包括网上银行、电话银行、手机银行、自助银行及其他离柜业务),而手机银行凭借其成本低、不受时间和地点限制等优势,成为各家商业银行今后业务发展的重点。

(4) 手机信用平台。手机信用平台的特点是无线网络运营商和信用卡发行单位合作,将用户手机中的 SIM 卡等身份认证技术与信用卡身份认证技术相结合,从而实现一卡多用的功能。例如,在某些场合,接触式或非接触式 SIM 卡可以代替信用卡,用户只需要提供密码,即可使用信用资费。

(5) 手机支付。手机支付是目前运用最广的移动电子商务支付方式之一,它在无线网络运营商和商业银行间加入了第三方机构，如中国银联。这种包括第三方机构的转接平台具有"一点接入、多点服务"的功能。手机支付通常有查询、缴费、消费、转账等主要业务项目。由于有第三方机构的介入，银行和无线网络运营商在技术、业务等方面更易协调。手机支付具有以下几种类型，如表 7-2 所示。

表 7-2 手机支付的类型

类型	内容
SIM卡支付	SIM卡支付是手机支付的最早应用，将用户手机的 SIM 卡与用户本人的银行卡账号绑定，建立一一对应的关系，用户通过发送短信的方式在系统短信指令的引导下完成交易，操作简单，可以随时随地进行。SIM 卡支付服务强调移动缴费和消费
扫码支付	扫码支付是一种基于账户体系搭建起来的新一代无线支付方案。在该支付方案下，商家可把账号、商品价格等交易信息汇编成一个二维码，并印刷在各种报纸、杂志、广告、图书等载体上发布
指纹支付	指纹支付即指纹消费，采用目前已经成熟的指纹系统进行消费认证，即用户使用指纹注册成为指纹消费折扣联盟平台的会员，通过指纹识别即可完成消费
声波支付	声波支付是利用声波的传输，完成两个设备的近场识别。其具体过程是，第三方支付商品的手机客户端内置声波支付功能，用户打开此功能后，用手机麦克风对准收款方的麦克风，手机会播放一段"咻咻咻"的声音，收款方接收到声波后会自动处理，用户在自己手机上输入密码，即可完成支付

4. 按接入方式分类

根据接入方式不同，移动支付可分为 5 种类型：STK（SIM Tool Kit）方式、IVR（Interactive Voice Response）方式、USSD（Unstructured Supplementary Service Data）方式、WAP 方式、Web 方式。

（1）STK 方式。STK 即用户识别应用发展工具，它包括一组用于手机与 SIM 卡交互的指令，这样可以使 SIM 卡内运行应用程序，从而实现增值服务。用户在以 STK 作为接入方式时，需要编辑一条包含特定内容的短信，并发送至某个特别号码。在接到系统提示后，用户需进行短信确认。确认之后，支付操作便已完成，系统会用短信通知用户支付结果。

（2）IVR 方式。IVR 即交互式语音应答。在使用 IVR 方式作为接入方式时，用户首先需要拨通接入号码，随后按照语音提示进行操作，输入订单号、手机号码、支付密码等信息，完成支付操作。

（3）USSD 方式。USSD 即非结构化补充数据业务。USSD 技术集短信的可视操作界面、GPRS 的实时连接等优点于一身，而且交互速度快，特别适合实时、高速、小数据量的交互式业务。显然，USSD 方式特别适用于移动支付。

（4）WAP 方式。WAP 是无线网络的标准，由多家大厂商合作开发。WAP 开发的原则之一就是要独立于空中接口。所谓独立于空中接口，是指 WAP 应用能够运作于各种无线承载网络上。目前，WAP 方式比较少见，不过，WAP 可提供类似于万维网的菜单，用户只需要点击相应的菜单项就可以完成支付操作，使用起来很方便。随着手机价格和 WAP 资费的下降，WAP 方式有可能受到青睐。

（5）Web 方式。所谓 Web 接入方式，就是以互联网作为选购界面。此时，用户可在互联网上挑选商品，并通过互联网激活手机支付。该方式有利于服务提供商开发、提供应用。Web 方式具体包括 KJava 方式和 BREW 方式。

7.1.3 移动电子商务支付的流程

移动支付的渠道与信息传播方式有关。当前，国外移动支付服务可通过短信、红外线、RFID.K-Java、WAP、蓝牙、USSD 等渠道实现支付流程。在我国，用户主要通过 WAP、SMS 完成一个简单的支付流程。近来，由于 RFID 和 NFC 技术的成熟，我国开始利用红外技术完成支付流程。无论使用什么技术完成交易，交易额主要通过两种方式支付。第一种方式是从手机话费中支付，主要由无线网络运营商执行金融结算操作，用户可以通过预先充值的话费支付，也可以分别单次支付。由于这种流程有悖于经济法规，故被限制在小额支付业务中。第二种方式是用户首先将自己的银行账户与手机号码关联，然后通过这种关联，交易额直接从用户银行账户支取，此时的手机仅作为信息传递的工具使用。

在移动支付的流程中，银行体系和无线网络运营商体系是绝对主导者。二者不仅是资金管理机构，也是相关技术的推动者，而且由于银行控制资金流，无线网络运营商控制手机信息流，二者相辅相成。移动支付的流程如图 7-2 所示。

用户 → 手机 → 银行/无线网络运营商 → 商户

图 7-2　移动支付的流程

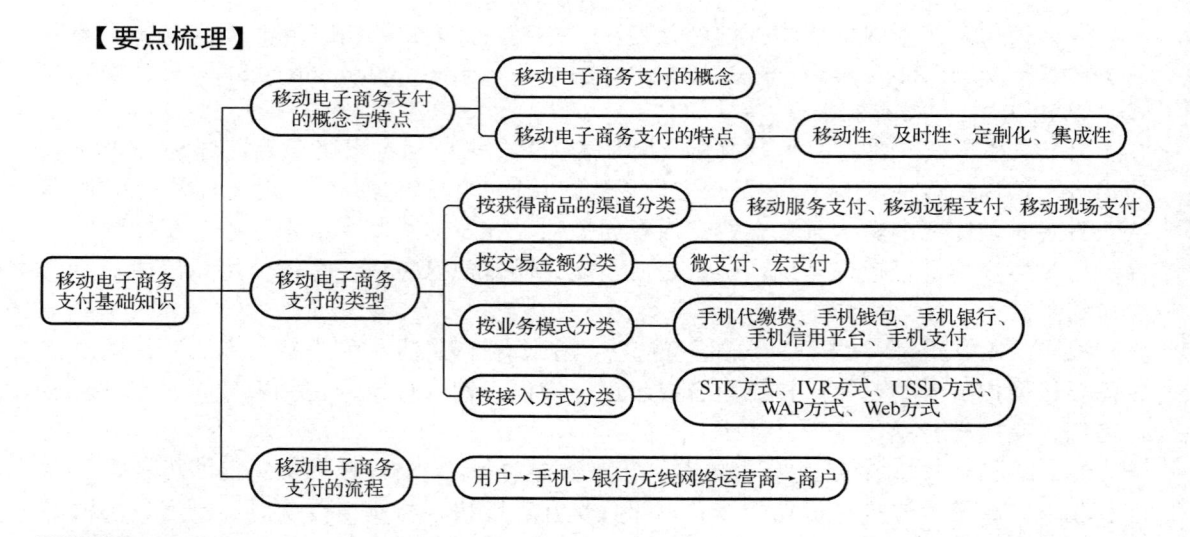

【要点梳理】

移动电子商务支付基础知识
- 移动电子商务支付的概念与特点
  - 移动电子商务支付的概念
  - 移动电子商务支付的特点 —— 移动性、及时性、定制化、集成性
- 移动电子商务支付的类型
  - 按获得商品的渠道分类 —— 移动服务支付、移动远程支付、移动现场支付
  - 按交易金额分类 —— 微支付、宏支付
  - 按业务模式分类 —— 手机代缴费、手机钱包、手机银行、手机信用平台、手机支付
  - 按接入方式分类 —— STK方式、IVR方式、USSD方式、WAP方式、Web方式
- 移动电子商务支付的流程 —— 用户→手机→银行/无线网络运营商→商户

7.2 移动支付系统

【知识目标】
（1）熟悉移动支付系统的组成。
（2）了解移动支付系统架构。

【技能目标】
（1）能够说出移动支付系统的组成。
（2）能够画出移动支付系统架构。

7.2.1 移动支付系统的组成

移动支付系统主要由 3 个部分组成,即消费者前台消费系统、商家管理系统和无线网络运营商手机支付平台。

1. 消费者前台消费系统

消费者前台消费系统的作用是保证消费者能够顺利购买到所需的商品和服务,并可随时观察消费明细账目、余额等信息。

2. 商家管理系统

商家管理系统主要用于查看销售数据和利润分成情况。

3. 无线网络运营商手机支付平台

无线网络运营商手机支付平台包括鉴权系统和计费系统。该平台既要对消费者的权限、账户等进行审核,又要对商家提供的商品和服务进行监督,看是否符合法律规定,并为利润分成最终实现提供技术保证。

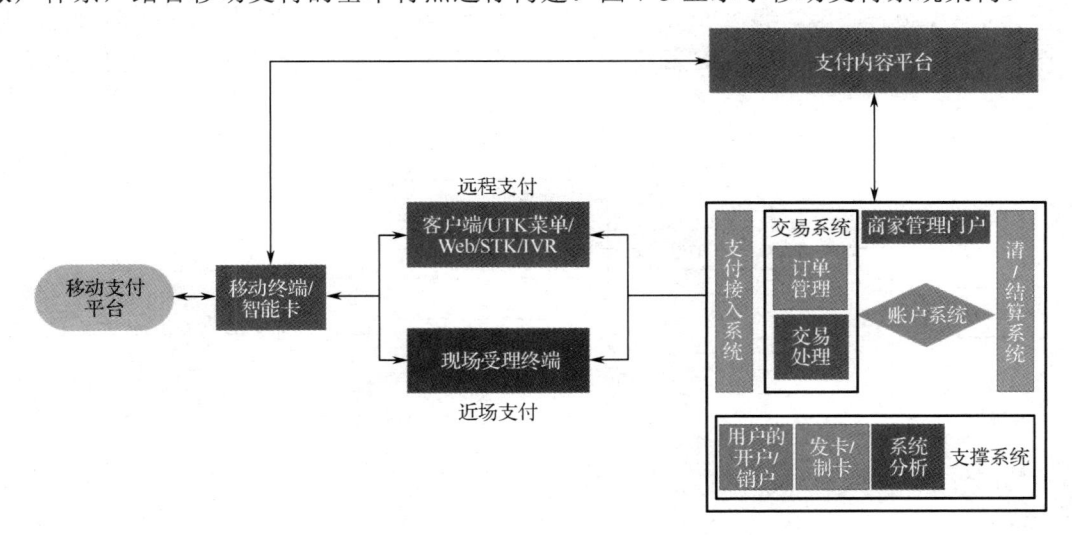

7.2.2 移动支付系统架构

移动支付系统的核心是账户间资金的安全转移,因此,移动支付系统架构应该围绕账户体系,结合移动支付的基本特点进行构建。图 7-3 显示了移动支付系统架构。

图 7-3 移动支付系统架构

移动支付系统架构以账户系统为核心,由移动终端/智能卡、远程支付的客户端/UTK 菜单/Web/STK/IVR、近场支付的现场受理终端、支付接入系统、交易系统、商家管理门户、账户系统、清/结算系统、支撑系统、支付内容平台等几个部分组成。

(1)移动终端/智能卡。移动终端/智能卡是指移动支付用户持有的设备,主要包括手机、PDA、移动 PC、RFID 智能卡等设备。

（2）远程支付的客户端/UTK 菜单/Web/STK/IVR。在远程支付中，用户通过手机上的支付客户端、智能卡上的 UTK 菜单、Web、STK、IVR 等方式执行商品选购、订单支付等功能。

（3）近场支付的现场受理终端。在近场支付中，用户在商家的经营场所（超市、商场等）选定商品后，或者在乘坐公交车、观看电影时，持带有 RFID 功能的移动终端/智能卡，通过现场受理终端进行刷卡，即可完成支付和认证。

（4）支付接入系统。用户通过移动终端/智能卡接入移动支付平台的统一入口，完成支付环节的处理。支付接入系统作为用户设备和平台之间的一道安全屏障，保障了移动支付平台和账户资金的安全。支付接入系统主要包括近场支付的 POSP 接入平台，远程支付的 Web 门户服务器、STK 接入服务器、IVR 接入服务器。

（5）交易系统。交易系统是完成支付交易流程的基本事务处理系统，通过接收支付接入系统的支付请求，执行订单管理和交易处理等功能。

（6）商家管理门户。商家管理门户是支付内容提供商接入移动支付平台的统一入口，也是商家访问支付平台的统一门户。通过该门户，商家可以执行管理账户、查询交易订单、申请支付接入等功能。

（7）账户系统。账户系统主要负责管理账户信息。

（8）清/结算系统。清/结算系统主要执行交易订单的对账和资金清/结算功能。其中，对账包括与商家应用系统的对账、与金融机构的对账等。

（9）支撑系统。支撑系统主要包括用户的开户/销户、发卡/制卡、系统分析等功能。

（10）支付内容平台。支付内容平台是在支付过程中提供内容或服务的系统，不局限于无线通信渠道，如用户通过 PC、互联网也可以使用支付内容平台的服务。提供支付内容平台的机构可以是商城、B2C 商家、专营的第三方公司、校企服务公司、便民服务公司、公交公司等。

【要点梳理】

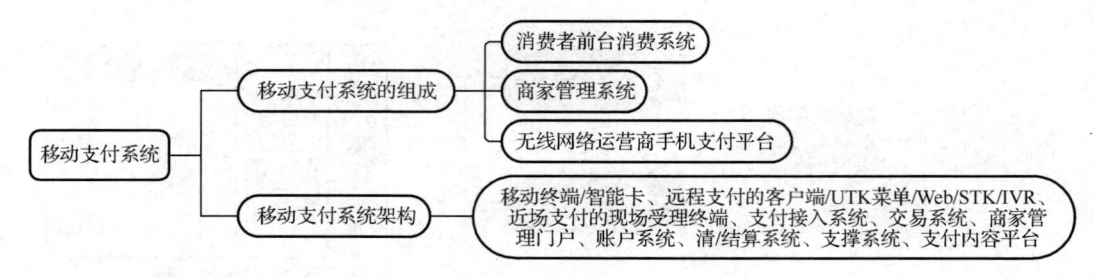

移动支付系统
- 移动支付系统的组成
  - 消费者前台消费系统
  - 商家管理系统
  - 无线网络运营商手机支付平台
- 移动支付系统架构
  - 移动终端/智能卡、远程支付的客户端/UTK菜单/Web/STK/IVR、近场支付的现场受理终端、支付接入系统、交易系统、商家管理门户、账户系统、清/结算系统、支撑系统、支付内容平台

7.3 移动支付模式

【知识目标】

（1）了解远程支付模式。

（2）熟悉近场支付模式。

（3）掌握扫码支付模式。

【技能目标】

（1）能够利用 NFC 功能进行近场支付。

（2）能够利用手机进行扫码支付。

7.3.1 远程支付模式

远程支付是指用户与商家不是面对面交互，而是通过移动通信网络，使用移动终端设备与后台服务器进行交互，由后台服务器完成交易处理的支付模式。按照使用的技术类型，远程支付主要包括智能短信支付、智能卡支付、无卡支付 3 种类型。

1. 智能短信支付

智能短信支付要求用户预先将手机号与支付账号绑定，通过手机编辑和发送短信的形式进行支付。在支付过程中，包含支付信息的指令从用户的手机发送到短信处理平台，系统识别并审核之后，支付信息被发送到移动电子商务支付接入平台，与账户的管理系统对接，完成相应的支付。整个过程主要由短信处理平台与移动电子商务支付接入平台交互完成支付处理。

短信处理平台由无线网络运营商建立和管理，在移动终端和支付接入平台之间进行短信发送，而且依据规定，短信的传输应遵守无线网络运营商相关的通信协议，不允许在一条短信中同时出现账号和密码等涉及个人账号的敏感信息。智能短信支付的远程支付以现有的手机和通信网络环境为基础，使用门槛较低，实施成本及难度较小。然而，由于智能短信支付存在安全方面的限制，因此较难实现复杂环境下的支付。

2. 智能卡支付

智能卡支付是指用户通过存储着支付信息的智能卡进行安全认证的远程支付业务。智能卡的一个主要功能就是进行电子支付，包括基于互联网平台为电子商务服务的网络支付。智能卡具备两种网络支付模式，即智能卡的在线支付模式和离线支付模式。

（1）智能卡的在线支付模式。根据获取智能卡信息的方式不同，智能卡的在线支付模式可以分为带读卡器的智能卡网络支付模式和不带读卡器的智能卡网络支付模式。对于带读卡器的智能卡网络支付模式，用户在使用网络支付时需要提前购买一个专用的智能卡读卡器，安装在上网的计算机上，整个操作过程由智能卡硬件自动化操作，安全保密、方便快捷，减少了用户的重复手动操作。不带读卡器的智能卡网络支付模式是指有些银行发行的智能卡配有一个智能卡号，即在发卡行办理智能卡的用户同时拥有一个与智能卡对应的资金账号。当此智能卡号用于网络支付结算时，其实是用这个资金账号进行支付的，这种智能卡的网络支付模式类似于信用卡的网络支付模式。在此模式下，不需要使用专用的智能卡读卡器，用户就可以直接通过在网页上填写智能卡号与应用的密码来完成支付。

（2）智能卡的离线支付模式。由于智能卡本身存储能力非常强大，卡中可以存入电子现金这样的网络货币，因此持卡人可以直接使用智能卡进行离线支付。离线支付并不是指智能卡与持卡用户或商家的计算机离线，而是指使用智能卡进行网络支付时，智能卡的读卡器不需要和发卡银行的网络实时连接，即无须银行实时中介支付处理，而是直接通过智能卡读卡器的读/写功能完成整个支付结算过程。

3. 无卡支付

无卡支付是指用户通过互联网浏览器或移动设备客户端，经互联网与支付平台交互完成支付业务。无卡支付可以通过互联网、手机、电视或语音的方式，在安全技术保障前提下，提供银行卡号、证件信息和手机号等交易要素及支付指令给相应支付机构，进行信息验证和交易授权。例如，用户通过移动终端在网上电子商务网站购买商品或服务时，只需要在相应的支付界面中输入网上银行账户或第三方支付账户认证信息，即可完成支付；也可以通过手机上的客户端选择购买相应的商品或服务，再经过手机钱包手机安全支付控件，随时随地享受快捷支付服务。

7.3.2 近场支付模式

近场支付是指用户在购买商品或服务时，通过手机向商家即时支付，支付的处理过程在线下进行，不是使用移动网络，而是使用 NFC、蓝牙、红外等通道，实现与 POS 收款机或自动售货机等设备的本地通信。

1. NFC 技术基础

NFC（Near Field Communication）即近场通信，又称近距离无线通信，是一种短距离、高频率的无线通信技术。它允许电子设备之间进行非接触式点对点数据传输。在日常应用中，用户可以使用带有 NFC 功能的手机进行刷卡消费。

2. NFC 技术在手机上的应用

NFC 技术已经被许多手机厂商应用，主要包括以下几个方面。
（1）接触通过。用户将存储着票证或门控密码的 NFC 手机靠近读卡器读取信息即可。
（2）接触支付。用户将 NFC 手机靠近嵌有 NFC 模块的 POS 机就可以进行支付，并确认交易。
（3）接触浏览。用户可将 NFC 手机靠近街头有 NFC 功能的智能公用电话或海报来浏览交通信息等。
（4）接触连接。用户可把两个 NFC 手机相连，进行点对点的数据传输，如传输音乐、图片和交换通信录等。
（5）下载接触。用户可通过 GPRS 网络接收或下载信息，用于支付。

近场支付的应用场景示例如图 7-4 与图 7-5 所示。

7.3.3 扫码支付模式

相比基于 NFC 技术的近场支付模式，目前我国线下移动电子商务支付的主要模式还是扫码支付，包括二维码支付和付款码支付。

1. 二维码支付

二维码支付使用便捷且成本较低。商家需要提前打印或展示用于收款的二维码，用户支付时需要打开手机支付软件中的扫描功能，扫描商家的收款二维码，在出现的支付界面中输入相应的付款金额并输入自己的支付密码，即可完成支付。

图 7-4 NFC 门禁卡　　　　　　　　图 7-5 NFC 交通卡

2. 付款码支付

在付款码支付中，商家的收银系统能够兼容第三方支付应用软件，而且需要在收银系统中安装第三方支付平台的程序。当用户展示支付软件中的付款码进行支付时，商家使用扫描枪扫描付款码，即可完成支付。

【要点梳理】

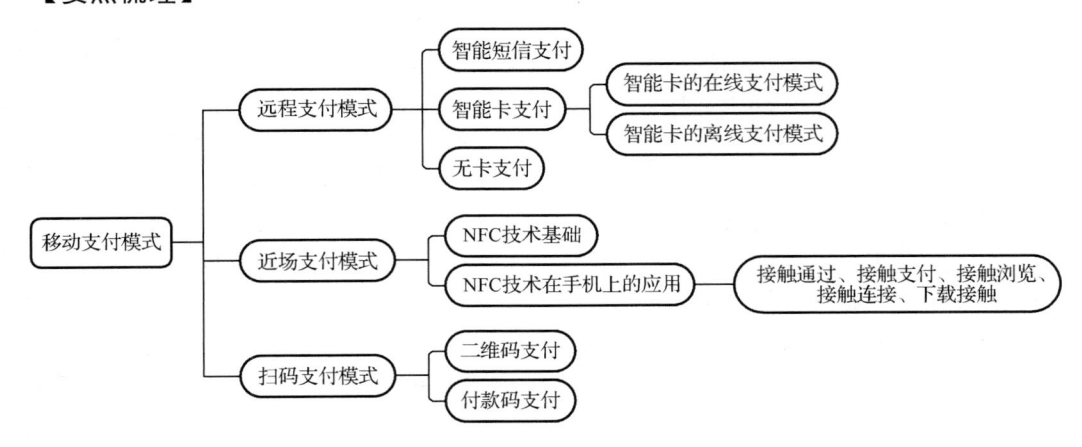

移动支付模式
- 远程支付模式
  - 智能短信支付
  - 智能卡支付
    - 智能卡的在线支付模式
    - 智能卡的离线支付模式
  - 无卡支付
- 近场支付模式
  - NFC技术基础
  - NFC技术在手机上的应用 —— 接触通过、接触支付、接触浏览、接触连接、下载接触
- 扫码支付模式
  - 二维码支付
  - 付款码支付

7.4 第三方支付

【知识目标】
（1）了解第三方支付的概念与特点。
（2）掌握第三方支付的基本流程。
（3）了解我国第三方支付的发展现状。

【技能目标】
（1）能够画出第三方支付的基本流程。
（2）能够描述我国第三方支付的发展现状。

7.4.1 第三方支付的概念与特点

1. 第三方支付的概念

国内外众多学者从不同角度分别阐述了第三方支付的基本内涵。国外第三方支付相关业务的兴起时间较早，但较少使用"第三方支付"概念，更多使用"电子支付""移动支付""网络支付""在线支付"这类词汇来表述。Kuttner & Mcandrews 将在线支付定义为基于网络系统传递支付信息，通过网络和电子邮件技术支持个体之间的资金转移，主要用于小额零售支付。Dan J.Kim 较早给出的定义认为，电子支付是使用商业和技术的安全功能，为电子交易业务提供便捷的独立机制和公正机构。Sullivan & Wang 及 Weiner、Bradford、Hayashi etal 将网络支付定义为通过网络途径为消费者提供支付服务的非银行机构。

国内对第三方支付的认识大致经历了以下两个阶段。

（1）2010 年以前，第三方支付主要指以某个特定系统内（以银行为主）网络为主要清算平台的互联网支付。

（2）自 2010 年中国人民银行发布《非金融机构支付服务管理办法》及 2011 年颁发非金融机构支付业务许可证以来，第三方支付的范畴得到了外延。第三方支付由原来的互联网支付扩展为从事支付业务、资金转移服务的所有非金融机构。传统的第三方支付服务仅仅指代中介机构提供的线上资金转移服务，而新兴的第三方支付服务还应包括移动支付、POS 收单等各种线下支付服务。第三方支付服务是一种信用中介服务、一种支付托管行为，其本质是通过设立中间过渡账户的形式实现资金的可控性停顿。蒋先玲、徐晓兰认为，第三方支付是指通过信息技术优势、客户群体优势为客户提供支付通道或支付工具，从而最终实现货币资金转移的服务机构。

可见，国内外均将第三方支付界定为与传统金融中介有密切业务联系，为货币资金转移提供服务，但又不同于传统金融中介的独立机构，而且国内界定的范围比国外窄。国外文献一般将第三方支付界定为非银行机构，而国内大多文献界定为非金融机构。

目前，我国大多数第三方支付机构的核心业务还只是提供支付通道，因此将其定位于非金融机构可能更有利于实施风险的谨慎管理。然而，这种定位不利于第三方支付机构的持续创新。随着风险监管水平的不断提高、市场内在潜力的不断挖掘，第三方支付机构在联通资金收支、沉淀资金、便捷金融投资等方面的功能将越来越突出，金融机构的特性也会越来越明显,因而我国可将其定位逐步过渡为准金融机构,并最终接受金融监管。

综合来看,第三方支付业务具体可以划分为 3 个不同的子行业:一是互联网支付,二是预付卡发行与受理,三是银行卡直接收单。第三方支付子行业的基本概念和业务内容具体如表 7-3 所示。

表 7-3 第三方支付子行业的基本概念及业务内容

子 业 务	基 本 概 念	业 务 内 容
网络支付	网络支付是指收、付款人在公共网络信息系统远程基础上,借助多种电子设备(如移动终端或计算机)完成从用户到商家的在线货币支付、资金清算等行为	用户通过手机、PC 端等,主要依托信息通信技术和移动互联网技术,通过 SMS、手机客户端软件等完成支付活动。付款人和收款人的电子设备或特定专属设备间无交互,两者间的货币资金转移服务由支付机构提供
预付卡发行与受理	预付卡指发卡机构提供的可用于购买商品或服务的不同形式或载体的预付价值	用户购买由发卡机构发行的预付卡,消费时借助商家的 POS 机或网上交易平台,卡内金额由发卡机构扣除,后者再将付款指令发送给第三方存管银行,存管银行将结算款交付给商家,结算款项到达商家账户后通过发卡机构返还佣金
银行卡收单	银行卡收单是指特约商家与收单机构签订银行卡受理协议,前者按约定与持卡人达成交易后,再由银行提供交易资金结算服务的行为	以 POS 机为介质,拥有银行卡收单牌照的第三方支付机构线下布放 POS 机,帮助商家完成收单。第三方支付机构通常与收单银行合作,对于该银行卡的交易,收单银行自行处理;对于其他行银行卡的交易,由收单银行转接到银联,再由银联转接到其他发卡行进行处理

2. 第三方支付的特点

第三方支付在实际的支付结算工作中并不涉及资金的所有权,只在其中起到中转作用。消费者和商家之间可能存在使用不同银行卡导致的端口对接问题及异常交易,此时第三方支付作为中间平台,可提供完备的线上、线下支付渠道,高效、便捷地完成货币支付、资金清算、查询统计等过程。第三方支付具备以下特点。

(1)支付结算便捷。银行因本身系统安全等级的要求,支付体验相对较差。第三方支付为了争夺更多的用户,在商家接入、用户体验、商品易用性等方面做了大量优化。一方面,第三方支付和多家商业银行合作,统一多种支付端口,方便消费者交易结算;另一方面,第三方支付整合了后端各大银行的不同支付端口,对外提供统一的接入平台,方便商家接入。

(2)交易成本降低。从成本角度出发,第三方支付降低了商家直连银行的成本,从收付方面为商家大力发展线上业务提供了便利。第三方支付简化了支付上的转账流程,从而减少了转账所需时间,提高了商家的资本流转率。第三方支付打破了传统支付的时间、空间限制,大大降低了时间、人力、资本成本。

(3)提供信用保证。第三方支付已纳入中央银行的管理,并严格规定了准入门槛;其依附于大型门户网站,而且以与其合作的银行的信用作为信用依托,杜绝了非法机构从中获利的可能。这形成了健康的支付体系,使交易双方在交易时不需要担心欺诈行为,在保证交易顺利进行的同时提供了信用保证。

（4）边际效应递增。第三方支付依赖支付结算业务，逐渐发展更多的业务种类，形成一种平台经济，具有边际效应。第三方支付的上述特点使用户黏性逐渐增强，越来越多的用户使用第三方支付，而用户量的增加又反过来促进第三方支付开发更多的业务、吸引更多的商家，使总体的边际效应递增。

7.4.2 第三方支付的基本流程

第三方支付平台通过与银行合作，面向企业、政府、事业单位等组织，为其提供以银行支付结算功能为基础的公正且公立的个性化支付结算，或者提供其他增值服务。买家在购买商品或服务之后，使用第三方支付平台就能完成支付作业，由第三方支付平台通知卖家货款已付，卖家这时就要交付商品或服务，第三方支付平台再把货款转送到卖家账户，交易结束。图 7-6 展示了第三方支付的基本流程。

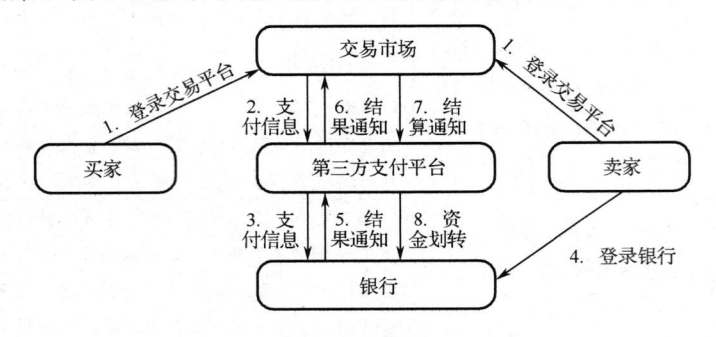

图 7-6 第三方支付的基本流程

7.4.3 我国第三方支付的发展现状

1. 我国第三方支付的发展阶段

我国第三方支付的发展先后经历了以下 3 个阶段。

（1）第一阶段：网上银行的快速发展使行业快速成长（2005 年之前）。2002 年，我国银联的成立，从某种程度上解决了多银行接口承接等突出问题。借助银行共同进行成本支付的方式，地方银联向商家提供多银行卡的互联网支付接口，使异地跨行互联网支付得以实现。而互联网支付和金融接口的对接，则由脱胎于电子商务的第三方支付机构承担。在这一时期，第三方支付机构把支付网关作为主要的支付手段，即具有较强银行接口专业技术的第三方支付机构作为中介，并和商家、银行相互连接，从而帮助消费者和商家在互联网交易过程中跳转到各家银行的网银界面直接进行支付操作。第三方支付机构业务受全新的支付网关等模式的影响，没有较大的增值空间和附加值，收入来源于银行端的两次利润。由于受到这一要素的制约，第三方支付机构一方面要不断发展壮大，以便取得规模效应，另一方面也要在业务上进行创新，以期获得新的利润增长点和竞争优势。

（2）第二阶段：互联网时代的到来使行业实现较大发展（2005—2012 年）。2005 年是以互联网支付为代表的第三方支付概念提出的第一年。在这一阶段，第三方支付机构在市场规模、专业化程度、运营管理等方面均取得了较大进步。在具体的运作手段上，第三方支付机构也已经逐渐开始由网关支付模式向账户支付模式转变。在这一模式下，第三方支付机构开始转变为正规平台，在交易流程中发挥信息流和资金流的中介作用。第三方支付机构在保证提供基本服务的同时，开始向用户提供多样化的增值服务，如缴费、转账等，第三方支付的概念逐渐被大众认同。2008—2010 年，我国第三方支付行业本身也有较大发展，交易规模在这几年实现了较大增长。其中，互联网支付作为一种全新的支付手段，更是取得了快速发展。

（3）第三阶段：移动互联网浪潮促使第三方支付实施重大改革（2012 年至今）。2012 年是针对第三方支付进行改革的重要时期，基于智能手机的 SNS、LBS 等相关技术应用取得了较大突破，以智能终端和移动互联网为支撑的第三方支付迅速发展。同时，第三方支付与保险、信贷、证券等金融业务相互渗透和融合正步入快车道。第三方支付在这一阶段已经步入一个新金融、新技术多维一体的改革和发展时期，而且逐步地走向成熟和完善。

2. 我国第三方支付的市场规模

如今，在经济社会发展、消费者支付习惯改变、金融电子化、互联网快速普及的背景下，第三方支付行业得到了飞速发展，逐步形成了以银联商务、支付宝、财付通为主要品牌的第三方支付集团，业务涵盖网络支付、预付卡发行与受理、银行卡收单等方面。其中，在互联网支付领域，支付宝、财付通采取抢占入口的策略，借助各自庞大的用户端群体数量，借助 C2C 平台和自身业务将个人用户与其账户支付模式绑定，让个人用户逐渐适应并依赖其平台，进而抢占更多客源。而市场中的其他主要平台则更多采取细分市场策略，以提高专业化服务水平为手段拓展市场。

自 2010 年起，在网络购物、社交红包、线下扫码支付等不同推动力的作用下，2020 年，第三方移动支付与第三方互联网支付的总规模达到 271 万亿元。我国第三方支付凭借便捷、高效、安全的支付体验，成为国际领先的第三方支付市场。

【要点梳理】

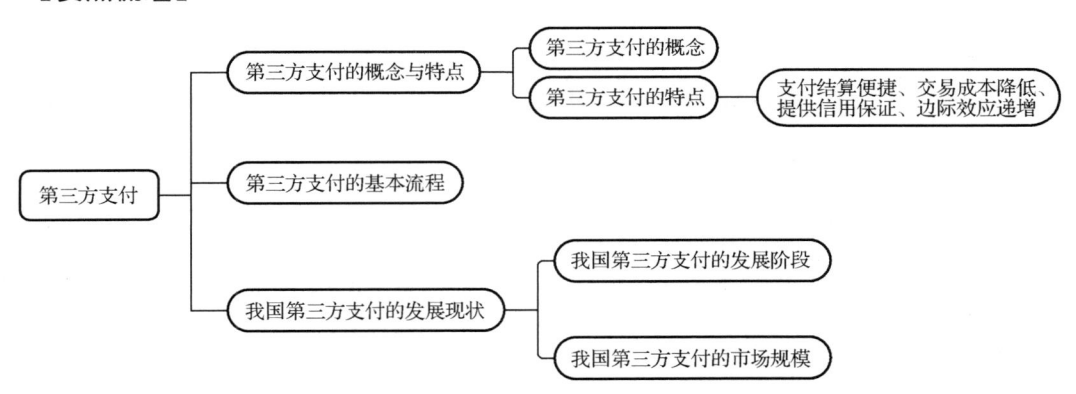

```
                              ┌─ 第三方支付的概念
         ┌─ 第三方支付的概念与特点 ─┤
         │                    └─ 第三方支付的特点 ── 支付结算便捷、交易成本降低、
         │                                        提供信用保证、边际效应递增
第三方支付 ─┼─ 第三方支付的基本流程
         │
         │                          ┌─ 我国第三方支付的发展阶段
         └─ 我国第三方支付的发展现状 ─┤
                                    └─ 我国第三方支付的市场规模
```

7.5 移动电子商务支付安全与风险防范

【知识目标】

（1）了解移动电子商务支付存在的问题。

（2）熟悉移动电子商务支付安全与技术。

(3) 了解移动电子商务支付安全认证与监管。
(4) 掌握移动电子商务支付的风险防范。
【技能目标】
(1) 能够描述移动电子商务支付存在的问题。
(2) 能够对移动电子商务支付的风险进行防范。

7.5.1　移动电子商务支付存在的问题

1. 密码管理不善

大部分公司和个人遭受到网络攻击的主要原因是密码管理不善。大多数用户使用的密码都不是很复杂。86%的用户在所有网站上使用的都是同一个密码或有限的几个密码。许多攻击者还会直接使用软件强力破解一些安全性弱的密码。

2. 非法破译

以非法手段窃取、篡改、删除、插入数据或对用户信道信息进行破译分析，使用户数据传输出现错误、丢失、乱序，可能导致用户数据的完整性被破坏，使机密的数据内容泄露给未被授权的用户。

3. "网络钓鱼"

"网络钓鱼"攻击者利用带有欺骗性的电子邮件、伪造信息或假冒合法商家的身份（如将自己伪装成知名银行、在线零售商和信用卡公司等可信的品牌），进行非法连接，截获合法用户的信息。受骗者往往泄露自己的财务数据，如信用卡号、账号和密码等。"网络钓鱼"攻击者占有或支配受骗者的资源，然后传送给非法使用者。

4. 网络支付缺乏信用

由于网络支付虚拟性、超时空性等特点，交易双方互不相见，也难以客观地判断对方的信用等级，致使网络支付双方对对方的信用产生怀疑，也因此阻碍了网络支付的发展。

7.5.2　移动电子商务支付安全与技术

1. 移动电子商务支付安全

理论上，移动电子商务支付安全包括实体安全、实体间交互安全，以及为实体安全和实体间交互安全提供支撑的基础安全3个部分。

（1）实体安全。实体是指移动电子商务支付数据传输与处理网络中，承担着各种业务处理功能的逻辑组成体，如金融智能IC卡、移动终端、数据传输与处理系统等。实体间互联交互有数据通信机制。实体安全主要包括移动终端安全、金融智能IC卡安全、信息处理系统安全、支付应用软件安全等。针对这些实体，在移动电子商务支付过程中，应当对使用者的身份信息进行认证识别和访问控制，以确保交易过程中传输数据的机密性、完整性和不可抵赖性。

（2）实体间交互安全。实体间交互安全主要是指移动终端与移动支付平台之间的连接安全、移动终端与商家平台之间的连接安全、移动终端与可信服务管理（Trusted Service Manager，TSM）平台之间的连接安全、商家平台与支付平台之间的连接安全、TSM 平台与 TSM 平台之间的连接安全。在移动电子商务支付过程中应当确保实体间互联交互的传输安全，传输数据应当选用如 TLS/SSL 等安全通道，且传输过程中应当确保实现数字证书的双向认证。

（3）基础安全。基础安全包括密钥管理、认证体系、密码算法、安全基础设施、电子凭证等，具体内容如表 7-4 所示。

表 7-4　基础安全的具体内容

具体内容	描　　述
密钥管理	密钥管理是在移动电子商务支付业务过程中对密钥整个生命周期的管理，包括密钥的生成、分发、存储、备份、使用、更新、销毁等，涉及对软硬件系统的安全功能要求、机构实体的管理职责要求，以及贯穿整体过程的流程控制要求
认证体系	认证体系包括手机银行电子认证服务和移动电子商务支付双因素认证体系，涉及数据传输和身份鉴别的数字证书管理、数据存储安全、数字证书的调用接口等内容，均为手机银行安全的重要组成部分
密码算法	密码算法包括各类国际通用密码算法（包括对称密钥、非对称密钥、摘要算法等）在移动电子商务支付业务过程中的应用和我国自主研发的国密算法的配用。例如，针对移动电子商务支付业务的安全需求，采用对称密钥体系，分别设计智能 IC 卡类和传输类的密钥部署方案；采用非对称密钥体系，设计客户端、移动电子商务支付智能 IC 卡、支付处理平台、商家平台、支付内容提供方系统等实体间身份认证方案
安全基础设施	安全基础设施主要指公钥基础设施的安全，包括不同实体（如金融智能 IC 卡、TSM 平台、支付应用软件、商家平台、移动电子商务支付平台等）间的认证过程要求，CA 证书的申请、传递、验证、废止的全流程安全管理要求
电子凭证	电子凭证是用户消费的证明，常见于通过移动电子商务支付交易产生的用户退款，此刻需要用户提供支付时产生的电子凭证，作为消费依据

安全体系架构中的基础安全为移动电子商务支付业务的整体安全提供理论与技术保障（如目前国际范围内的各种密钥算法体系、多种功能密钥的生命周期管控机制、数字证书加解密认证体系等）。

2．移动电子商务支付技术

为保证移动电子商务支付安全、高效，可采用以下几种关键技术。

（1）Hash 函数。Hash 函数即摘要函数，是将任意长度的输入字符串转化为固定长度的字符串，也称杂凑函数或散列函数。若将 Hash 函数表示为 H，将要进行变换的数字串表示为 M，则摘要值为 $S=H(M)$。Hash 函数是一个"多对一"的函数，可将不定长度的输入数据经处理后形成一个固定长度（通常很短）的摘要输出，其重要作用就是校验输入数据是否发生变化，用于确保传输数据的完整性。

（2）身份认证技术。身份认证的主要用途是确保消息拥有真实、可靠的来源。通常，在移动电子商务支付业务安全策略中，平台系统通过身份认证技术，对当前用户的身份真实性进行识别。身份认证过程通常有 3 步：第 1 步是被验证者出示有效身份凭证（如账号和密码、U 盾中的数据证书等）；第 2 步是系统确定被验证者的身份真实性；第 3 步是如果验证未通过，则拒绝访问资源。

（3）公钥基础设施。公钥基础设施（Public Key Infrastructure，PKI）是一种以公钥加密理论及相关技术为基础的向用户提供信息安全服务的基础设施。PKI 的主要用途是管理数据通信过程中使用的密钥和证书，确保数据通信网络处在安全、可靠的通信环境中。它从技术实践方面有效解决了移动电子商务支付交易过程中身份验证和访问权限等问题，为该过程提供了安全、可靠的应用环境。

通过第三方证书认证中心（如 CA），PKI 将用户的公钥与其他标识信息关联起来，为网络数据通信系统提供安全环境。终端实体通常是支付端的使用者，也可能是通过身份验证的实体。CA 的主要工作是生成和发放数字证书，同时对生成和发放的证书进行管理。数字证书注册机构（Registration Authority，RA）负责信息录用、审核，以及数字证书的注册、管理等。证书存储库用于提供数字证书的部分使用方法，大多数情况下是数字证书的存取和吊销列表方法。

（4）数字签名。数字签名是在待传输的数据中附加一些特定的验证元素，或者对待发送的信息进行一定程度的密码变换。消息或数据的接收者则通过这些元素确认收到的消息或数据的安全性和完整性。通常，仲裁机构在发生纠纷时，依靠消息或数据中的数字签名确认消息或数据的真实性。因此，数字签名拥有不可抵赖的特性，也可以保证交易过程的完整性，即确保交易过程中的数据不被篡改。

（5）密码技术。密码技术主要研究信息加解密及如何实现密码破译。通常，密码系统包含 5 个部分：明文空间 M、密文空间 C、密钥空间 K、加密算法 E 及解密算法 D。密码技术主要有非对称密码和对称密码这两种类型。对于非对称密码，加密和解密使用的是相同算法，差异在于使用的密钥不同。由于私钥是不能公开的，因此在只获得密文的情况下是无法破解密文的。同时，只获得密码算法及密钥和密文中的其中一个，也是无法确定或计算出另一个密钥的。而对称密码的密钥是要严格保密的，因此只获得密文时，无法确定或计算出密钥，也就无法获得明文原文。

（6）指纹支付技术。常见的用于移动电子商务支付的生物识别技术是指纹支付技术。例如，支付宝、微信支付、京东支付都已采用基于 FIDO 协议的指纹支付技术。该技术基于手机自带的指纹识别模块，对用户的指纹信息进行采集和加密存储，在手机应用请求验证使用者身份时，启动指纹验证程序，让此刻的手机使用者按指纹进行识别，通过后则向手机应用返回此刻的使用者是账户持有者本人的信息，从而使应用后台完成支付的后续环节。指纹支付页面如图 7-7 所示。

图 7-7 指纹支付页面

7.5.3 移动电子商务支付安全认证与监管

1. 我国对第三方移动电子商务支付的监管

随着移动电子商务支付规模日益扩大，支付手段增加，种种问题也日益凸显，因此多维度、多领域的监管显得尤为重要。目前，我国对第三方移动电子商务支付的监管及其意义如表 7-5 所示。

表 7-5 我国对第三方移动电子商务支付的监管及其意义

监管名称	内 容	意 义
牌照管理	在牌照申请方面，已建立全面的市场准入制度和严格的监督管理机制；在牌照拓展方面，要求第三方支付机构在牌照到期前 6 个月申请续展，中央银行审核不达标的将不能获得续展	牌照管理的意义在于建立严格的市场准入机制，使已获准进入的第三方支付机构满足详细的监管要求，规范移动电子商务支付行业
备付金集中存管制度	建立第三方支付机构客户备付金集中存管制度，非银行第三方支付机构网络支付清算平台"网联"启动试运行。第三方支付机构将备付金按比例交存至指定专用账户，该账户资金暂不计付利息	纠正和防止第三方支付机构挪用、占用客户备付金，督促第三方支付机构回归支付业务本源
实名制管理	建立用户身份识别机制，对用户实行实名制管理，登记并采取有效措施验证用户身份基本信息。在与用户业务关系存续期间采取持续的身份识别措施，确保有效核实用户身份及其真实意愿	实行实名制管理的意义在于实名制管理有利于保证账户安全，维护正常经济秩序，有效防止洗钱、恐怖融资等行为的发生
规定第三方支付机构的责任	出台细化管理方法，从用户身份识别、用户身份资料和交易记录保存、可疑交易报告、反洗钱和反恐怖融资调查、监督和管理等环节详细规定第三方支付机构的责任	细化责任，有利于明确义务，维护正常的经济秩序

2．安全认证与监管措施

监管部门对移动电子商务支付行业在谨慎中持有宽容的态度。一方面不断完善监管领域相关制度，防范控制风险；另一方面实行更加灵活的监管政策，在保证安全的基础上对相关技术持更加开放的态度。监管部门采取的相关措施如表 7-6 所示。

表 7-6 监管部门采取的相关措施

措施名称	内 容
个人银行账户分级	对于不同安全级别的身份验证方式，银行账户开放不同级别的功能。用户获得低级别功能账户的方式更加便捷，从而满足个性化、多样化的新型支付需求
支付机构分类评级	根据分类评级结果采取差异化监管奖惩。灵活对待不同级别第三方支付机构的支付账户功能、限额，牌照续展，申请上市意见出具，风险准备金计提比例核定等事项
二维码支付	随着市场的完善和技术的不断成熟，中国人民银行在 2017 年下发《条码支付业务规范（试行）》，使一直"野蛮生长"的二维码支付得到了统一规范和更广阔的发展空间
远程验证技术	在保证实名制底线的基础上，支持银行账户远程开户和远程身份验证识别。这使数字化金融服务可得性更强，打破了移动电子商务支付受限于银行账户线下面签的瓶颈
普惠金融	在发展普惠金融的过程中强调数字金融的作用，一方面促使移动电子商务支付将更多互联网红利惠及更广泛的人群，另一方面为移动电子商务支付在经济水平较低地区的发展提供政策助力
农村发展	移动电子商务支付带来的多维度数据为征信提供依据，降低了农村信贷门槛，为农村发展提供信贷支持，为农村发展注入动力

7.5.4 移动电子商务支付的风险防范

1．移动电子商务支付存在的安全问题

移动电子商务支付存在的安全问题主要体现在以下几个方面。

（1）移动电子商务支付设备安全。首先，手机病毒对移动设备的侵袭，或者支付软件本身存在的安全漏洞，容易形成移动电子商务支付的安全隐患。由于大部分手机未采用加密等安全措施进行保护，不法分子可以通过"钓鱼网站"或木马程序窃取用户信息，并通过移动互联网使用该用户账户进行支付，造成用户实际的资金损失。同时，手机丢失或被盗也可能造成用户的巨大损失。目前的移动电子商务支付方式是将用户手机、银行卡相关联，为提高支付便捷程度，有时不需要输入银行卡密码，因此用户手机丢失后容易被他人冒用，进行移动电子商务支付。

（2）移动电子商务支付用户信息保护。移动电子商务支付的重要环节是用户信息的传送，但是当用户的个人信息安全无法得到保障时，就需要完善移动电子商务支付交易中各方的身份识别。当用户的账户信息、身份信息、交易密码、短信验证码泄露时，不法分子即通过冒用用户的身份信息来进行消费或转账等操作。目前，我国对个人信息的保护工作还不够完善，相关的法规和机制还存在缺失，部分互联网企业用户信息管理不合规，使移动电子商务支付中经常发生用户信息泄露事件，造成用户的资金损失。

（3）移动电子商务支付方式安全。为提高移动电子商务支付业务的便捷性，移动电子商务支付目前基本不采用通过物理介质的安全认证方式，而是以短信验证码作为交易的安全认证方式，但是短信验证码本身的安全性就存在隐患。近些年高发的网络诈骗案件，不法分子基本围绕着短信验证码进行，利用当前通信过程中的安全漏洞窃取用户的验证码信息并破解，或者直接通过哄骗手段获取用户的验证码信息。

（4）移动电子商务支付业务风险。目前，市场上出现大量能够实现移动电子商务支付的 App，在实现移动电子商务支付基础业务功能的同时，还增加各类金融服务，包括互联网货币市场基金、银行理财商品、保险品、P2P 借贷、众筹等，部分甚至是非规范、处于灰色地带的投融资商品。在考虑移动电子商务支付业务商品自身安全性的同时，也需要关注这些移动电子商务支付业务商品出现的风险，警惕一些来路不明的应用商品及网络平台，防止被诈骗。

2. 防范移动电子商务支付风险的具体措施

防范移动电子商务支付风险的具体措施如下。

（1）设备遗失，立即挂失。发现手机丢失，应立即致电运营商，挂失、冻结 SIM 卡，并冻结微信、支付宝和手机银行账户，及时到运营商网点补办手机卡（移动、联通、电信）。

（2）信息保护，防止盗刷。信息保护的方法如下：一是手机设置锁屏密码；二是支付软件不要设置自动登录，取消记住用户名的设置；三是设置支付密码，而且支付密码最好不要用自己的生日、手机号码，此类密码比较容易被破解；四是最好设定消费限额，防止损失进一步扩大；五是更换手机号码的时候，要及时解除微信、支付宝等网络支付平台与手机号的绑定，从而有效避免移动电子商务支付账号被盗取、盗刷。

（3）交易验证不泄露。在进行交易验证时，如果通过短信验证码的方式进行，则验证码不要泄露给他人，同时注意验证时效，不要轻易复制突如其来的验证码。同时，可为手机安装防火墙应用，屏蔽来路不明的信息及跳转的网站链接，也可防御病毒对手机内信息的窃取。

（4）防范网络诈骗及不规范的业务商品。防范网络诈骗及不规范的业务商品时要做到：一是不轻信，不轻信网上的优惠信息或抽奖信息，不随意点击来历不明的链接或视频，不轻信所谓公检法机构的"安全账户"；二是不透露，强化自己的心理防线，不因贪小利而受不法分子诱惑，切忌向他人透露自己及家人的身份信息、支付信息等；三是不转账，绝不向陌生人汇款、转账；四是及时挂失，及时报案，如果感觉自己上当受骗了，则第一时间向银行挂失，并及时向公安机关报案。

【要点梳理】

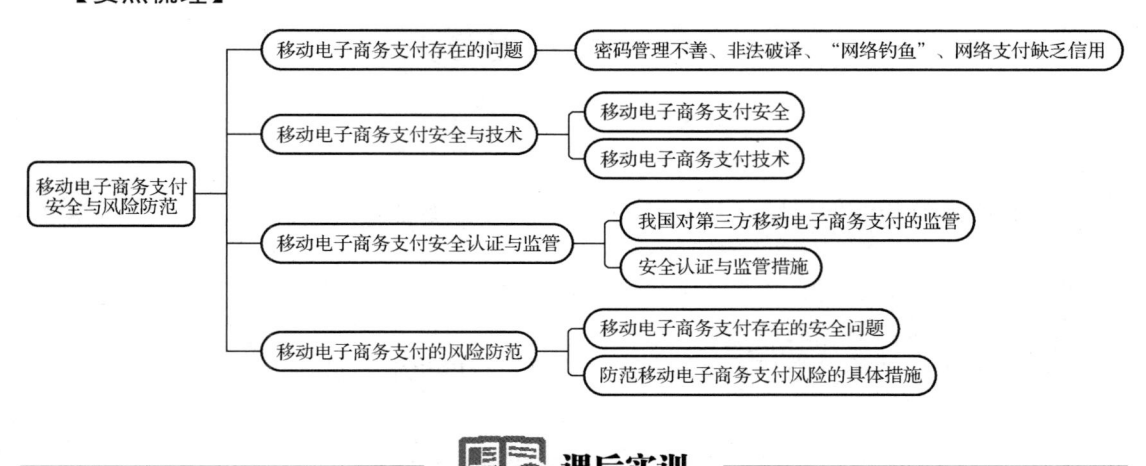

移动电子商务支付安全与风险防范
- 移动电子商务支付存在的问题 —— 密码管理不善、非法破译、"网络钓鱼"、网络支付缺乏信用
- 移动电子商务支付安全与技术
  - 移动电子商务支付安全
  - 移动电子商务支付技术
- 移动电子商务支付安全认证与监管
  - 我国对第三方移动电子商务支付的监管
  - 安全认证与监管措施
- 移动电子商务支付的风险防范
  - 移动电子商务支付存在的安全问题
  - 防范移动电子商务支付风险的具体措施

课后实训

对比微信支付与支付宝支付的异同

实训目的

（1）了解移动电子商务支付的相关知识。
（2）能够使用第三方支付平台进行支付。

实训内容

查阅相关资料，并体验微信支付和支付宝支付，感受这两种支付方式的异同，并填写表 7-7。

表 7-7 微信支付与支付宝支付的异同

对 比 项	支 付 方 式	
	微 信 支 付	支 付 宝 支 付
使用人数		
商家合作情况		
便捷性		
手续费		
扩展服务		
分布城市		

实训步骤

（1）收集相关资料，了解表7-7中列出的对比项，总结微信支付的相关数据。
（2）收集相关资料，了解表7-7中列出的对比项，总结支付宝支付的相关数据。
（3）分别体验微信支付和支付宝支付，感受其异同。

思考与练习

1．填空题

（1）根据业务模式的区别，移动支付可分为手机代缴费、_____、手机银行、_____、手机支付5种类型。

（2）移动支付系统主要由3个部分组成，即消费者前台消费系统、_____和无线网络运营商手机支付平台。

（3）按照使用的技术类型，远程支付主要包括智能短信支付、_____、无卡支付3种类型。

（4）在付款码支付中，商家的收银系统能够兼容_____，而且需要在收银系统中安装第三方支付平台的程序。

（5）第三方支付在实际的支付结算工作中并不涉及资金的所有权，只在其中起到_____作用。

2．简答题

（1）什么是移动电子商务支付？
（2）移动支付系统架构由哪几个部分组成？
（3）什么是远程支付模式？
（4）第三方支付具有哪些特点？
（5）移动电子商务支付存在的问题有哪些？

第8章 移动电子商务安全

移动电子商务作为一种新型、便捷的电子商务形式越来越受到人们的青睐,极大地改变了人们的日常生活和工作习惯,提升了工作效率。但与此同时,不法分子也看中了移动电子商务这一新兴产业,各种与移动电子商务安全相关的案例层出不穷。因此,保障移动电子商务安全至关重要。

> **学习目标**
>
> (1)了解移动电子商务安全基础知识。
> (2)熟悉移动电子商务安全技术。
> (3)掌握移动电子商务安全管理措施。
> (4)掌握手机病毒及其防治。

【思政讨论】

时间安排：5分钟。

背景描述：习近平总书记在2018年召开的全国网络安全和信息化工作会议上的重要讲话中提到"没有网络安全就没有国家安全，就没有经济社会稳定运行，广大人民群众利益也难以得到保障"。移动电子商务是以移动网络为载体的，没有移动网络的安全运行，移动电子商务也无法顺利发展。

讨论题目：网络安全对保障国家和人民的利益有怎样的重大意义？我们应该如何保障网络安全？

课后总结：经过讨论，引导学生树立网络安全意识，懂得保护个人隐私。

8.1 移动电子商务安全基础知识

【知识目标】
（1）了解移动电子商务安全的概念。
（2）了解移动电子商务的安全问题。
（3）熟悉移动电子商务主要的安全威胁形态。

【技能目标】
（1）能够描述移动电子商务的安全问题。
（2）能够说出移动电子商务主要的安全威胁形态。

8.1.1 移动电子商务安全的概念

移动电子商务安全的概念可以从广义和狭义两个方面理解。从广义上讲，移动电子商务安全包括移动电子商务运行环境中的各种安全问题，如移动电子商务的软硬件安全、运行和管理安全、支付安全等内容。从狭义上讲，移动电子商务安全是指移动电子商务信息的安全，即信息的存储和传输安全。

8.1.2 移动电子商务的安全问题

1. 移动电子商务技术上的安全问题

移动电子商务技术上的安全问题如图8-1所示。

（1）无线窃听。传统的有线网络利用通信电缆作为传输介质，这些介质大部分处于地下等一些比较安全的场所，因此中间的传输区域相对来说是受控的；而在无线网络中，所有的通信内容（如移动用户的通话信息、身份信息、位置信息、数据信息等）都是通过无线信道传送的。无线信道是一个开放性信道，是利用无线电波进行传输的，无线网络中的信号很容易被拦截并解码，只要具有适当的无线接收设备，就能轻易实现无线窃听，并且很难被发现。

对无线局域网和无线个域网来说，它们的通信内容更容易被窃听，因为它们都处于全球统一公开的工业、科学和医疗频带，任何个人和组织都可以利用这个频带进行通信。

很多无线局域网和无线个域网采用群通信方式相互通信，即每个移动站发送的通信信息其他移动站都可以接收，这使得网络外部人员也可以接收到网络内部通信内容。

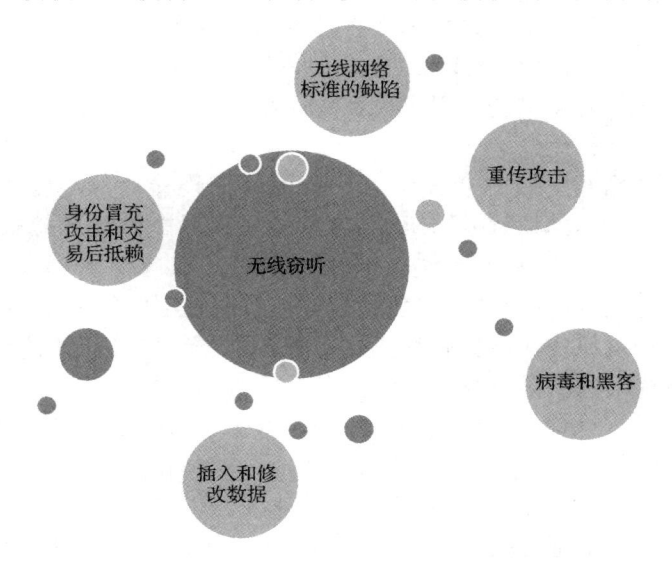

图 8-1　移动电子商务技术上的安全问题

无线窃听会导致信息泄露，移动用户的身份信息和位置信息的泄露会导致移动用户被无线跟踪。另外，无线窃听也会导致一些其他攻击，如传输流分析，即攻击者可能并不知道消息的真正内容，但他知道这个消息的存在，并知道消息的发送方和接收方地址，从而可以根据消息传输流的信息分析通信目的，并猜测通信内容。

（2）身份冒充攻击和交易后抵赖。在无线网络中，移动站与网络控制中心及其他移动站之间不存在固定的物理连接，移动站必须通过无线信道传送用户的身份信息。由于无线信道在传送信息的过程中可能被窃听，当攻击者截获一个合法用户的身份信息时，他就可以利用这个信息冒充该合法用户的身份入网操作，这就是所谓的身份冒充攻击。攻击者在截获了合法用户的身份信息后，可以冒充合法用户接入无线网络，访问网络资源或使用一些收费通信服务等。另外，攻击者还可以冒充网络控制中心、网络端基站欺骗移动用户，以此非法手段获得移动用户的身份信息，从而冒充合法的移动用户身份。

交易后抵赖是指交易双方中的一方在交易完成后否认参与了此交易。这种威胁在传统电子商务中也很常见。假设用户通过网络商店选购了一些商品，然后通过移动电子商务支付系统向网络商店付费。在这个应用系统中就存在两种交易后抵赖的威胁：一种是用户在选购了商品后否认其选购了某些或全部商品而拒绝付费；另一种是商店收到了用户的付款，却否认已经收到付款而拒绝交付商品。

（3）重传攻击。重传攻击是指攻击者将窃听到的有效信息经过一段时间后再传给信息接收者，其目的是利用曾经有效的信息，在改变了的情形下达到同样的目的。例如，攻击者利用截获的合法用户口令获得网络控制中心的授权，从而访问网络资源。

（4）病毒和黑客。与有线网络一样，无线网络和移动终端也面临着病毒和黑客的威胁。随着移动电子商务的高速发展，越来越多的黑客和病毒编写者将无线网络和移动终端作为攻击的对象。

首先，携带病毒的移动终端不仅可以感染无线网络，还可以感染有线网络。由于无线网络用户之间交互的频率很高，病毒可以通过无线网络迅速传播。再加上有些跨平台的病毒可以通过有线网络传播，这样病毒传播的速度就会进一步加快。

其次，移动终端的运算能力有限，PC上的杀毒软件很难在移动终端使用，而且很多无线网络都没有相应的防毒措施。另外，移动设备的多样化及软件平台的多样化，使病毒感染的方式也随之多样化。

（5）插入和修改数据。攻击者劫持了正常的通信连接后，可能在原来的数据上进行修改或恶意插入一些数据和命令。攻击者还可以利用虚假的连接信息使接入点或基站误以为已达到连接上限，从而拒绝合法用户的正常访问请求。

攻击者还可能伪装成网络资源，拦截客户端发起的连接并完成代理通信。这时，攻击者可以在客户端和网络资源中间任意插入和修改数据，破坏正常的通信。

（6）无线网络标准的缺陷。移动电子商务涉及很多无线网络标准。其中，使用比较广泛的是实现无线手机访问互联网的WAP和构建无线局域网的IEEE 802.11标准。

在WAP安全体系中，无线安全传输层（Wireless Transport Layer Security，WTLS）协议仅仅加密由WAP设备到WAP网关的数据，以及从WAP网关到内容网络服务器的数据，信息是通过标准安全套接层（Secure Sockets Layer，SSL）协议传送的。因为数据要由WTLS转换到SSL，所以数据在网关上有短暂的时间处于明文状态，其安全漏洞给移动电子商务的使用带来了很大的安全隐患。

2. 移动电子商务管理上的安全问题

（1）手机短信的安全管理问题。移动通信在给人们带来便利和效率的同时，也给人们带来了很多烦恼。其中，垃圾短信成为困扰用户的主要因素。一些不法个人或公司一般通过购买不记名异地卡或通过非正常渠道获得一些价格十分低廉的、专门发送手机短信的短信号，利用"短信猫"在短时间内向用户密集发送垃圾短信，这类短信显示的发送号码都是正常的11位手机号码。在一般情况下，用户如果回复，就会按照正常的短信计价，但是短信中诱惑性的文字可能间接骗取用户的金融资料，或者诱骗用户拨打费用高昂的信息台电话。垃圾短信使人们对移动电子商务充满恐惧，不敢在网络上使用自己的移动设备从事商务活动。

目前，无线网络运营商对垃圾短信只能采取事后管理的办法。例如，可以限制手机短信的容量，如每天一个手机号码最多只能发送100条短信；发现有号码发送短信异常，就会采取7天内禁止该号码再发送短信等方法。然而，垃圾短信的制造者会轮流使用多张SIM卡发送短信，每张卡的使用寿命也很短，这使得治理垃圾短信收效甚微。而且，无线网络运营商不敢贸然替用户屏蔽这些信息，也要顾及用户的隐私权，这使得治理垃圾短信难度更大。

（2）服务提供商的安全管理问题。服务提供商（Service Provider，SP）通过无线网络运营商提供的增值接口，可以以短信、彩信、WAP等方式为手机用户发送商品广告，提供各种移动增值服务。由于SP与无线网络运营商之间存在合作关系，因此无线网络运营商很难充当监督管理的角色。部分不法SP利用手机的GPRS上网功能向用户发送虚假信息和广告，诱导他们用手机登录该网站，实际上却使用户自动订购了某种包月服务，而以此骗取信息费。通过无线网络运营商的网关发送短信，一般具备"代扣费"功能，用户一旦回复就会落入短信陷阱。

（3）移动终端的安全管理问题。移动用户容易将比较机密的个人资料或商业信息存储在移动终端当中，如个人识别号码（Personal Identification Number，PIN）、银行账号，甚至密码等，原因是这些移动终端可以随身携带，数据和信息便于查找。然而，由于移动终端体积较小，而且没有建筑门锁和看管保证的物理边界安全，因此很容易丢失和被盗。很多用户的移动终端没有设置密码保护，存储的信息没有备份，如果数据丢失或被他人恶意盗用，都会造成很大的损失。另外，用户在使用移动终端时大多在公共场合，周围行人较多，彼此之间的距离很近，尤其在地铁这样比较拥挤的交通工具上，终端显示的信息和通话信息比较容易泄露给他人。

（4）工作人员的安全管理问题。人员管理常常是移动电子商务安全管理中比较薄弱的环节。未经有效训练和不具备良好职业道德的员工对系统的安全是一种威胁。工作人员素质低、保密观念差是一个不容忽视的问题，无论系统本身具有多么完备的防护措施，也难以抵抗其带来的影响。

攻击者通过各种方式及渠道获取用户个人信息和商业信息，如果工作人员在各方面都加紧防范，那么就可以杜绝不少漏洞。我国很多企业对员工的安全教育做得不够，又缺乏有效的管理和监督机制。有些企业买通竞争对手企业的管理人员，窃取对方的商业机密，甚至破坏对方的系统，给对方企业造成了极大的损失。

（5）信息安全管理的标准化问题。目前，移动电子商务产业刚刚起步，这个领域还没有国际标准，我国的国家标准正在制定中，统一的管理机构也还在建设中。移动终端厂商在无线局域网设备安全性能的实现方式上各行其道，使移动用户既不能获得真正等效于有线互联网的安全保证，也难以在保证通信安全的基础上实现互联互通和信息共享。由于没有安全标准的评测依据，又缺乏有关信息安全的管理法规，主管部门很难对信息安全管理做出规范化要求，这也给移动电子商务信息安全的审查和管理工作带来了很大困难。

8.1.3 移动电子商务主要的安全威胁形态

1. 手机病毒

手机病毒也是一种计算机程序，与其他计算机病毒一样具有传播性、破坏性。手机病毒可通过短信、彩信、电子邮件、浏览网站等方式传播，导致用户手机死机、关机、资料被删除，甚至损毁 SIM 卡、芯片等硬件。国内普遍认为，手机病毒和计算机病毒差不多，不同的是，手机病毒以手机为感染对象，以手机和手机网络为传播平台，通过短信、电子邮件等方式，对手机或手机网络进行攻击，从而造成手机或手机网络异常。

手机病毒的详细知识将在 8.4 节中介绍。

2. 手机木马

木马（Trojan）这个名字来源于《荷马史诗》中木马计的故事，"Trojan"一词的本意是"特洛伊的"，代指特洛伊木马。木马程序是目前比较流行的病毒文件，与一般的病毒不同，它既不自我繁殖，也不"刻意"地感染其他文件。它通过伪装自身以吸引用户下载执行，向施种木马者提供打开被种手机的门户，使施种者可以任意毁坏、窃取被种者的文件，甚至远程操控被种手机。手机木马严重危害现代网络的安全运行。

木马与移动网络中常常用到的远程控制软件相似，但由于远程控制软件是"善意"的控制，因此通常不具有隐蔽性；木马则完全相反，木马要实现的是"偷窃"性的远程控制，如果没有很强的隐蔽性，就是"毫无价值"的。木马的远程控制是指通过一段特定的木马程序控制另一个移动端。木马程序一旦运行，控制端将享有服务端的大部分操作权限，如给移动设备增加口令，浏览、移动、复制、删除文件，修改注册表，更改移动端配置等。

随着病毒编写技术的发展，木马程序对用户的威胁越来越大，尤其当木马程序用了极其狡猾的手段来隐蔽自己时，普通用户很难发觉。

（1）手机木马的原理。一套完整的木马程序包含两个部分：服务端（服务器部分）和客户端（控制器部分）。被种者是服务端，而黑客利用控制端进入运行了木马程序的移动设备。运行了木马程序的服务端会有一个或两个端口被打开，黑客可以利用这些打开的端口向指定地点发送数据，如网络游戏、即时通信软件密码和用户上网密码等。黑客利用木马程序打开的端口进入移动设备系统，那么系统安全和个人隐私也就毫无保障了。

一个木马程序可能看起来是有用或有趣的（或者至少无害），但是当它运行时，实际上是有害的。木马程序不会自动运行，它暗含在某些用户感兴趣的文档中，是用户下载时附带的。当用户打开文档时，木马程序才会启动，造成信息的破坏或遗失。木马程序和后门程序不一样，后门程序指隐藏在程序中的秘密功能，通常是程序设计者为了能在日后随意进入系统而设置的。

木马程序有两种：Universal（通用）和 Transitive（传递）。Universal 就是可以控制的操作，而 Transitive 是不能控制的操作。

（2）手机木马的特征。手机木马程序不经手机用户准许就可获得手机的使用权，程序容量十分小，运行时不会耗费太多资源，因此若没有使用杀毒软件，是难以发觉的。手机程序运行时很难阻止它的启动，运行后，它会立刻自动登录在系统引导区，之后每次在系统加载时自动运行，或者立刻自动变更文件名，甚至隐形，或者马上自动复制到其他文件夹中。

【要点梳理】

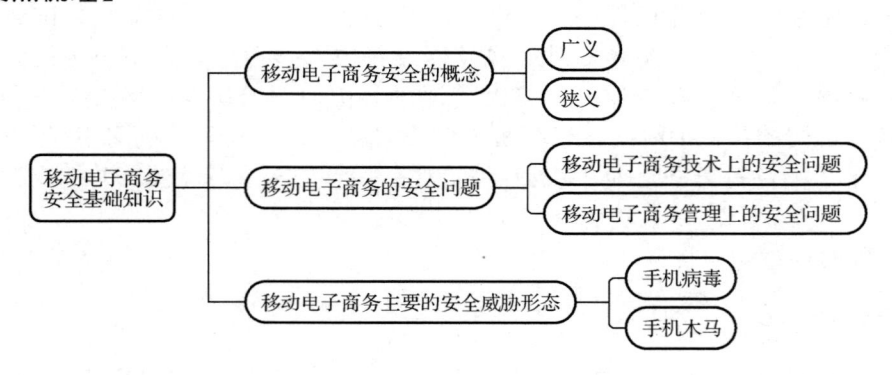

8.2 移动电子商务安全技术

【知识目标】
(1) 了解生物特征识别技术的概念和热点技术。
(2) 了解加密技术的概念。
(3) 熟悉常用的加密技术。
(4) 了解 WPKI 技术的基础知识。
(5) 掌握防火墙技术的相关知识。
(6) 了解数字签名技术和身份认证技术。

【技能目标】
能够利用各种移动电子商务安全技术维护移动电子商务安全。

8.2.1 生物特征识别技术

1. 生物特征识别技术的概念

生物特征识别技术是指通过个体生理特征或行为特征对个体身份进行识别认证的技术。从应用流程看,生物特征识别通常分为注册和识别两个阶段。注册阶段通过传感器对人体的生物表征信息进行采集,如利用图像传感器对指纹和人脸等光学信息、利用麦克风对说话声等声学信息进行采集,利用数据预处理及特征提取技术对采集的数据进行处理,得到相应的特征并存储。识别阶段采用与注册阶段一致的信息采集方式对待识别人进行信息采集、数据预处理和特征提取,然后将提取的特征与存储的特征进行比对分析,完成识别。

生物特征识别技术涉及的内容十分广泛,包括指纹、掌纹、人脸、虹膜、静脉、声音、步态等多种生物特征,识别过程涉及图像处理、计算机视觉、语音识别、机器学习等多项技术。目前,生物特征识别技术作为重要的智能化身份认证技术,在金融、公共安全、教育、交通等众多领域得到广泛应用。

2. 生物特征识别的热点技术

(1) 指纹识别。指纹识别已被全球大部分国家接受并认可,已广泛地应用到政府、军队、银行、社会福利保障、电子商务和安全防卫等领域。在我国,对指纹识别技术的研究开发已达到国际先进水平。指纹识别技术在我国已经得到较广泛的应用。

(2) 人脸识别。人脸识别的实现包括面部识别(多采用"多重对照人脸识别法",即先从拍摄到的人像中找到人脸,从人脸中找出对比最明显的眼睛,最终判断包括两眼在内的领域是不是想要识别的面孔)和面部认证(为提高认证性能,已开发了"摄动空间法",即利用三维技术对人脸侧面及灯光发生变化时的人脸进行准确预测,以及"适应领域混合对照法",使对部分伪装的人脸也能进行识别)两个方面,基本实现了快速而高精度的身份认证。由于人脸识别属于非接触型认证,仅仅看到脸部就可以实现很多应用,因此可被应用于证件中的身份认证、重要场所中的安全检测和监控、智能卡中的身份认证、计算机登录等多种不同的安全领域。随着网络技术和桌上视频的广泛采用,电子商务等网络资源的利用对身份认证提出新的要求，依赖图像理解、模式识别、计算机视觉和神经网络等技术的人脸识别技术在一定应用范围内已获得了成功。目前，国内这项识别技术在警用等安全领域用得比较多。这项技术也被用在一些中高档相机的辅助拍摄方面（如人脸识别拍摄）。

（3）皮肤芯片。这种技术是把红外光照进一小块皮肤，并通过测定的反射光波长确认人的身份。其理论基础是皮肤、皮层和不同结构具有个性和专一特性，这些都会影响光的反射波长。目前，Lumidigm 公司开发了一种包含硬币大小的两个电子芯片的系统。第一个芯片用光反射二极管照射皮肤的一片斑块，然后收集反射回来的光线；第二个芯片处理由照射产生的"光印"（Light Print）标识信号。相对于指纹识别和人脸识别，光印不依赖形象处理，使设备只需要具有较低的计算能力。

（4）步态识别。步态识别技术目前还处在初期阶段，其理论基础是每个人都有自己独特的走路姿态。其技巧是收集人体语言，并把它转换为计算机能识别的数字。

步态识别的一种方法是为每个人建立"运动信号"。先从拍摄人走路或跑步的方式开始研究每个人的运动信号，再利用计算机上的模拟照相机捕捉和存储这一运动行为（用软件工具去除冗余，最终只以数字形象存储人体的一系列轮廓）。之后，只要把一个人的整个走路过程拍摄下来，计算机就能根据存储的形象确定这个人的身份。步态识别的另一种方法则是使用结构分析方法测定一个人的跨步和腿伸展特性。

这两种方法迄今所有的数据库形象都是二维的，并在很大程度上取决于照相机的角度。当采用不同的角度比较同一个人的两个镜头时，就会出现问题，这直接限制了步态识别的发展。

（5）虹膜识别。人的虹膜结构独一无二，不具遗传性（即使同卵双胞胎的虹膜也各不相同），并且童年以后便基本不再变化，非常适合应用于生物特征识别。统计表明，截止到目前，虹膜识别的错误率是各种生物特征识别技术中最低的。目前，我国已经获得了"虹膜图像采集装置"和"基于虹膜识别的身份鉴定方法与装置"等多项专利。

（6）静脉识别。静脉识别一种方式是通过静脉识别仪取得个人静脉分布图，依据专用比对算法从静脉分布图中提取特征值，另一种方式是通过红外线 CMOS 摄像头获取手指静脉、手掌静脉、手背静脉的图像，将静脉的数字图像存储在计算机系统中，实现特征值存储。静脉比对时，实时采取静脉图，运用先进的滤波、图像二值化、细化手段对数字图像提取特征，采用复杂的匹配算法与存储在主机中的静脉特征值比对匹配，从而进行身份鉴定。全过程是非接触的。

（7）视网膜识别。视网膜识别采用低密度的红外线捕捉视网膜的独特特征。视网膜识别的优点在于：视网膜是一种极其固定的生物特征，因为它是"隐藏"的，所以不会受到磨损、老化等影响；使用者无须和设备进行直接接触；它是最难欺骗的，因为视网膜是不可见的，所以不会被伪造。另外，视网膜识别也有一些缺点：视网膜技术可能损害使用者的健康，这需要进一步研究；设备较昂贵，对识别过程的要求也较高，因此很难普遍推广应用。

（8）手掌几何学识别。手掌几何学识别就是通过测量使用者的手掌和手指的物理特征来识别，高级的商品还可以识别三维图像。作为一种已经确立的方法，手掌几何学识别不仅性能好，而且使用比较方便。它适用的场合是用户人数比较多，或者用户虽然不经常使用，但使用时很容易接受。如果需要，这种技术的准确性可以非常高，同时可以灵活地调整性能，以适应相当广泛的使用要求。手形读取器使用的范围很广，且很容易集成到其他系统中，因此成为许多生物特征识别项目中的首选。

（9）DNA 识别。人体内的脱氧核糖核酸（Deoxyribonucleic Acid，DNA）在整个人类范围内具有唯一性（除了同卵双胞胎可能具有同样结构的 DNA）和永久性。因此，除了鉴别同卵双胞胎个体，这种方法具有绝对的权威性和准确性。这种方法的准确性优于其他身份识别方法，同时有较好的防伪性。然而，DNA 的获取和识别方法（DNA 识别必须在一定的化学环境下进行）限制了 DNA 识别技术的实时性；另外，某些特殊疾病可能改变人体 DNA 的结构组成，系统无法正确对这类人群进行识别。

（10）声音和签字识别。声音和签字识别属于行为识别的范畴。声音识别主要利用人的声音特点进行身份识别。声音识别的优点在于它是一种非接触识别技术，容易为公众接受，但声音会随音量、音速和音质的变化而变化。例如，一个人感冒时的说话声音和平时的说话声音就会有明显差异。另外，一个人也可以有意识地对自己的声音进行伪装和控制，从而给识别带来一定困难。签字是一种传统的身份认证手段。现代签字识别技术主要通过测量签字者的字形及不同笔画间的速度、顺序和压力特征，对签字者的身份进行识别。签字识别与声音识别一样，也是一种行为测定，因此同样受人为因素的影响。

8.2.2 加密技术

1. 加密技术的概念

加密技术是指利用技术手段将原始信息变为难以识别的乱码字符（加密后的信息）进行传送，到达目的地后再使用相同或不同的手段还原信息（解密）。加密技术包括两个基本元素，即算法和密钥。

（1）算法是指将明文与一串字符（密钥）结合起来进行加密运算后形成密文。

（2）密钥是在明文转换为密文或密文转换为明文的算法中输入的一串字符，它可以是数字、字母、词汇或语句。

2. 常用的加密技术

常用的加密技术有两种，即非对称加密技术和对称加密技术。

（1）非对称加密技术。1976 年，美国学者 Dime 和 Henman 为解决信息公开传送和密钥管理问题，提出一种新的密钥交换协议，允许在不安全的媒体上的通信双方交换信息，安全地达成一致的密钥，这就是公开密钥系统。相对于对称加密算法，这种方法也叫非对称加密算法。与对称加密算法不同，非对称加密算法需要两个密钥：公开密钥（Publickey）和私有密钥（Privatekey）。公开密钥与私有密钥是一对：如果用公开密钥对数据进行加密，那么只有用对应的私有密钥才能解密；如果用私有密钥对数据进行加密，那么只有用对应的公开密钥才能解密。因为加密和解密使用的是两个不同的密钥，所以这种算法叫作非对称加密算法。

非对称加密技术的加密模型和认证模型分别如图 8-2 和图 8-3 所示。

非对称加密技术的基本思想如下。

① 一对公开密钥和私有密钥中的任何一个都可以用于加密，而另一个可以用于解密。

② 已知私有密钥，要计算公开密钥较容易；已知公开密钥，要计算私有密钥则相对较难。

图 8-2 非对称加密技术的加密模型

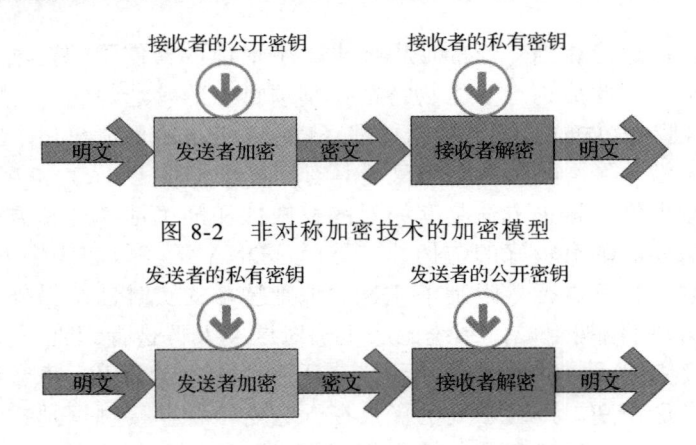

图 8-3 非对称加密技术的认证模型

③ 已知公开密钥和使用公开密钥加密的密文,在不知道私有密钥的情况下,要想从密文中计算得出明文是困难的。

(2) 对称加密技术。对称加密技术在加密和解密的过程中采用同一密钥,双方通信时,首先分发要采用的密钥,然后信息发送方使用该密钥和加密算法将明文转换为密文,接收方收到密文后使用对称密钥和解密算法将密文转换为明文。对称加密的特点是加解密速度快,而且如果密钥长度合适,则具有较高的保密性。

图 8-4 所示为对称加密技术的加解密过程。

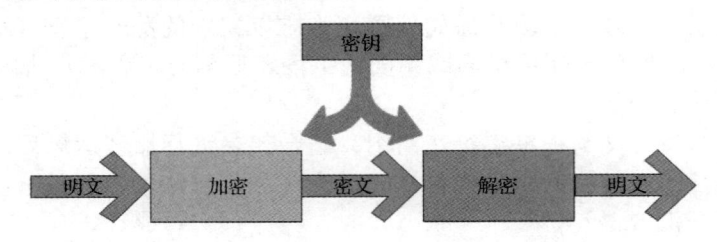

图 8-4 对称加密技术的加解密过程

8.2.3 WPKI 技术

1. WPKI 技术的概念

无线公开密钥体系(Wireless Public Key Infrastructure,WPKI)技术是根据无线网络连接的特点设计的一种算法。它是将互联网电子商务中 PKI 安全机制引入无线网络环境中的一套遵循既定标准的密钥及证书管理平台体系,用它管理在移动网络环境中使用的公开密钥和数字证书,可以有效地建立安全和值得信赖的无线网络环境。WPKI 并不是一个全新的 PKI 标准,而是传统的 PKI 技术应用于无线网络环境的优化扩展。它采用了优化的椭圆曲线加密和压缩的 X.509 数字证书。它同样采用证书管理公开密钥,通过第三方的可信任机构——CA 验证用户的身份,从而实现信息的安全传输。

2. WPKI 的组成部分

与 PKI 相似,一个完整的 WPKI 必须具有以下组成部分:WPKI 客户端、RA、CA、数字证书库和应用接口。WPKI 的构建也围绕这 5 个部分进行。

（1）WPKI 客户端。WPKI 客户端是指 WPKI 的用户终端操作平台，运行于终端。

（2）CA。CA 是 WPKI 的信任基础，负责分发和验证数字证书、规定证书的有效期、发布证书废除列表。

（3）RA。RA 提供用户和 CA 之间的一个接口，作为 CA 的校验者，在数字证书分发给请求者之前需要对证书进行验证。

（4）数字证书库。数字证书库用于存储已签发的数字证书及公开密钥，用户可由此获得所需的其他用户的证书及公开密钥。

（5）应用接口。一个完整的 WPKI 必须提供良好的应用接口系统，使各种各样的应用能够以安全、一致、可信的方式与 WPKI 交互，确保安全网络环境的完整性和易用性。

8.2.4 防火墙技术

防火墙技术是针对互联网的安全隐患采用的保护措施，是一道用来抵挡外部危险因素的虚拟屏障，防止外部未经授权的用户访问移动数据。防火墙技术主要包括服务访问政策、验证工具、包过滤和应用网关 4 个方面。防火墙技术有网络防火墙技术和计算机防火墙技术之分，主要差别在于一个是设置在外部网络和内部网络之间的防火墙，另一个是设置在外部网络与计算机之间的防火墙，但它们都是以计算机硬件与软件结合为基础的。

1. 网络防火墙的基本概念

网络防火墙是一个硬件和软件的结合体，它将一个机构的内部网络和整个互联网隔离，允许一些数据分组通过，而阻止另外一些数据分组通过。网络防火墙允许网络管理员控制外部世界和被管理网络内部资源之间的访问，这种控制是通过管理流入和流出这些资源的流量实现的。网络防火墙具有以下 3 个目标。

（1）从外部到内部和从内部到外部的所有流量都通过网络防火墙。图 8-5 显示了一个网络防火墙，它位于被管理内部网络和互联网区域部分之间的边界处。

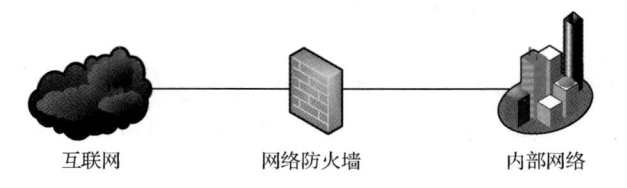

图 8-5 常见网络防火墙

（2）仅允许被批准的流量通过。随着进入和离开内部网络的所有流量经过网络防火墙，该防火墙能够限制对授权流量的访问。

（3）网络防火墙自身免于渗透。网络防火墙本身是一种与网络连接的设备，但如果设计或安装得不正确，就不能发挥防火墙应有的作用，但是给人一种安全的假象。这种情况比没有防火墙更加危险。

2. 防火墙的分类

（1）按照组成结构分类。按照组成结构，防火墙可分为以下3类。

① 软件防火墙。软件防火墙运行于特定的计算机上，它需要用户预先安装好的计算机操作系统的支持，一般来说这台计算机就是整个网络的网关。软件防火墙就像其他软件一样，需要先在计算机上安装并配置好才可以使用。使用这类防火墙，需要网络管理员对操作系统平台比较熟悉。

② 硬件防火墙。这里说的硬件防火墙是指"所谓的"硬件防火墙。之所以加上"所谓的"是相对于芯片级防火墙来说的。它们最大的差别在于是否基于专用的硬件平台。目前，市场上大多数防火墙都是这种"所谓的"硬件防火墙，它们都基于PC架构，也就是说，它们和普通的家庭用的PC没有太大区别。值得注意的是，由于此类防火墙采用的依然是别人的内核，因此依然会受到操作系统本身的安全性的影响。

③ 芯片级防火墙。它基于专用的硬件平台，没有操作系统。专用集成电路（Application Specific Integrated Circuit，ASIC）芯片使它比其他种类的防火墙速度更快，处理能力更强，性能也更高。这类防火墙由于有专用操作系统，因此漏洞比较少，不过价格相对较高，所以一般只有在"确实需要"的情况下才考虑。

（2）按照体系结构分类。按照体系结构，防火墙可分为以下两类。

① 分组过滤型防火墙。分组过滤（也称包过滤）是一种通用、廉价、有效的安全手段。之所以通用，是因为它不针对各个具体的网络服务采取特殊的处理方式；之所以廉价，是因为大多数路由器都提供分组过滤功能；之所以有效，是因为它能在很大程度上满足企业的安全要求。

包过滤在网络层和传输层起作用。它根据分组包的源IP地址、目的IP地址、端口号、协议类型等确定是否允许分组包通过。所根据的信息来源于IP、TCP或UDP包头。包过滤的优点是不用改动客户机和主机上的应用程序，因为它工作在网络层和传输层，与应用层无关。但其弱点也是明显的：由于其过滤判别的只有网络层和传输层的有限信息，因而各种安全要求不可能充分满足；在许多过滤器中，过滤规则的数目是有限制的，而且随着规则数目的增加，性能会受到很大影响；由于缺少上下文关联信息，因而不能有效地过滤如UDP、RPC协议一类的协议；另外，大多数过滤器中缺少审计和报警机制，且管理方式和用户界面较差；安全管理人员建立安全规则时，必须对协议本身及其在不同应用程序中的作用有较深入的理解。因此，过滤器通常和应用程序网关配合使用，共同组成防火墙系统。

② 应用程序网关防火墙。包过滤使一个组织可以根据IP、TCP或UDP包头执行粗粒度过滤，即按照IP地址和端口号过滤，允许内部用户连接某个外部FTP站点，而阻止外部用户访问组织内部的FTP站点。然而，包过滤防火墙却无法做到允许一部分内部特权用户访问一个外部FTP站点，即无法在这些内部特权用户创建向外部FTP站点的连接之前进行身份鉴别。

为了实现更细致的安全控制策略，防火墙系统必须把包过滤防火墙和应用程序网关结合起来。如图8-6所示的应用程序网关是一个应用程序专用服务器（也称代理服务器），所有应用程序数据（进入或外出的）都必须通过应用程序网关。多个应用程序网关可以在同一主机上运行。每种应用服务（如FTP、Telnet等）都需要专门的应用程序网关，以实现监视和控制应用通信流的目的。常用的应用程序网关有 Telnet 网关、HTTP 网关、FTP 网关、E-mail 网关。目前市场上有专门执行多种网关功能的代理服务器软件，如 WinRoute、WinGate 等，用户窗口统一，便于管理员配置和管理各种网关。

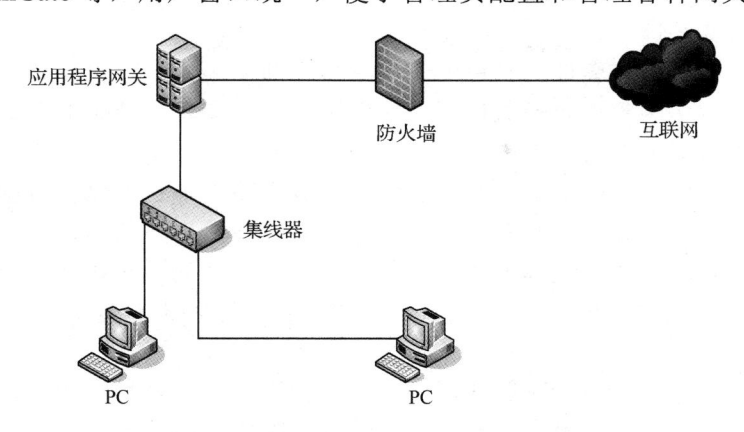

图 8-6　应用程序网关在网络中的应用

8.2.5　数字签名技术

数字签名是密码学中的重要问题之一，手写签名的每项业务都是数字签名的潜在应用。数字签名可以提供以下基本的密码服务：数据完整性（确保数据没有未授权的更改）、真实性（数据来源于其声明的地方）及不可抵赖性。因而，当需要对某一实体认证、传输具有有效性的密钥及进行密钥分配时，便可以借助数字签名来完成这些任务。文件的制造者可以在电子文件上签一个可信、不可伪造、不可改变、不可抵赖的数字签名，数字签名具有法律效力，签名者一旦签名便需要对自己的签名负责。接收者通过验证签名来确认信息来源正确、内容完整并可靠。

数字签名技术是非对称加密技术的应用。使用时，报文发送方在报文中生成 128 位的单项 Hash 值，即报文摘要；报文发送方用私有密钥对此摘要进行加密，形成数字签名；报文发送方将数字签名和原始报文一起发送给报文接收方；报文接收方从接收到的原始报文中计算出 128 位的 Hash 值，用报文发送方的公开密钥对数字签名解密。若计算出的两个 Hash 值相同，则报文接收方就能确认此报文是签名者发送的，并且报文在传输中保持了完整。

8.2.6　身份认证技术

1. 身份认证技术的概念

身份认证技术是指网络设备系统及计算机系统通过有效利用各种技术手段来识别用户的身份信息，包括数字证书身份认证、随机口令身份认证及生物特征身份认证等技术。随机口令身份认证主要包括静态口令认证、USBKEY（USB 接口的硬件设备）认证及动态口令认证等几种认证方式；由证书发行机构颁发的数字证书可以对各个用户的身份信息进行标记；生物特征身份认证指的是通过人脸、掌纹、指纹、视网膜、虹膜等进行用户身份信息的识别。

2. 身份认证方案

根据被认证对象的属性不同，移动电子商务中的身份认证方案可以分为以下 3 类。

（1）口令认证。口令认证是一种比较常用的身份认证方案。口令认证指的是用户通过输入事先设定的口令来验证其身份的过程。口令通常由用户自己设置，可以是数字、字母、符号的组合。用户在登录或进行身份验证时，需要输入正确的口令才能获得访问权限。这种身份认证方案属于单因素认证系统。

（2）智能卡认证。智能卡是一种智能性的集成电路卡，它不仅具有读写和存储数据的功能，还具有加密、处理数据的功能。智能卡能够存储用户的私密信息或数字证书，这些信息存放在智能卡的微处理器中，外部是不可见的。为了防止遗失或被盗，智能卡一般需要和用户的 PIN 同时使用，因此基于智能卡的身份认证方案属于双因素认证系统，即智能卡+PIN。

（3）生物特征认证。生物特征认证是指通过提取人的生物特征来进行识别认证，它是实现数字身份和人的真实身份结合的主要途径。有关生物特征识别技术的详细内容在 8.2.1 节中已经介绍过，此处不再赘述。

【要点梳理】

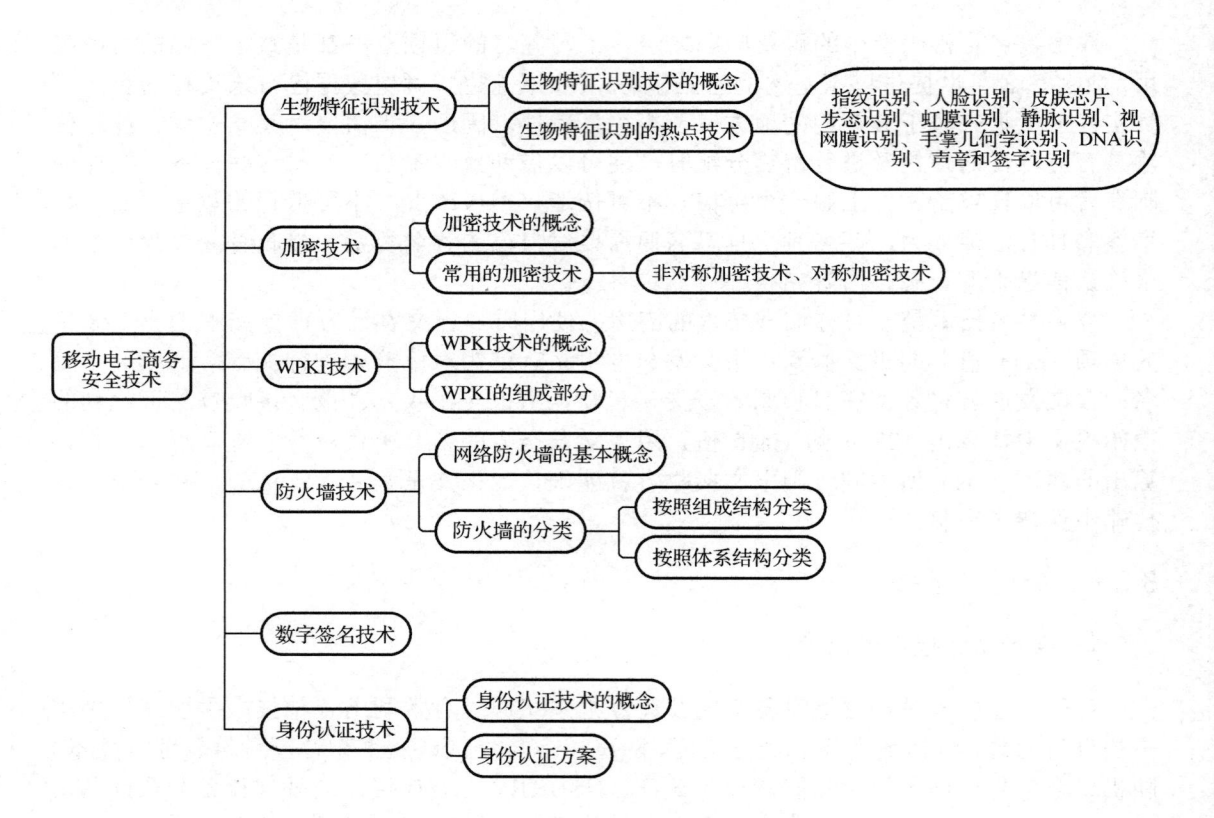

移动电子商务安全技术
- 生物特征识别技术
  - 生物特征识别技术的概念
  - 生物特征识别的热点技术 — 指纹识别、人脸识别、皮肤芯片、步态识别、虹膜识别、静脉识别、视网膜识别、手掌几何学识别、DNA识别、声音和签字识别
- 加密技术
  - 加密技术的概念
  - 常用的加密技术 — 非对称加密技术、对称加密技术
- WPKI技术
  - WPKI技术的概念
  - WPKI的组成部分
- 防火墙技术
  - 网络防火墙的基本概念
  - 防火墙的分类
    - 按照组成结构分类
    - 按照体系结构分类
- 数字签名技术
- 身份认证技术
  - 身份认证技术的概念
  - 身份认证方案

8.3 移动电子商务安全管理措施

【知识目标】
(1) 了解移动电子商务安全管理的技术措施。
(2) 了解移动电子商务安全管理的管理措施。
(3) 熟悉移动电子商务安全管理的法律措施。
【技能目标】
能够依据移动电子商务安全管理措施维护移动电子商务安全。

8.3.1 技术措施

在维护移动电子商务企业内部安全的技术方面,可以更新和改进传统的用户权限管理技术,积极引进新的身份识别技术,如生物特征方面的指纹锁、声音锁和面部特征识别等,以此提升安全性。在基于云计算的互联网时代,企业在维护交易数据安全传输的技术方面,可以充分利用虚拟服务器中的实用计算架构和管理服务提供商(Managed Service Provider,MSP)架构优化改良传统企业安全防范模式。另外,为了保障移动电子商务交易活动中最关键的资金流动,特别是移动支付的安全,可以通过透明安装和智能监控机制保证 App 支付接口安全。

8.3.2 管理措施

高层管理人员要提高对移动互联网安全的重视程度,改变过去重技术、轻管理的局面,然后与技术开发人员一起商定企业安全防御方案,制定企业安全标准和条例;技术开发人员要培训或深造,学习掌握更多、更全面的安全技术,从而应对新的病毒程序和恶意攻击;普通员工的企业信息安全意识培训也不能忽视,培养员工安全意识不仅有利于平时防范企业机密泄露,而且有利于企业危机突发时快速、有效地进行处理。

此外,要特别注意企业安全防御方案执行保障,只有企业从管理人员到普通员工都树立了危机与安全意识,整个企业的安全水平才能有效提升。

8.3.3 法律措施

移动电子商务的安全不是技术创新和增强管理就能解决的,更需要技术、管理、法律等方面多管齐下,共同解决。移动电子商务安全涉及的主要法律要素如表 8-1 所示。

表 8-1 移动电子商务安全涉及的主要法律要素

主要法律要素	描 述
有关移动电子商务交易各方合法身份认证的法律	在互联网时代,移动电子商务立法的重中之重是电子身份认证中心的建立,这也是移动电子商务最根本的保护措施,负责保证移动电子商务的安全与公正。因此,法律应该规定电子身份认证中心的权限和功能,同时要立法明确规定对电子身份认证中心的监督管理,以及违规的处罚措施

续表

主要法律要素	描述
有关保护交易者个人及交易数据的法律	本着最小限度收集用户个人信息、最大限度保护用户隐私的原则制定法律，除了建立信息收集、保护用户的安全规范条例，也要建立泄密追责制度，以消除用户对个人隐私数据无法得到安全保护的担忧，从而吸引更多的人参与移动电子商务
有关移动电子商务合同合法性及如何认证的法律	移动电子商务的电子合同、电子商务凭证的法律效力，以及电子签名的合法性都需要立法确认，还应该对窃取、伪造电子商务凭证的违法行为做出相应的处罚规定
有关网络知识产权保护的法律	移动电子商务模式的出现，对于网络知识产权的完善，既是机遇，也是挑战，因此对网络知识产权方面的立法刻不容缓。保护合法网络知识产权，打击仿冒欺诈违法行为，对移动互联网时代电子商务健康发展具有重要意义

【要点梳理】

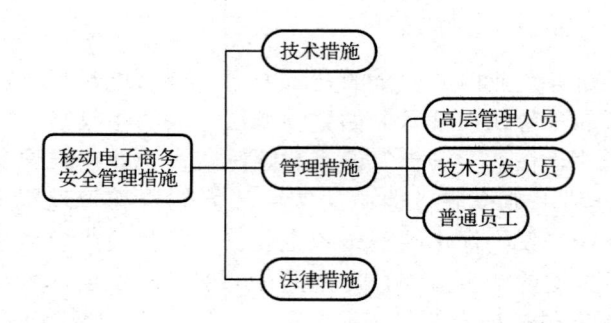

移动电子商务安全管理措施
- 技术措施
- 管理措施
  - 高层管理人员
  - 技术开发人员
  - 普通员工
- 法律措施

8.4 手机病毒及其防治

【知识目标】
（1）了解手机病毒的概念与特点。
（2）了解手机病毒的分类。
（3）熟悉手机病毒的危害。
（4）掌握手机病毒的防范。

【技能目标】
（1）能够说出手机病毒的危害。
（2）能够采取措施防范手机病毒。

8.4.1 手机病毒的概念与特点

1. 手机病毒的概念

手机病毒是指可以破坏手机软硬件功能的恶意程序。手机病毒是以手机为感染对象，以手机和手机网络为传播平台，通过短信、电子邮件、程序等多种方式，对手机或手机网络进行攻击，从而造成手机或手机网络异常的程序。手机病毒往往抓住手机的安全漏洞实施攻击，或者通过假冒骗取手机用户执行相应病毒程序，并且利用手机网络进行快速传播。

2. 手机病毒的特点

手机病毒的特点如图 8-7 所示。

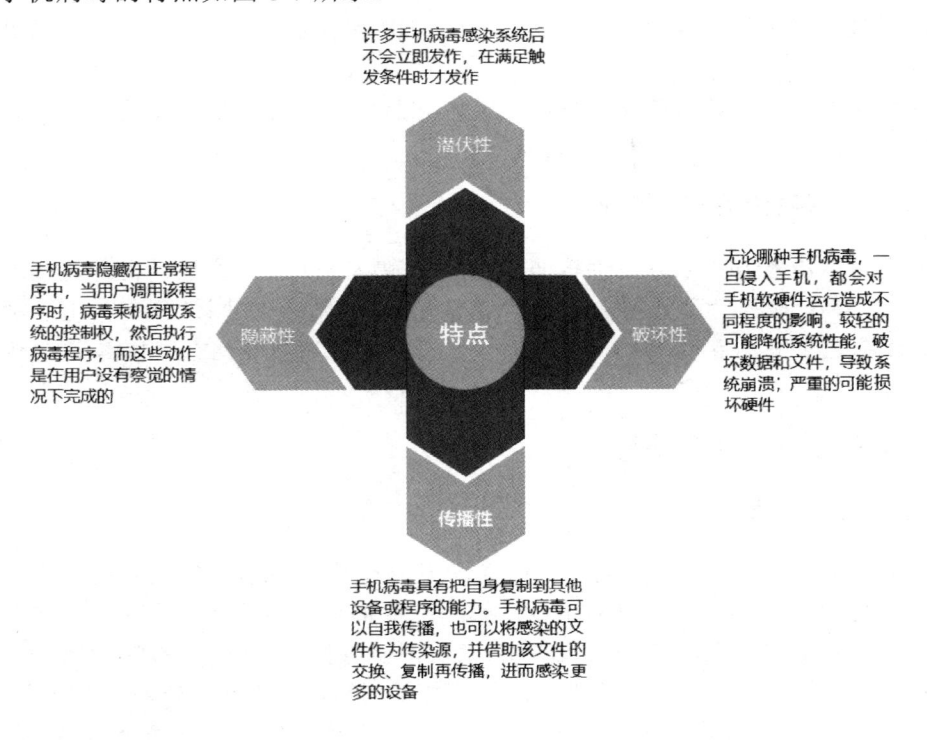

图 8-7　手机病毒的特点

特点：
- 潜伏性：许多手机病毒感染系统后不会立即发作，在满足触发条件时才发作
- 隐藏性：手机病毒隐藏在正常程序中，当用户调用该程序时，病毒乘机窃取系统的控制权，然后执行病毒程序，而这些动作是在用户没有察觉的情况下完成的
- 破坏性：无论哪种手机病毒，一旦侵入手机，都会对手机软硬件运行造成不同程度的影响。较轻的可能降低系统性能，破坏数据和文件，导致系统崩溃；严重的可能损坏硬件
- 传播性：手机病毒具有把自身复制到其他设备或程序的能力。手机病毒可以自我传播，也可以将感染的文件作为传染源，并借助该文件的交换、复制再传播，进而感染更多的设备

8.4.2　手机病毒的分类

1. 根据手机病毒工作原理划分

根据手机病毒工作原理划分，手机病毒可以分为以下 5 类。

（1）引导型病毒。引导型病毒是一种在基本输入输出系统（Basic Input Output System，BIOS）启动后，系统引导时出现的病毒。引导型病毒先于操作系统，依托 BIOS 中断服务程序。引导型病毒利用操作系统的引导模块放在某个特定的位置，并且控制权的转交方式是以物理位置为依据的，而不是以操作系统引导区的内容为依据的，因而病毒占据该物理位置即可获得控制权，而将真正的引导区内容转移或替换，待病毒程序执行后，再将控制权交给真正的引导区内容，使这个带病毒的系统看似正常运转，实则病毒已隐藏在系统中。

（2）宏病毒。宏病毒是一种寄存在文档或模板的宏中的手机病毒，一旦打开这样的文档，其中的宏病毒就会执行。和计算机一样，智能手机使用了开放的操作系统，所以很容易遭到这种病毒的攻击。

（3）文件型病毒。文件型病毒是主要感染可执行文件的病毒，它通常隐藏在宿主程序中，执行宿主程序时，将先执行病毒程序，再执行宿主程序。它的安装必须借助病毒的载体程序,即要执行病毒的载体程序。已感染病毒的文件执行速度会减慢,甚至无法执行。大多数文件型病毒都是常驻内存的。

(4)蠕虫病毒。蠕虫病毒可自动完成复制过程,因为它接管了手机中传输文件或信息的功能。一旦手机感染了蠕虫病毒,蠕虫病毒即可独自传播。最危险的是,蠕虫病毒可大量复制。

(5)木马病毒。木马病毒在正常程序中植入恶意代码,当用户启动程序时,该恶意代码也同时执行,并做一些破坏性动作。

2. 根据手机病毒传播方式划分

根据手机病毒传播方式划分,手机病毒可以分为以下 3 类:通过手机外部接口(如蓝牙、Wi-Fi、USB 接口等)传播的病毒、通过互联网接入(如网站浏览、电子邮件、网络游戏、下载程序等)传播的病毒、通过手机业务应用(如 SMS、MMS 等)传播的病毒。

8.4.3 手机病毒的危害与防范

1. 手机病毒的危害

(1)手机病毒攻击的方面。智能手机作为无线通信和计算机网络技术的结合体,具有高效联网、视频传输、定位导航的功能,如同一台带有通话功能、可随时上网的移动式计算机终端。智能手机在给我们带来方便、快捷的同时,也经受着被病毒感染、攻击的困扰,这为安全保密工作带来新的挑战。手机病毒攻击大体上可以分为以下几个方面。

① 信道攻击。手机与其他无线电通信设备一样,信道的电磁空间是开放的。信道攻击的方式主要有两种:信号截获,即窃密者利用相应的设备,直接截获信道内的手机通信信号,通过数据还原处理得到具体的语音数据;基站欺骗,即窃密者在手机与基站之间建立一个伪基站,同时获取双方信任,接收、转发双方的信息,不但能窃取通信机密,而且能篡改手机的通信内容。

② 软件攻击。智能手机使用的都是开放式操作系统,用户可以方便地安装、添加程序,这也给不法分子提供了可乘之机。他们利用手机操作系统的漏洞,创造手机病毒程序,窃取信息,控制手机的操作,直接导致通话被监听、信息泄露、数据丢失、话费损失等严重后果。智能手机网络功能强大,再加上部分用户忽略上网的安全保护措施及上网习惯不良,加大了手机病毒乘虚而入的机会。此外,彩信、电子邮件等也是手机病毒传播感染的重要途径。

③ 硬件攻击。直接对手机硬件进行攻击,同样能够达到操控手机的目的。硬件攻击的方法有多种:在目标手机内安装专门的窃听装置,窃听用户的通话内容;通过远程控制,在目标手机处于待机状态,用户毫不知情的情况下自动转变为通话状态,窃听周围环境的语音内容;复制目标手机的 SIM 卡,安装到其他手机中,直接获得进出目标手机卡号的数据;利用手机不间断与无线网络保持信息交换的特性,通过相应的设备,对目标手机进行识别、监视、跟踪和定位。

(2)手机病毒危害的主要表现。手机病毒无孔不入,应该引起足够的重视。手机病毒危害的主要表现如下。

① 恶意传播：以用户手机为载体进行大范围的病毒传播，如以短信形式进行手机病毒传播等。

② 恶意扣费：通过无提示扣费或模糊提示扣费等方式，直接造成用户经济损失。

③ 远程控制：通过远程服务器控制手机端口，隐蔽式联网下载软件，上传用户隐私资料等。

④ 消耗资费：大量发送短信或消耗手机流量，从而造成用户话费损失。

⑤ 窃取隐私：窃取用户个人信息、终端设备信息等，如通信录、QQ号、手机串号等隐私资料。

⑥ 破坏系统：破坏手机操作系统或常用软件功能，影响手机的正常使用。

⑦ 运行流氓软件：流氓软件的特点包括卸载困难、常驻系统后台、捆绑安装恶意软件、推送大量广告信息、妨碍同类软件正常使用等。

⑧ 诱骗欺诈：冒充正常商家发送服务信息，或者利用浏览器进行"钓鱼"欺诈，甚至盗用正版软件名称诱导用户安装。

⑨ 破坏数据：未经用户许可，删除用户数据；针对性破坏某软件的功能，影响其正常使用。

2. 手机病毒的防范

（1）使用正版软件。手机正版软件的安全认证更加严密。市场中，智能手机的操作系统各异，防病毒能力不同，需要在手机上安装第三方应用软件时尽量去官方网站下载，因为官方网站对软件安全性的检查是非常谨慎的。这样可以大大减少手机由于软件下载造成的中毒现象。

（2）收到乱码短信、彩信，立即删除。乱码短信或彩信是手机病毒的主要攻击方式，对于陌生人发送的短信，不要轻易打开，更不要转发，应及时删除。如果发现键盘被锁死，则可以关机后开机再删除，如果仍无法删除，则可以尝试将手机SIM卡换到另一型号的手机上删除。如果病毒一直占据内存，无法清除，则可以将手机拿到厂商维修部重写芯片程序。

（3）谨防病毒诱骗用户下载运行。使用手机上网功能时，尽量从正规网站下载信息，尽量少从那些不知名的小型网站下载图片、铃声，不要随意在网站上登记自己的手机号码，以免感染手机病毒。可浏览网页的手机尽量不要浏览个人、黑客、色情网站。不要随意安装来路不明的手机程序。

（4）不要接受陌生请求。利用无线传送功能（如蓝牙）接收信息时，一定要选择安全可靠的传送对象。如果有陌生设备请求连接，最好不要接受，因为手机病毒会自动搜索无线范围内的设备进行病毒传播。此外，带蓝牙功能的手机用户，可将蓝牙功能属性设为"隐藏"，以防被病毒搜索到。

（5）提高安全意识，养成良好习惯。无论是选择漂亮的背景图片或屏保，还是下载动听的音乐等文件，一定要有安全意识，应事先杀毒再传送到手机里。养成这一良好习惯，会使手机更安全。

（6）安装手机杀毒软件。手机杀毒软件可以像计算机杀毒软件一样全面、快速地进行文件扫描，实时监控，清除病毒。

【要点梳理】

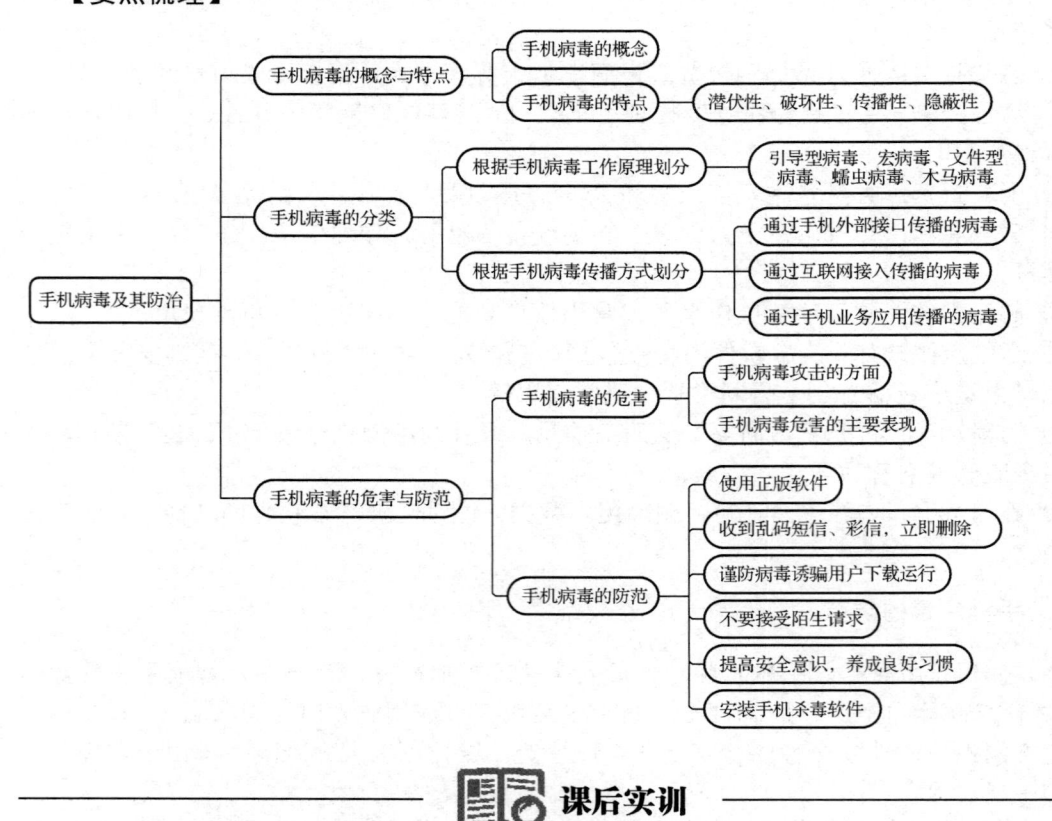

手机病毒及其防治
- 手机病毒的概念与特点
  - 手机病毒的概念
  - 手机病毒的特点：潜伏性、破坏性、传播性、隐蔽性
- 手机病毒的分类
  - 根据手机病毒工作原理划分：引导型病毒、宏病毒、文件型病毒、蠕虫病毒、木马病毒
  - 根据手机病毒传播方式划分
    - 通过手机外部接口传播的病毒
    - 通过互联网接入传播的病毒
    - 通过手机业务应用传播的病毒
- 手机病毒的危害与防范
  - 手机病毒的危害
    - 手机病毒攻击的方面
    - 手机病毒危害的主要表现
  - 手机病毒的防范
    - 使用正版软件
    - 收到乱码短信、彩信，立即删除
    - 谨防病毒诱骗用户下载运行
    - 不要接受陌生请求
    - 提高安全意识，养成良好习惯
    - 安装手机杀毒软件

课后实训

理解移动电子商务安全的重要性

实训目的

（1）理解移动电子商务安全在整个移动电子商务交易活动中的重要性。

（2）掌握必备的移动电子商务安全管理措施，并了解一定的移动电子商务安全技术。

实训内容

查阅相关资料，整理出3个近年来因为不注重移动电子商务安全而导致损失的案例，分析这些损失是不是可以避免的。你应该如何避免这样的损失？

实训步骤

（1）收集整理相关案例资料，并对案例进行分析，同时记录分析过程和结果。

（2）思考你会如何做，并形成文字材料。

思考与练习

1. 填空题

（1）_____是指通过个体生理特征或行为特征对个体身份进行识别认证的技术。

（2）加密技术包括两个基本元素，即_____和密钥。

（3）_____是针对互联网的安全隐患采用的保护措施，是一道用来抵挡外部危险因素的虚拟屏障，防止外部未经授权的用户访问移动数据。

（4）为了防止遗失或被盗，智能卡一般需要和用户的_____同时使用。

（5）手机病毒是以手机为感染对象，以手机和手机网络为传播平台，通过短信、电子邮件、程序等方式，对手机或_____进行攻击，从而造成手机或手机网络异常的程序。

2. 简答题

（1）移动电子商务的安全问题有哪些？
（2）生物特征识别的热点技术有哪些？
（3）常用的加密技术有哪些？
（4）手机病毒有哪些特点？
（5）手机病毒有哪些类别？

参 考 文 献

[1] 王忠元. 移动电子商务[M]. 2 版. 北京：机械工业出版社，2018.
[2] 容湘萍，肖学华. 移动电子商务[M]. 2 版. 重庆：重庆大学出版社，2017.
[3] 陈月波. 移动电商实务[M]. 2 版. 北京：中国人民大学出版社，2020.
[4] 秦绪杰，葛晓滨. 移动电子商务教程[M]. 2 版. 合肥：中国科学技术大学出版社，2021.
[5] 黄珂，谢超，易俗. 移动电子商务基础与实务[M]. 2 版. 北京：人民邮电出版社，2020.
[6] 王亮，李岚. 移动电子商务基础[M]. 西安：西安电子科技大学出版社，2021.
[7] 张忠琼. 移动电商应用实战[M]. 北京：人民邮电出版社，2020.